図解
レクチャー

構造力学

静定・不静定構造を学ぶ

浅野清昭 著　Kiyoaki ASANO

学芸出版社

●まえがき

　2004年に出版された姉妹書『図説やさしい構造力学』は、数学や物理学がどうも苦手……という方々にも構造力学を理解していただきたいという思いを込めて執筆いたしました。うれしいことに、その後多くの読者から励ましのお便りをいただきました。多くの方々のお役に立てたことは著者にとってこの上ない喜びであり、感激・感謝に絶えません。

　お便りの中には「不静定構造についてもっと詳しい本を書いてほしい」というご意見もございました。向学心旺盛な皆さんのご要望に答え、さらなる構造力学理解の手助けができればと考え、今回の出版に至りました。図説やさしい構造力学では2級建築士を目指す方々のために執筆いたしましたが、今回は大学でも使えるもの、1級建築士をめざす方々にも十分使っていただけるものを目標に執筆いたしました。

【本書の特徴】

・本書は前半に力の基礎、静定構造を収め、後半に不静定構造の内容を収めました。1冊で力の基礎から不静定構造、さらに構造物の崩壊までを学習することができます。

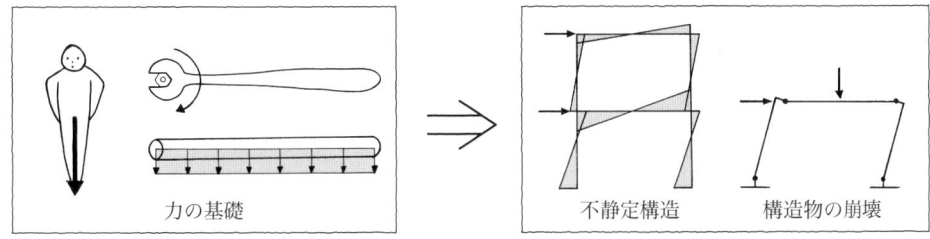

・ストーリーは**力の釣り合い**、**重ね合わせの原理**という基礎的な力学の考え方のみでできあがっております。片持ち梁に端を発し、これら2つの考え方から如何にして不静定構造を構築していくかをご覧ください。

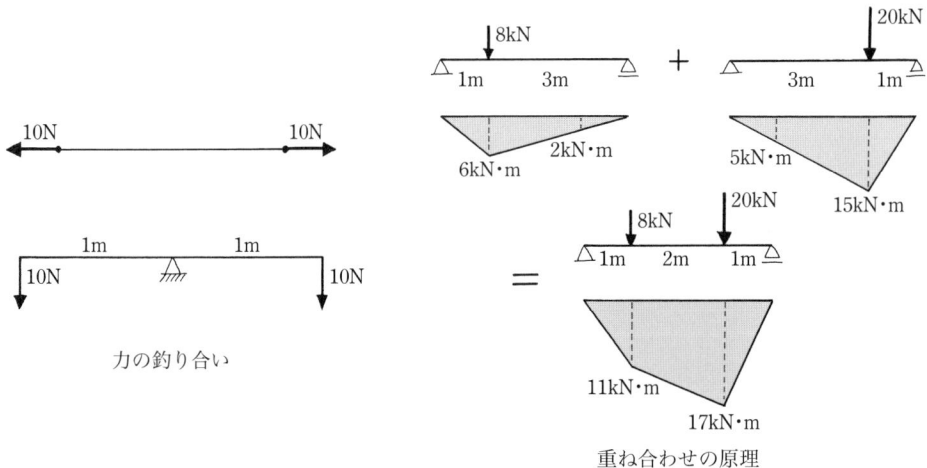

力の釣り合い

重ね合わせの原理

- 不静定構造の解法として**たわみ角法**、**固定モーメント法**を解説しております。手計算で不静定構造を解けるようになることは大切なことです。不静定構造が解けるということは、構造骨組の中を力がどのように伝わるのかを理解することにほかなりません。計算機がすべてをやってくれるまことに便利な時代になりましたが、そんな時代だからこそ、力の伝わり方を理解できるようになっていただきたいと願います。
- 本編は四則計算のみで解説をしています。文系、デザイン系の方にも学習していただけますよう配慮いたしました。
- 本編中に現れる重要な式は公式として紹介しておりますが、向学心旺盛な読者のために公式がどのようにして導かれたのかを本書の最後に附録として収めました。ここでは、微分・積分を積極的に使っております。微分・積分の基礎的内容から解説を始めておりますので、ぜひこの機会に微分・積分にも挑戦してみてください。

本書がみなさんの目標達成の一助となりますことを心より願っております。

末筆ながら、本書作成に多大なご尽力をいただきました学芸出版社知念靖広様、中木保代様、市場調査をもとに本書内容にご意見をいただきました学芸出版社村井明男様、いつも親しみのあるイラストで本書を飾っていただいております野村彰様、作成にあたりご意見をいただき、いつも激励していただきました京都工芸繊維大学教授森迫清貴先生、この場をもって厚く御礼申し上げます。また、読書の皆様には多くの励ましのお便りをいただきました。厚く御礼申し上げます。大きな励みとさせていただきます。ありがとうございました。

平成 23 年 10 月

浅野　清昭

目 次

第1章 力の基礎

1・1 力の表現と種類 ……………………… 7
  1 一点に集中する力 —— 7
    1) 力の和 8
    2) 力の分解 8
  2 力のモーメント —— 9
    1) 距離の考え方 10
    2) 偶力のモーメント 10
  3 分布する力 —— 11

1・2 力の釣合い …………………………… 13

第2章 静定構造の解き方

2・1 構造物の分類と表現 ………………… 16
  1 構造物の分類 —— 16
  2 構造物のモデル化 —— 17

2・2 反 力 ………………………………… 18
  1 単純梁の反力 —— 18
    1) 集中荷重を受ける単純梁 18
    2) 分布荷重を受ける単純梁 19
    3) モーメント荷重を受ける単純梁 20
  2 片持ち梁の反力 —— 21
  3 ラーメンの反力 —— 23

2・3 梁・ラーメン部材に生じる力 ………… 26
  1 部材に生じる力の種類 —— 26
    1) 曲げモーメント 26
    2) せん断力 27
    3) 軸方向力 27
  2 部材に生じる力の計算法 —— 28
    1) 単純梁：集中荷重の場合 28
    2) 単純梁：分布荷重の場合 31
    3) 単純梁：モーメント荷重の場合 33
    4) 片持ち梁：集中荷重の場合 37
    5) 片持ち梁：分布荷重の場合 38
    6) 片持ち梁：モーメント荷重の場合 39
    7) 単純ラーメン：集中荷重の場合 41
    8) 単純ラーメン：分布荷重の場合 43
    9) ヒンジのあるラーメン 46
  3 曲げモーメントとせん断力との関係 —— 51
    1) せん断力の値は曲げモーメント図の傾き 51
    2) 曲げモーメントの値はせん断力図の面積 52
  4 重ね合わせの原理 —— 53

2・4 トラス部材に生じる力 ………………… 55
  1 切断法 —— 55
    1) 単純梁型の場合 55
    2) 片持ち梁型の場合 57
  2 節点法 —— 59
  3 図解法 —— 61

第3章 断面と応力度

3・1 断面に関する数量 …………………… 65
  1 図 心 —— 66
  2 断面2次モーメント —— 68
  3 断面係数 —— 69

3・2 応力度 ………………………………… 72
  1 引張（圧縮）応力度 —— 72
  2 曲げ応力度 —— 74
  3 せん断応力度 —— 75
  4 許容応力度 —— 77
  5 許容曲げモーメント —— 78
  6 曲げ応力度と引張・圧縮応力度との組み合わせ —— 79

第4章 不静定構造の解き方

4・1 たわみ・たわみ角 ……………………… 86
 ① 単純梁のたわみ・たわみ角 —— 86
  1) 両端にモーメント荷重を受ける場合 86
  2) 中央に集中荷重を受ける場合 87
  3) 分布荷重を受ける場合 88
 ② 傾斜によるたわみ —— 91

**4・2 たわみ・たわみ角式を利用した
 不静定梁の解法** ……………………… 94
 ① ローラー—固定梁の解法 —— 94
 ② 両端固定梁の解法 —— 97

4・3 剛床仮定のラーメン ……………………… 102
 ① 水平剛性の算定 —— 102
 ② 水平力の分担 —— 103
 ③ 多層ラーメンの水平変位 —— 106

4・4 たわみ角法 ……………………… 109
 ① 不静定ラーメンの変形 —— 109
 ② たわみ角法公式の誘導 —— 109
 ③ たわみ角法公式による解法 —— 115
 ④ せん断力、軸方向力、反力の計算 —— 138

4・5 固定モーメント法 ……………………… 147
 ① 曲げモーメントの伝わり方 —— 147
 ② 固定モーメント法の基本的解法 —— 150
 ③ 対称門形ラーメンの解法 —— 153
 ④ 2層対称門形ラーメンの解法 —— 159

第5章 座屈・構造物の崩壊

5・1 座 屈 ……………………… 164
 ① 弾性座屈荷重 —— 164
 ② 弾性座屈荷重の梁による影響 —— 167

5・2 静定構造の崩壊 ……………………… 171
 ① 崩壊の過程と全塑性モーメント —— 172
 ② 崩壊荷重の算定 —— 174

5・3 不静定構造の崩壊 ……………………… 177
 ① 不静定構造の崩壊過程 —— 177
 ② 不静定構造の崩壊荷重の算定 —— 178
 ③ 崩壊機構の検討 —— 181
 ④ 圧縮を考慮した全塑性モーメント —— 184

附録 基本公式の誘導

1 微分・積分の基礎知識 ……………………… 187
2 断面2次モーメント公式 ……………………… 190
3 片持ち梁のたわみ式・たわみ角式 ……………………… 191
4 弾性座屈荷重の公式 ……………………… 196

公式一覧 —— 197
さくいん —— 198

力の基礎

1・1 ● 力の表現と種類

力は私たちが日常的に使っている身近な存在ですが目には見えません。目に見えない力を数値計算にのせるためには、なんらかの形で表現する必要があります。ここでは力の表現方法と計算上おさえておくべき操作・ポイントを示します。

1 一点に集中する力

図1・1のように一点に集中して作用する力は一本の矢印によって表現されます。

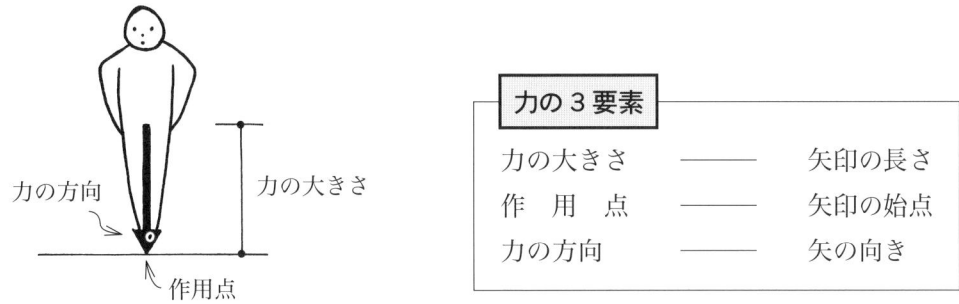

図1・1　一点に集中する力の表現

力を表すには力の大きさ、力をかける点(作用点)、力の方向を表現する必要があります。これらを「**力の3要素**」といいます。矢印はこれらを一度に表現できる、優れた表記法なのです。

力の単位としてN（ニュートン）、kN（キロニュートン）が使われます。我々が日常的に使っているkg（キログラム）、t（トン）は質量の単位であり、重量（N、kN）は質量（kg、t）に重力加速度（約$9.8m/s^2$）を乗じたものに相当します。

1) 力の和

複数の力が存在するとき、力を足し合わせる操作を行います。力を足し合わせる場合は＋の方向を定めて和をとります。図1・2は水平方向3つの力の例です。

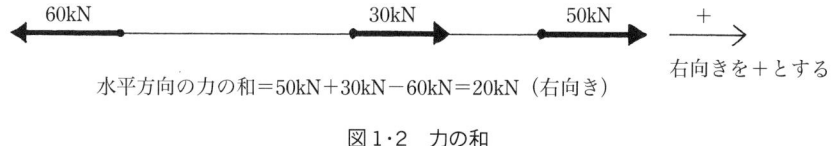

水平方向の力の和＝50kN＋30kN－60kN＝20kN（右向き）

図1・2　力の和

2) 力の分解

力に関する計算をする場合、一般的に水平方向、鉛直方向を基準として考えます。そのため、図1・3のような斜め方向の力の場合、力を水平方向および鉛直方向に分解する操作を行います。

図1・3　斜め方向の力の例

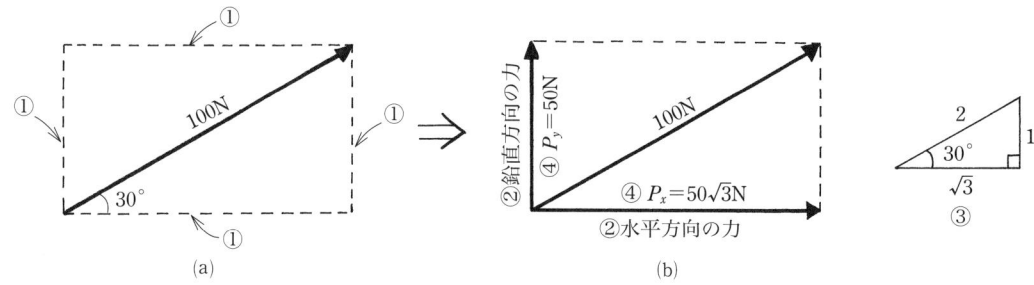

図1・4　力の分解

図1・4(a)に示す斜め方向の力を、水平方向および鉛直方向に分解する方法を手順にそって示します。

①図1・4(a)のように水平方向、鉛直方向の線を引き、斜めの力が対角線になるような長方形を描きます。

②図1・4(b)のように横の辺となる部分に矢印を描きます。これが水平方向の力 P_x になります。
　同様にたての辺となる部分に矢印を描きます。これが鉛直方向の力 P_y になります。

③力の大きさは矢印の長さに相当します。該当する直角三角形を横に描き、三辺の長さの比を示します。

④斜めの力に対する水平・鉛直それぞれの力の大きさを三辺の比から計算します。

　　水平方向　　$100\text{N} : P_x = 2 : \sqrt{3}$　　　　　　　　　　　　………… 式1・1a
　　　　　　　$2P_x = 100\sqrt{3}$（内項の積は外項の積に等しい）

$$P_x = 50\sqrt{3} \text{ N}$$

鉛直方向　　$100\text{N} : P_y = 2 : 1$ ……………… 式1・1b

$$2P_y = 100$$
$$P_y = 50\text{N}$$

演習問題 1・1　次の斜め方向の力を水平方向および鉛直方向に分解しなさい。

(1)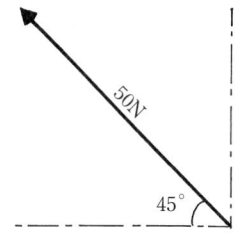

(2)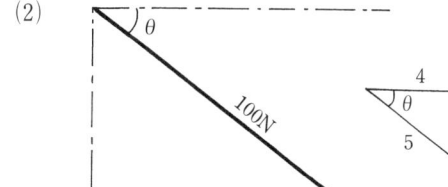

(解 答)

(1)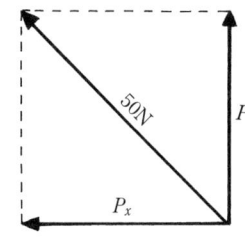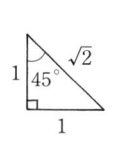

(2)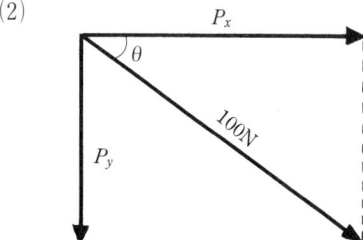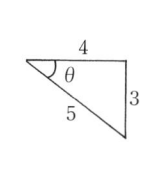

水平方向　　$50 : P_x = \sqrt{2} : 1$　⇒　$P_x = 25\sqrt{2}$ N

鉛直方向　　$P_x : P_y = 1 : 1$　⇒　$P_y = 25\sqrt{2}$ N

水平方向　　$100 : P_x = 5 : 4$　⇒　$P_x = 80$N

鉛直方向　　$100 : P_y = 5 : 3$　⇒　$P_y = 60$N

2 力のモーメント

力のモーメントとは、一点をまわす力、身近なものでは、図1・5のようにスパナでネジをまわす力が力のモーメントになります。力のモーメントは公式1のように力と距離との積によって求めることができます。

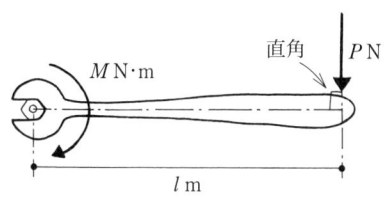

図1・5　力のモーメント

力のモーメント

　　M（力のモーメント：N・m）$= P$（力：N）$\cdot l$（距離：m）　　………公式1

---

1) 距離の考え方

　力のモーメントでは、距離の判断の仕方に注意が必要です。

　図1・5に示したように、力のモーメントの距離lは力の方向に対して直角であることに注意しなくてはなりません。距離の判断は次のように行います。

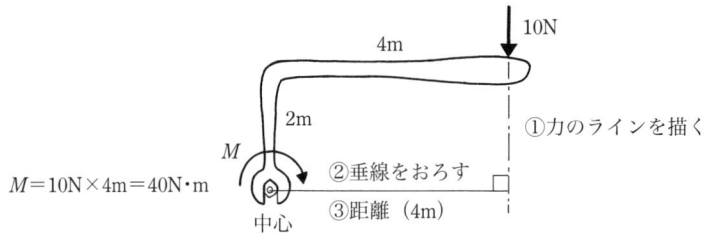

図1・6　力のモーメントにおける距離の判断

距離を求める手順（図1・6について）
①力のラインを描きます。
②中心から力のラインに垂線をおろします。
③垂線の長さを求めます。垂線の長さが距離です。したがって、図1・6の場合、距離は4mとなり、スパナの形状には全く関係しないのです。

2) 偶力のモーメント

　図1・7のように、大きさが等しく、平行で逆向きの一対の力Pを**偶力**といいます。ふたつの力間の距離lとすると、力Pと距離lの積でモーメントが生まれます。これを**偶力のモーメント**といいます。

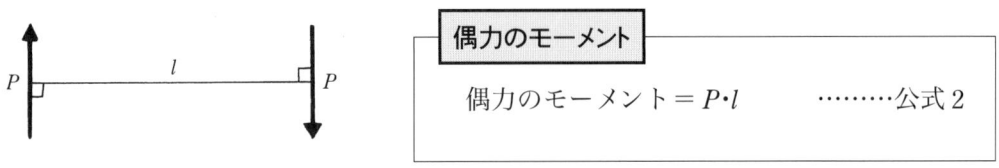

図1・7　偶力のモーメント

偶力のモーメント
偶力のモーメント＝$P \cdot l$　　………公式2

演習問題1・2　点Aを中心とする力のモーメントM_Aを求めなさい。ただし、力のモーメントは時計まわりを＋とする。

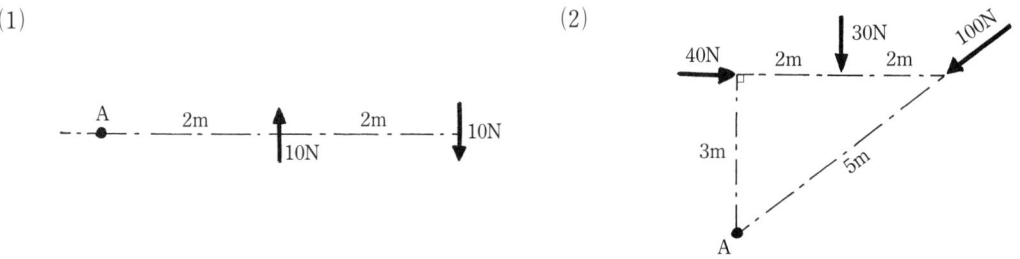

(解答)

(1)

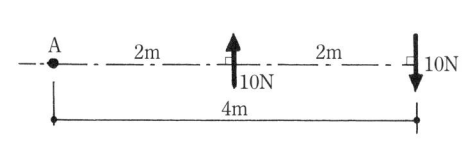

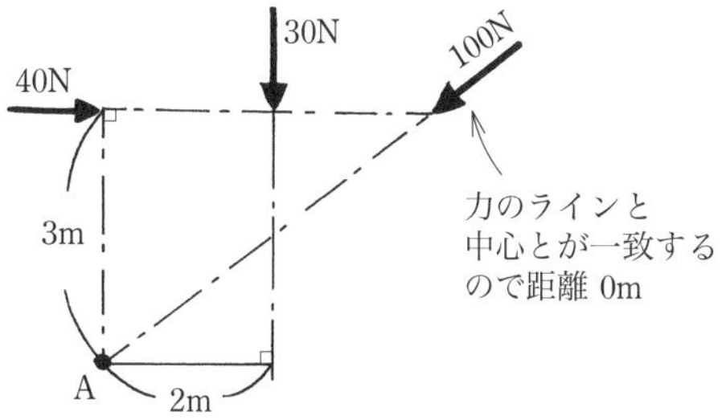

$M_A = 10N \times 4m - 10N \times 2m = 20N \cdot m$ （答え）

あるいは、

偶力のモーメント $= 10 \times 2 = 20N \cdot m$

偶力のモーメントは中心によらず等しい。

(2)

（力のラインと中心とが一致するので距離 0m）

$M_A = 40N \times 3m + 30N \times 2m + 100N \times 0m$
$= 180N \cdot m$ （答え）

❸ 分布する力

横たわる部材重量の表現方法について考えてみましょう。部材は全体的に重量がありますから、一点に集中する力のように1本の矢印で表現することはできません。そこで、分布する力として図1・8のように矢印を並べて表現します。

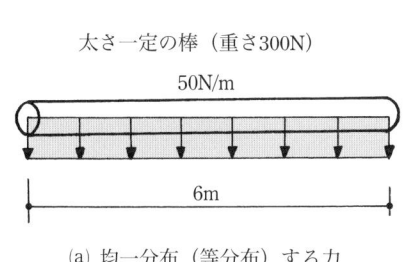

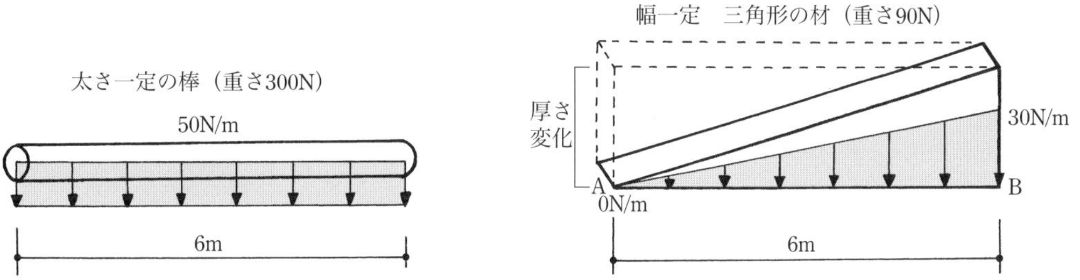

(a) 均一分布（等分布）する力　　(b) 一定の変化（等変分布）を示す力

図1・8　分布する力

分布する力は「1mあたりの力（N）」として表現します。図1・8(a)の場合であれば6mで300Nですから1mあたり50Nとなり、50N/mと表現します。

図1・8(b)は三角形材の重さの表現です。材の重さは90N、長さは6mです。点線で描いたところに同じ材を重ねたとすると全体の重さは180Nとなり、長さ6mで除すると30N/m。材の最も厚い点Bの値は30N/mとなります。点Aは厚み0で0N/mです。

● 分布する力の合力化

分布する力は計算をしやすくするため、**合力**にするという操作をよく行います。分布する力の合力化とは、分布する力を集中する力にまとめることです。合力化では、力をまとめる位置と合力の大きさを求めることになります。

力をまとめる位置は重心の位置です。図1・9のように等分布の場合は棒の中央、等変分布の場

合は 0N/m の位置から 2：1 に分かつ点が重心位置になります。

　合力の大きさは部材全体の重さになり、分布する力の面積分が合力の大きさに相当します。

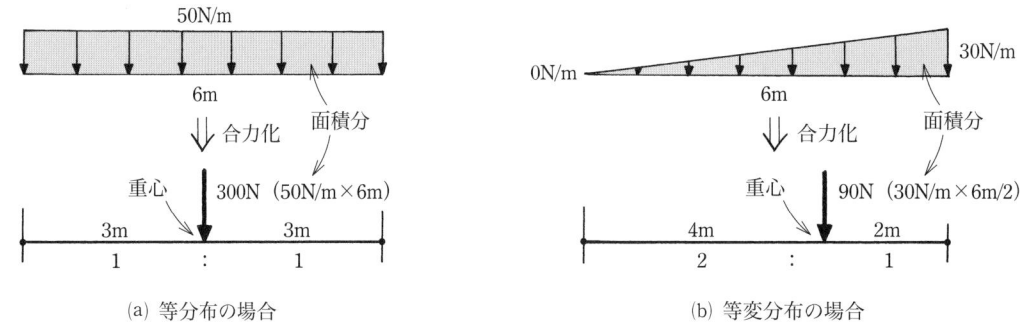

図 1・9　分布荷重の合力と合力の位置

演習問題 1・3　次の材を分布する力として表現し、それを合力にしなさい。

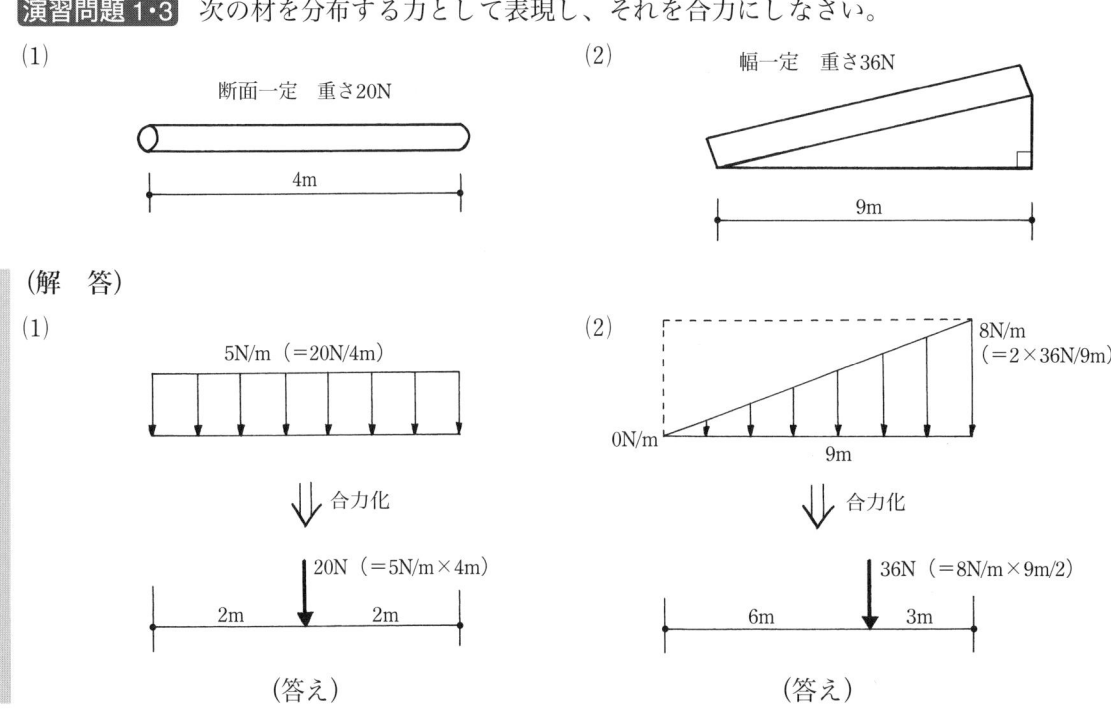

1・2 ● 力の釣り合い

図1・10のように棒の両端を左右に同じ力で引張るとき、どちらにも動かない状態ができることを私たちは知っています。このように、力がかかっているのに動かない状態を「力が釣り合っている」といいます。

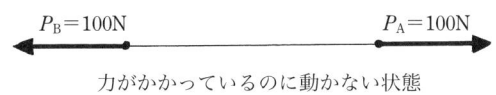

図1・10 力の釣り合い

図1・10において右に引く力 P_A と左に引く力 P_B を足し合わせてみます（右向きを+方向として水平方向の力の和（ΣX）を計算します）。

$$\Sigma X = P_A + (-P_B) = 100 + (-100) = 0 \quad \cdots\cdots\cdots 式1・2$$

となります。このように力が釣り合っているとき、力の総和は0になるのです。逆に力の総和が0になるとき、力は釣り合っているということもできます（図1・11）。

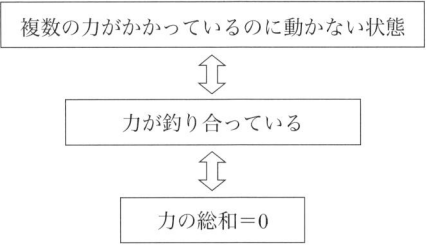

図1・11 力の釣り合いの概念

次に図1・12のような天秤の場合を考えてみましょう。天秤の左右に同じ重さのおもりを吊るせば、天秤は水平を保ち動かない状態になります。これもまた力の釣り合い状態です。

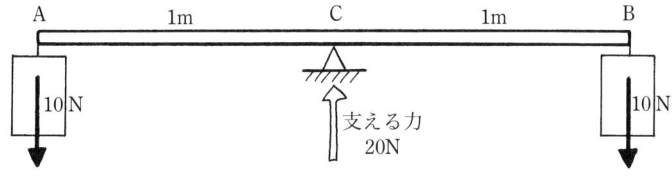

図1・12 天秤における力の釣り合い

図1・12の天秤における力の釣り合いを、力の総和から検証してみましょう。
- 鉛直方向の力の総和（ΣY）について（上向きを+方向とする）

$$\Sigma Y = (-10) + (-10) + 20 = 0 \quad \cdots\cdots\cdots 式1・3$$

●力のモーメントの和（ΣM）について（時計まわりを＋とする）

　ⅰ）点Cを中心とする場合

　　$\Sigma M_C = -10 \times 1 + 10 \times 1 = 0$ ……………… 式1・4a

　ⅱ）点Aを中心とする場合

　　$\Sigma M_A = -20 \times 1 + 10 \times 2 = 0$ ……………… 式1・4b

このように点Cを中心としても、点Aを中心としても力のモーメントの総和は0になるのです。そのほかのどの点を中心にしても力のモーメントの総和は0になります。

以上より、力の釣り合い条件をまとめると次のようになります。

力の釣合い条件（力の釣り合い式）

$\Sigma X = 0$：　　水平方向の力の総和が0

$\Sigma Y = 0$：　　鉛直方向の力の総和が0

$\Sigma M = 0$：　　力のモーメントの総和が0（どの点を中心としても成り立つ）

この3つの式をすべて満足するとき力は釣り合うのです。

演習問題 1・4

(1) 図の平行な3力が釣り合うとき、力 P_A、P_B を求めなさい。

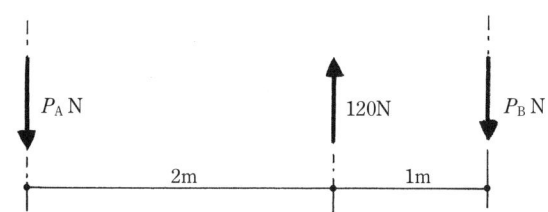

(2) 図の平行な4力が釣り合うとき、力 P と距離 x を求めなさい。

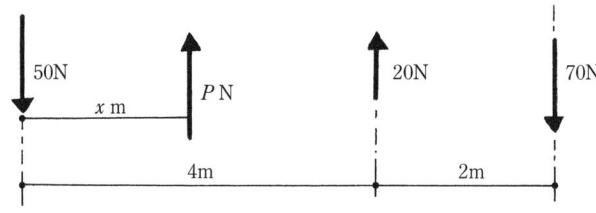

(3)図の力 P_1、P_2、P_3、P_4 が釣合っているとき、P_2、P_3、P_4 を求めなさい。

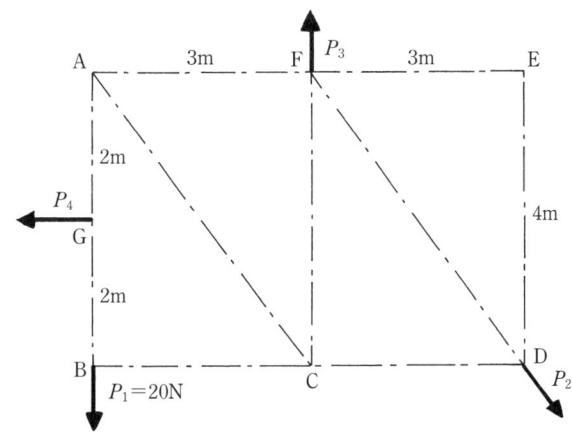

(解　答)

(1)
$\Sigma X = 0$:　　　水平方向には力なし

$\Sigma Y = 0$:　　　$-P_A - P_B + 120 = 0$　　⇒　　$P_A + P_B = 120$ ……………(i)

$\Sigma M_A = 0$:　　$P_A \cdot 0 - 120 \times 2 + P_B \cdot 3 = 0$　　⇒　　$\underline{P_B = 80\text{N}}$ ……………(ii)

$P_B = 80$N を式 (i) に代入して　　⇒　　$\underline{P_A = 40\text{N}}$

(2)
$\Sigma X = 0$:　　　水平方向の力なし

$\Sigma Y = 0$:　　　$-50 + P + 20 - 70 = 0$　　⇒　　$\underline{P = 100\text{N}}$ ……………(i)

$\Sigma M_A = 0$:　　$50 \times 0 - P \cdot x - 20 \times 4 + 70 \times 6 = 0$ ……………(ii)

式 (ii) に $P = 100$N を代入して　　⇒　　$\underline{x = 3.4\text{m}}$

(3)

P_2 は水平方向および鉛直方向に右図のように分解する。

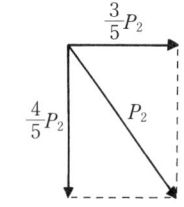 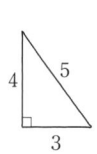

$\Sigma X = 0$:　　$\dfrac{3}{5}P_2 - P_4 = 0$ ……………(i)

$\Sigma Y = 0$:　　$P_3 - \dfrac{4}{5}P_2 - 20 = 0$ ……………(ii)

$\Sigma M_F = 0$:　　$P_3 \cdot 0 + P_2 \cdot 0 + P_4 \cdot 2 - 20 \times 3 = 0$ ……………(iii)

式 (i) に式 (ii) および式 (iii) を連立して解く。

$\underline{P_2 = 50\text{N}}$　　$\underline{P_3 = 60\text{N}}$　　$\underline{P_4 = 30\text{N}}$

静定構造の解き方

2・1 ◉ 構造物の分類と表現

　1章では力の基礎について解説をしました。本題である構造力学とは、構造物に生じる力を求め、構造物の設計に結びつけていくための力学であり、本章以降の内容がその範疇に入ります。1章で得た、力に関する基礎知識をもとにして、構造力学の範疇へと歩を進めていきましょう。

１ 構造物の分類

　まず、構造物を分類し、本書で扱う構造物を概観してみます。
　構造物は表2・1のように**安定構造**、**不安定構造**に分類させます。また、安定構造はさらに**静定構造**と**不静定構造**に分類されます。

表2・1　構造物の分類

分類		代表的な構造物	特　徴
安定構造	静定構造		力の釣り合い式のみで解ける。本章で解説。
	不静定構造		力の釣り合い式だけでは解けず、変形条件も利用して解く。4章で解説。
不安定構造		移動する　　崩壊する	力をかけると、移動したり、あるいは崩壊する構造物

本章では静定構造の解き方について解説をします。静定構造は1章**1・2**で解説した力の釣り合いによって解くことのできる構造物です。不静定構造は力の釣り合いに加えて部材の変形を利用しながら解く構造物で、4章で解説します。

2構造物のモデル化

構造部材には太さがありますが、構造力学では図2・1のように部材を一本線で表現します。

部材の接合方法には**剛接合**と**ピン接合（ヒンジ）**があり、剛接合は部材が変形しても接合部の角度は変化しないのが特徴です。ピン接合（ヒンジ）は自由に角度を変えることができます。身近なものでたとえれば「ちょうつがい」のようなものです。

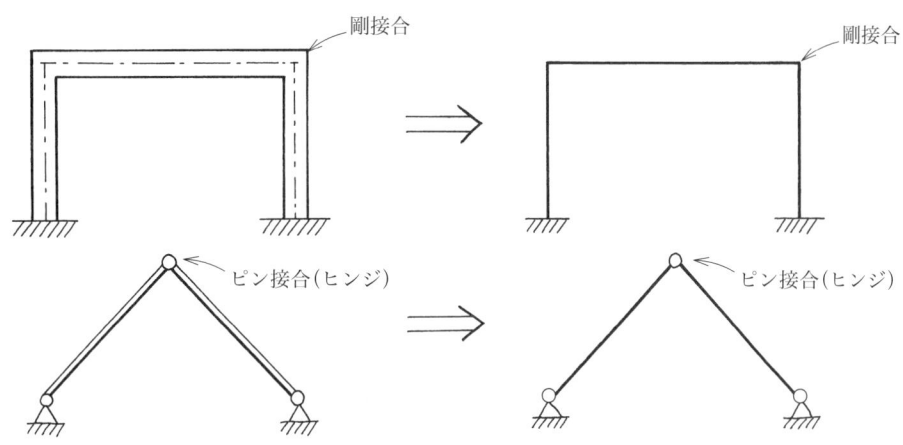

図2・1　力学モデル

構造物を支える足元を支点といいます。支点には表2・2の3種類があります。これらの支点によって構造物は支えられています。支点が構造物を支える力のことを**反力**といいます。

表2・2　構造物の支点と反力

支点の名称	概略図	図示法と反力	特　徴
ローラー	ヒンジ／ころがる	V	・支持台に対して平行に移動できる。 ・頭にはヒンジが付いていて回転も自由。 ・支持台に対して**垂直1方向**の力だけを支える。
ピ　ン	ヒンジ	H, V	・鉛直・水平両方向とも移動しない。 ・頭にはヒンジが付いていて回転は自由。 ・**鉛直・水平2方向の力を支える**。
固　定		M, H, V	・鉛直・水平両方向とも移動しない。 ・回転も拘束されている。 ・**鉛直・水平・回転3方向の力を支える**。

2・2 ● 反 力

静定構造を解くために、まず着手するのが反力の計算です。基本的な構造物を紹介しながら反力の算定法を解説していきます。

■ 単純梁の反力

1) 集中荷重を受ける単純梁

図 2・2 のように、梁の両端をピンとローラーによって支えてみます。これを**単純梁**といいます。図 2・2 では一点に集中する力がかかっています。このように一点に集中してかかる荷重を**集中荷重**といいます。

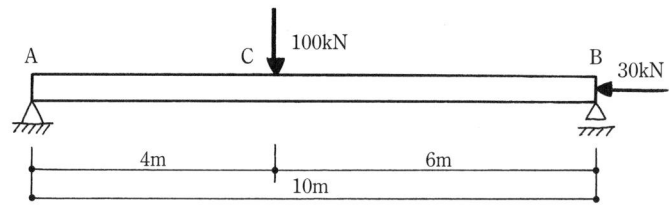

図 2・2 集中荷重を受ける単純梁

集中荷重を受ける場合の反力の求め方を、手順にそって示してみましょう。

① すべての反力を矢印で描き込み、名称（H_A、V_A、V_B）を付けておきます（図 2・3）。

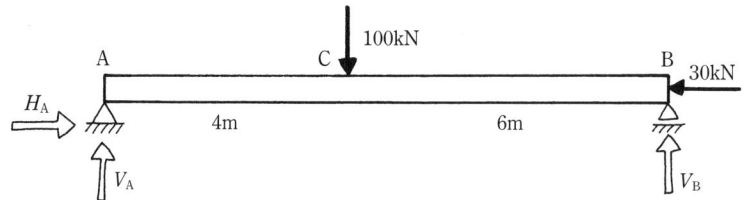

図 2・3 反力を描き込む

② 図 2・4 のように単純梁には 5 つの力がかかっていますが動きません。これは 1 章 **1・2** で示した、力の釣り合い状態です。したがって、力の釣り合い式を適用することができます。

力の釣り合い式（$\Sigma X = 0$、$\Sigma Y = 0$、$\Sigma M = 0$ の 3 式）をたてます。

$\Sigma X = 0$：　　$H_A - 30 = 0$　　　　　　　　　　　……………　式 2・1a

$\Sigma Y = 0$：　　$V_A + V_B - 100 = 0$　　　　　　　……………　式 2・1b

$\Sigma M_A = 0$：　$100 \times 4 - V_B \cdot 10 = 0$　　　　　　……………　式 2・1c

モーメントの釣り合い式（$\Sigma M = 0$）は支点を中心に選ぶと計算が容易になります。なぜなら、中心に選んだ支点の反力は釣り合い式から排除され、もうひとつの支点の反力を求めることができるからです。式 2・1c では点 A を中心にしています。

③力の釣り合い式を解いてV_A、V_B、H_Aを求めます。

$V_A = 60\text{kN}$　　$V_B = 40\text{kN}$　　$H_A = 30\text{kN}$

結果を図2・4に示します。

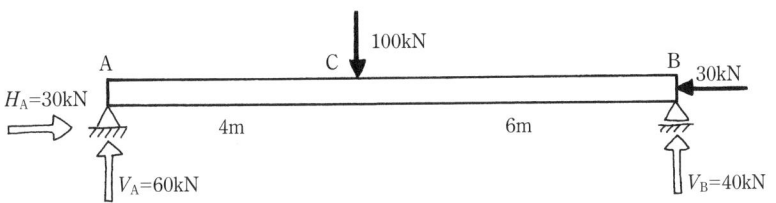

図2・4　集中荷重を受ける単純梁の反力（解答）

2）分布荷重を受ける単純梁

図2・5のように、荷重としての分布する力は**分布荷重**と呼ばれます。図2・5について反力を求めてみましょう。

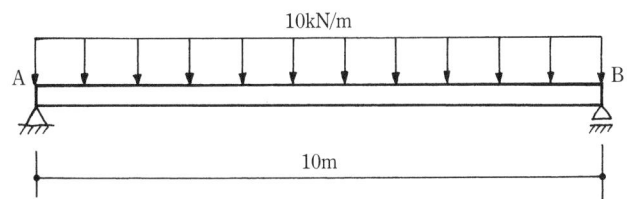

図2・5　分布荷重を受ける単純梁

①すべての反力を矢印で描き込みます（図2・6）。

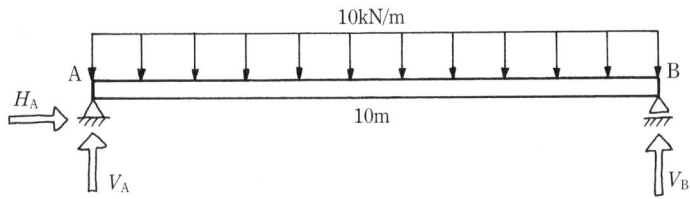

図2・6　単純梁の反力

②図2・7のように、分布荷重を合力化（p.11～12参照）し、梁にかけます。

　分布荷重を合力にしても反力は変わりません。したがって、計算のしやすい集中荷重にするのです。

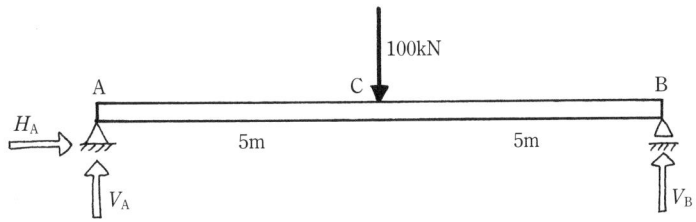

図2・7　分布荷重の合力化

③力の釣り合い式（$\Sigma X = 0$、$\Sigma Y = 0$、$\Sigma M = 0$ の3式）をたてます。

$\Sigma X = 0$： $H_A = 0$ ……………… 式2・2a

$\Sigma Y = 0$： $V_A + V_B - 100 = 0$ ……………… 式2・2b

$\Sigma M_A = 0$： $100 \times 5 - V_B \cdot 10 = 0$ ……………… 式2・2c

④力の釣り合い式を解いて V_A、V_B、H_A を求めます。

$V_A = 50\text{kN}$　　$V_B = 50\text{kN}$　　$H_A = 0\text{kN}$

結果を図2・8に示します。

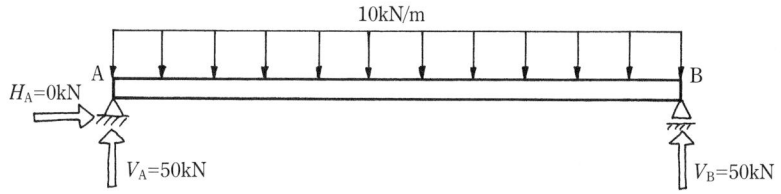

図2・8　分布荷重を受ける単純梁の反力（答え）

3）モーメント荷重を受ける単純梁

図2・9のように、力のモーメントを荷重として受ける単純梁の反力を求めてみましょう。

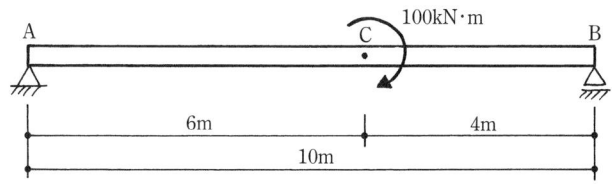

図2・9　モーメント荷重が作用する単純梁

①すべての反力を描き込みます（図2・10）。

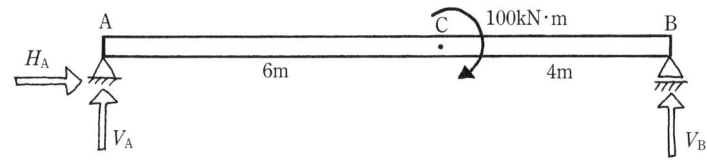

図2・10　モーメント荷重が作用する単純梁の反力

②力の釣り合い式（$\Sigma X = 0$、$\Sigma Y = 0$、$\Sigma M = 0$ の3式）をたてます。モーメントの釣り合い式 $\Sigma M_A = 0$ をたてるとき、モーメント荷重（100kN・m）は距離を乗することなく、そのまま式に入れるところに注意をしてください。

$\Sigma X = 0$： $H_A = 0$ ……………… 式2・3a

$\Sigma Y = 0$： $V_A + V_B = 0$ ……………… 式2・3b

$\Sigma M_A = 0$： $100 - V_B \cdot 10 = 0$ ……………… 式2・3c

③力の釣り合い式を解いて V_A、V_B、H_A を求めます。

$V_A = -10\text{kN}$　　$V_B = 10\text{kN}$　　$H_A = 0\text{kN}$

図2・11に結果を示します。

点Aの反力V_Aは－の数値で算出されました。これは設定した力の方向（今回は上向き）とは逆方向の反力であったことを示しています。

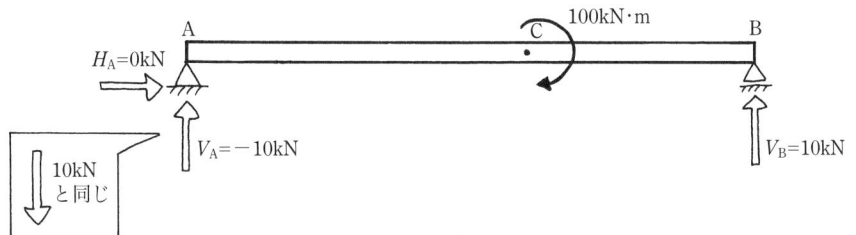

図2・11　モーメント荷重が作用する単純梁の反力（解答）

2 片持ち梁の反力

片持ち梁とは一端を固定支点とし、その固定支点のみで梁を支える構造体です。壁から突出した庇やベランダなどを思い浮かべればよいでしょう。

図2・12の片持梁の反力を求めてみましょう。

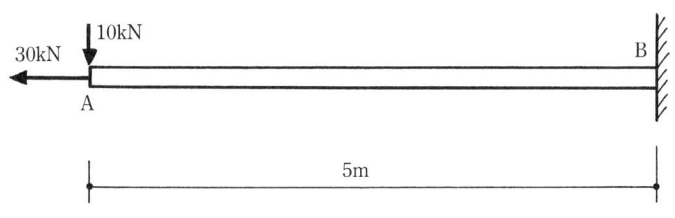

図2・12　集中荷重を受ける片持梁

①すべての反力を描き込みます（図2・13）。

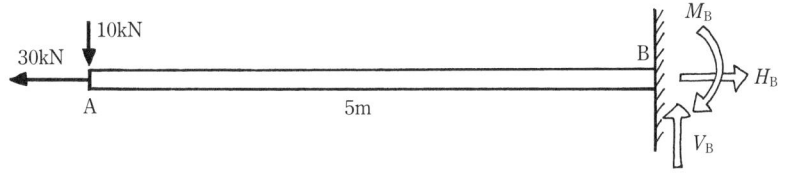

図2・13　反力を描き込む

②力の釣り合い式（$\Sigma X = 0$、$\Sigma Y = 0$、$\Sigma M = 0$の3式）をたてます。モーメントの釣り合い式$\Sigma M_B = 0$をたてるとき、固定支点Bを中心とします。なぜなら、固定支点の反力H_B、V_Bを式から排除し、M_Bだけの式を得ることができるからです。またそのとき、反力モーメントM_Bは距離を乗することなく、そのまま式へ入れるところに注意をしてください。

$\Sigma X = 0$：　　$H_B - 30 = 0$　　　　　　　　　　…………… 式2・4a

$\Sigma Y = 0$：　　$V_B - 10 = 0$　　　　　　　　　　…………… 式2・4b

$\Sigma M_B = 0$：　$M_B - 10 \times 5 = 0$　　　　　　　…………… 式2・4c

③力の釣り合い式を解いてH_B、V_B、M_Bを求めます。

$H_B = 30\text{kN}$　　　$V_B = 10\text{kN}$　　　$M_B = 50\text{kN·m}$

結果を図2·14に示します。

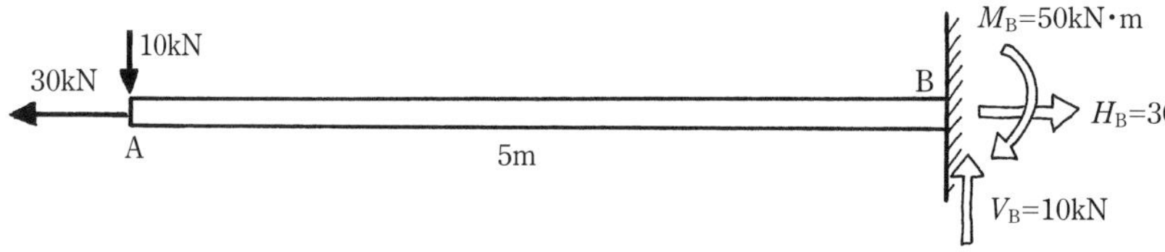

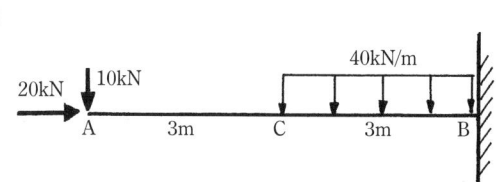

図2·14　片持梁の反力（解答）

演習問題2·1　次の構造物の反力を求めなさい。

(1)　　　　　　　　　　　　　　　　　　(2)

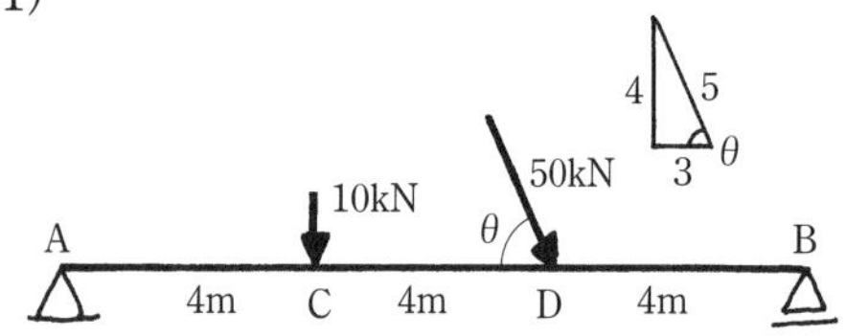

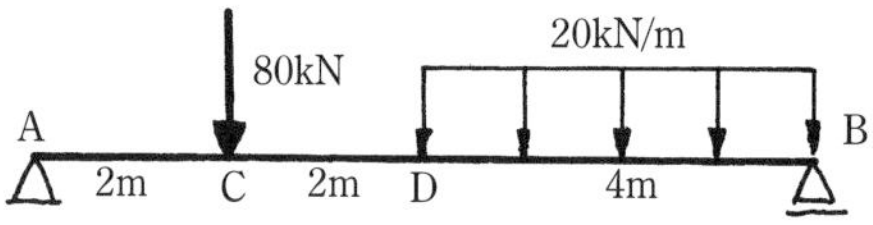

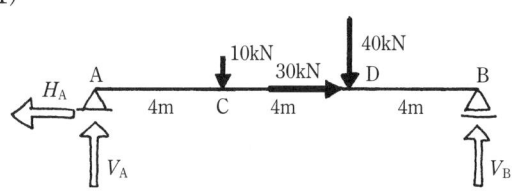

(3) 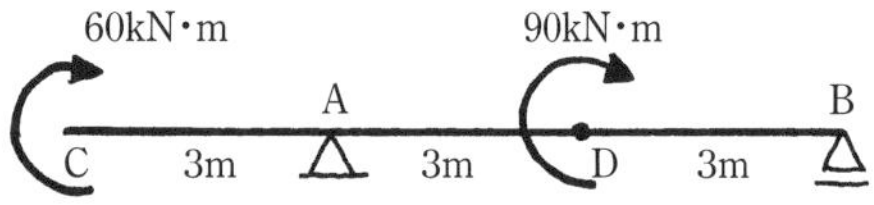　　　　　　　　　　　　　　　　　　(4)

（解　答）

(1)

斜めの力を分解し、反力を設定します。

$\Sigma X = 0:$　　$30 - H_A = 0$

$\Sigma Y = 0:$　　$V_A + V_B - 10 - 40 = 0$

$\Sigma M_A = 0:$　　$10 \times 4 + 40 \times 8 - V_B \cdot 12 = 0$

以上3式を連立して解きます。

$\underline{H_A = 30\text{kN}}$　　$\underline{V_A = 20\text{kN}}$　　$\underline{V_B = 30\text{kN}}$

(2)

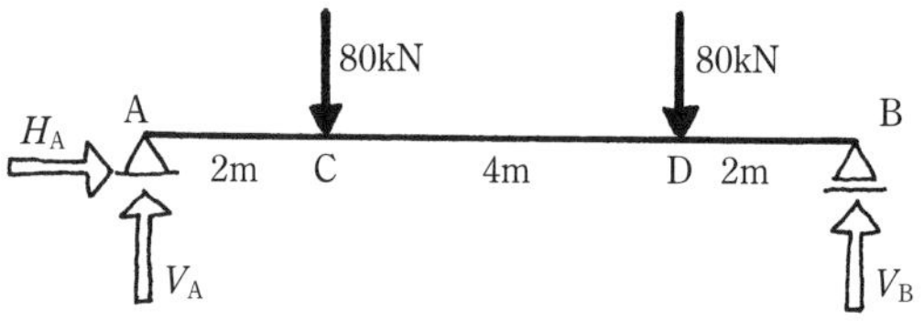

分布荷重を合力化し、反力を設定します。

$\Sigma X = 0:$　　$H_A = 0$

$\Sigma Y = 0:$　　$V_A + V_B - 80 - 80 = 0$

$\Sigma M_A = 0:$　　$80 \times 2 + 80 \times 6 - V_B \cdot 8 = 0$

以上3式を連立して解きます。

$\underline{H_A = 0\text{kN}}$　　$\underline{V_A = V_B = 80\text{kN}}$

(3)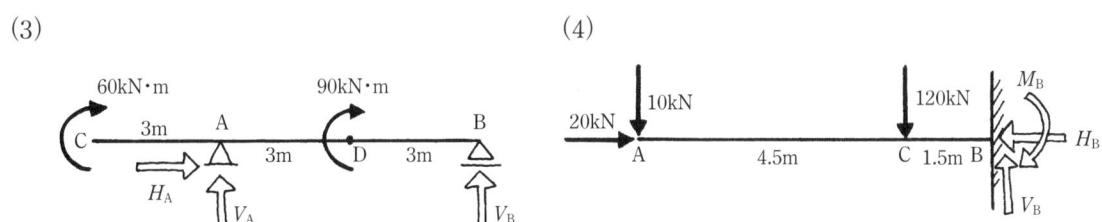

反力を設定します。モーメント荷重はそのままモーメントの釣り合い式へ。

$\Sigma X = 0$: $H_A = 0$

$\Sigma Y = 0$: $V_A + V_B = 0$

$\Sigma M_A = 0$: $60 + 90 - V_B \cdot 6 = 0$

以上3式を連立して解きます。

$\underline{H_A = 0\text{kN}}$　　$\underline{V_A = -25\text{kN}}$　　$\underline{V_B = 25\text{kN}}$

(4)

分布荷重を合力化し、反力を設定します。

$\Sigma X = 0$: $20 - H_B = 0$

$\Sigma Y = 0$: $V_B - 10 - 120 = 0$

$\Sigma M_B = 0$: $M_B - 10 \times 6 - 120 \times 1.5 = 0$

以上3式を連立して解きます。

$\underline{H_B = 20\text{kN}}$　　$\underline{V_B = 130\text{kN}}$　　$\underline{M_B = 240\text{kN}\cdot\text{m}}$

❸ラーメンの反力

ラーメンとは鉛直方向の部材（柱）と水平方向の部材（梁）によって構成される構造体です。両端をピン、ローラーによって支えられるものを特に**単純ラーメン**と呼びます。

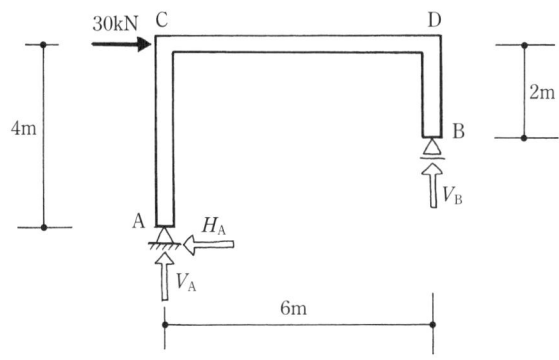

図2・15　水平方向の力を受ける単純ラーメンと反力

①反力を矢印で描き、名前を付けます（図2・15）。

②力の釣り合い式（$\Sigma X = 0$、$\Sigma Y = 0$、$\Sigma M = 0$の3式）をたてます。柱長の異なる単純ラーメンは反力が2つあるピン支点Aを中心としてモーメントの釣り合い式$\Sigma M_A = 0$をたてるとローラー支点の反力のみの式が得られます。

　　$\Sigma X = 0$:　　$30 - H_A = 0$　　　　　　　　　　………… 式2・5a

　　$\Sigma Y = 0$:　　$V_A + V_B = 0$　　　　　　　　　　………… 式2・5b

　　$\Sigma M_A = 0$:　　$-V_B \cdot 6 + 30 \times 4 = 0$　　　　　………… 式2・5c

③釣り合い式を解いてV_A、V_B、H_Aを求めます。結果は次のようになります。

$V_A = -20\text{kN}$ $V_B = 20\text{kN}$ $H_A = 30\text{kN}$

結果を図2・16に示します。

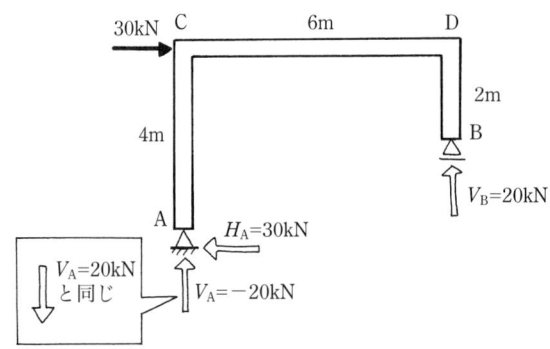

図2・16　水平力を受けるラーメンの反力（解答）

演習問題2・2　次の構造物の反力を求めなさい。

(1)

(2)

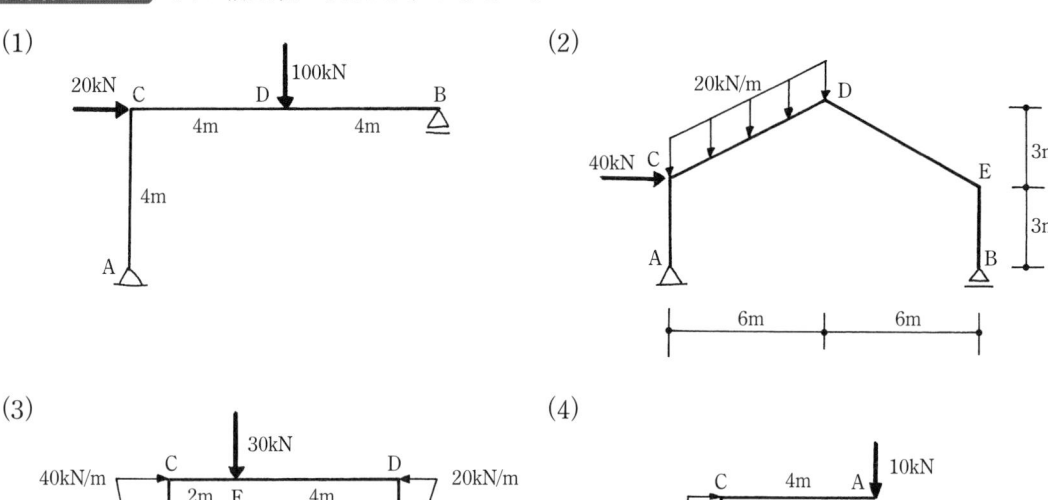

(3)

(4)

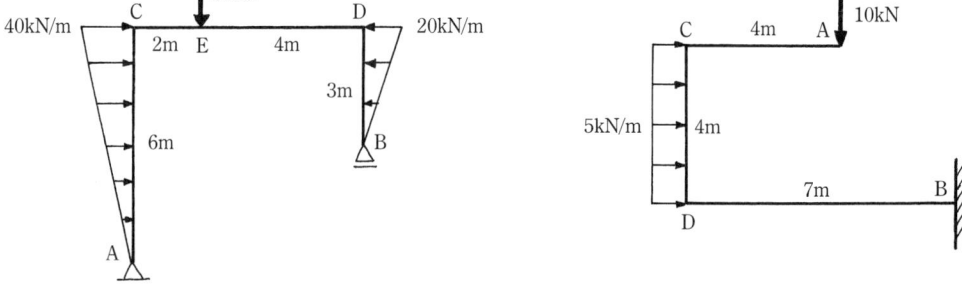

（解　答）

(1)

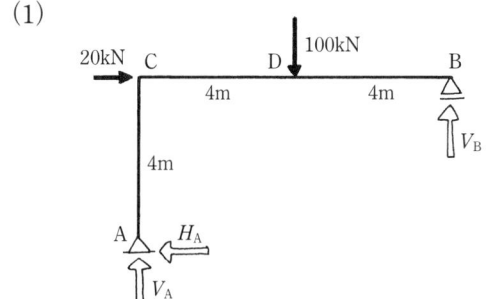

$\Sigma X = 0$:　　　$20 - H_A = 0$

$\Sigma Y = 0$:　　　$V_A + V_B - 100 = 0$

$\Sigma M_A = 0$:　　$20 \times 4 + 100 \times 4 - V_B \cdot 8 = 0$

以上3式を解きます。

　$\underline{H_A = 20 \text{kN}}$　　$\underline{V_A = 40 \text{kN}}$　　$\underline{V_B = 60 \text{kN}}$

(2)

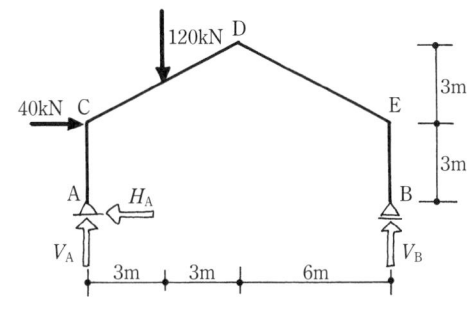

分布荷重を合力化します。

$\Sigma X = 0$:　　　$40 - H_A = 0$

$\Sigma Y = 0$:　　　$V_A + V_B - 120 = 0$

$\Sigma M_A = 0$:　　$40 \times 3 + 120 \times 3 - V_B \cdot 12 = 0$

以上3式を解きます。

　$\underline{H_A = 40 \text{kN}}$　　$\underline{V_A = 80 \text{kN}}$　　$\underline{V_B = 40 \text{kN}}$

(3)

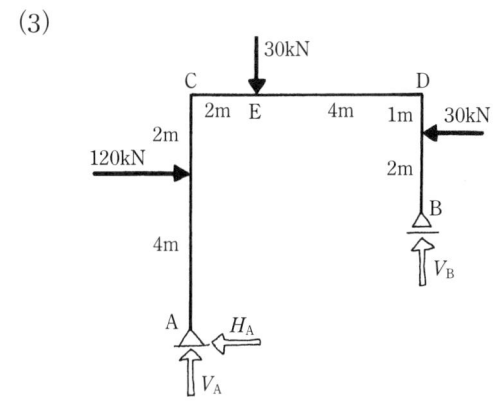

分布荷重を合力化します。

$\Sigma X = 0$:　$120 - 30 - H_A = 0$

$\Sigma Y = 0$:　$V_A + V_B - 30 = 0$

$\Sigma M_A = 0$:　$120 \times 4 + 30 \times 2 - 30 \times 5 - V_B \cdot 6 = 0$

以上3式を解きます。

　$\underline{H_A = 90 \text{kN}}$　　$\underline{V_A = -35 \text{kN}}$　　$\underline{V_B = 65 \text{kN}}$

(4)

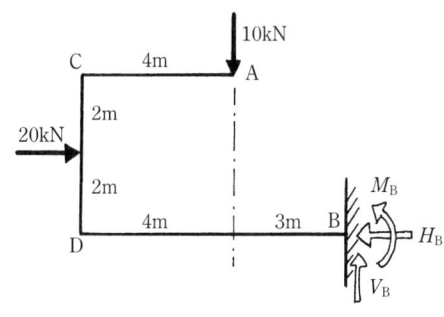

固定支点によって支えられるラーメンを**片持ちラーメン**といいます。

分布荷重を合力化します。

$\Sigma X = 0$:　　　$20 - H_B = 0$

$\Sigma Y = 0$:　　　$V_B - 10 = 0$

$\Sigma M_B = 0$:　　$20 \times 2 - 10 \times 3 - M_B = 0$

以上3式を解きます。

　$\underline{H_B = 20 \text{kN}}$　　$\underline{V_B = 10 \text{kN}}$　　$\underline{M_B = 10 \text{kN} \cdot \text{m}}$

2・3 ● 梁・ラーメン部材に生じる力

反力を求めることができれば次に部材の中に生じる力の求め方に進みます。

部材に力を加えると図2・17のように部材は変形します。変形しているということは、部材の中にその変形を生じさせる力が発生していることを意味します。

図2・17　力を受ける部材と変形

■ 部材に生じる力の種類

部材に生じる力には曲げモーメント、せん断力、軸方向力の3種類があります。それぞれの力がどのようなものであるかをまず解説していきます。

1) 曲げモーメント

単純梁に集中荷重をかけてみましょう。梁は図2・18(b)のように弓なりに変形します。

(a) 変形前：長方形　　　　　　　　(b) 変形後：扇形

図2・18　曲がる単純梁

図2・18で部材の一部を(a)変形前と(b)変形後で比較すると、長方形が扇形に変形していることがわかります。長方形を扇形に変形させるためには、図2・19のように両側から力のモーメントをかけなくてはなりません。このように部材の中に生じる左右一対のモーメントを**曲げモーメント**（記号：M　単位：kN·m）といいます。符号は、下側に伸びを生じさせる曲げモーメントを＋、上側に伸びを生じさせる曲げモーメントを－とします。

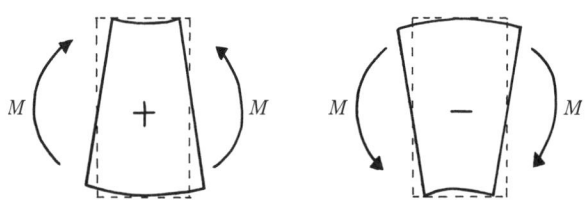

図2・19　部材に生じる力：曲げモーメント

2) せん断力

集中荷重を受ける単純梁は図2・18のように柔らかく曲がりますが、曲げの変形に隠れてひそむ変形があります。図2・20にその変形を強調して描いてみます。

(a) 変形前：長方形　　　　　　　　(b) 変形後：平行四辺形

図2・20　平行四辺形に変形する梁

部材の一部を取り出して変形を調べてみると、長方形が平行四辺形に変形していることがわかります。平行四辺形に変形させるためには図2・21のように梁に対して直角方向の力を左右逆向きにかけなくてはなりません。このような、梁に対して直角方向の一対の力を**せん断力**（記号：Q、単位：kN）といいます。符号は図2・21のように、左上がり右下がりの変形を起こすせん断力を＋、右上がり左下がりの変形が起こすせん断力を－とします。

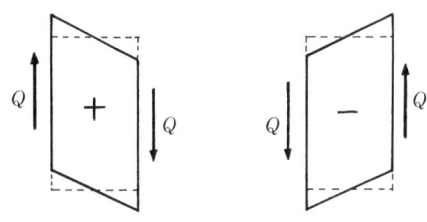

図2・21　部材に生じる力　せん断力

3) 軸方向力

図2・22のように部材を引張ってみます。部材は全体的に伸び、部分的に見ても伸びていることがわかります。

(a) 変形前　　　　　　　　　　　(b) 変形後

図2・22　伸びる部材

伸びるということは、図2・23(a)のように梁の中にも引張る力が発生していることになります。このような、部材方向の一対の力を**軸方向力**（記号：N、単位：kN）といいます。軸方向力には**引張力**のほか**圧縮力**（図2・23(b)）があります。符号は引張力を＋、圧縮力を－とします。

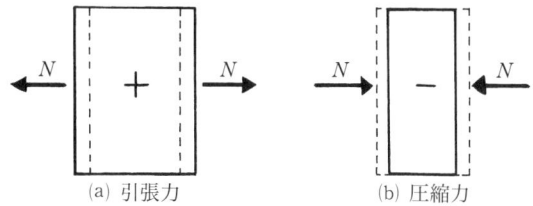

(a) 引張力　　　　　　　　(b) 圧縮力

図2・23　部材に生じる力：軸方向力

❷部材に生じる力の計算法

1) 単純梁：集中荷重の場合

部材に生じる力の求め方を、図2·24のように集中荷重を受ける単純梁について手順を追って解説します。

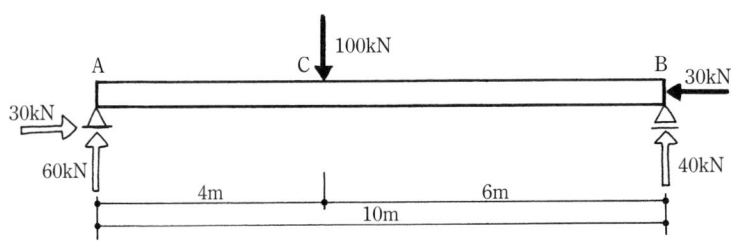

図2·24　集中荷重を受ける単純梁

①まず反力を求め、図中に書き込みます（解き方についてはp.18を参照）。
②反力・集中荷重間の任意の位置（点Aからxmとする）で梁を切断します。切断面には部材に生じる力（曲げモーメントM、せん断力Q、軸方向力N）が存在します。切断面にM、Q、Nの矢印を描きます。

A－C間、C－B間の2ヵ所について考えれば、梁全体について力の分布状況が得られます。

ⅰ）A－C間について

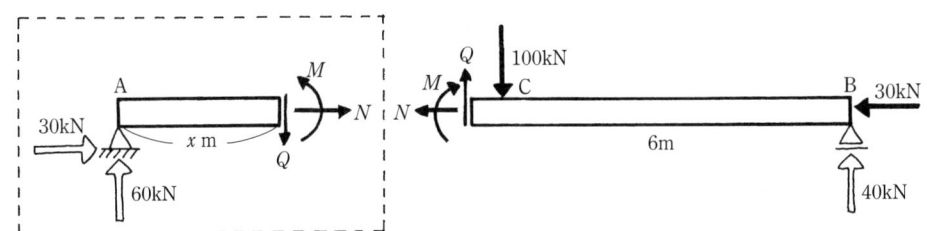

図2·25　A－C間の切断面について、部材に生じる力の矢印を設定する

切断面でのM、Q、Nの矢印は、図2·26のようにすべて＋の変形が得られる向きに設定します。矢印は切断した左右で逆になることに注意してください。

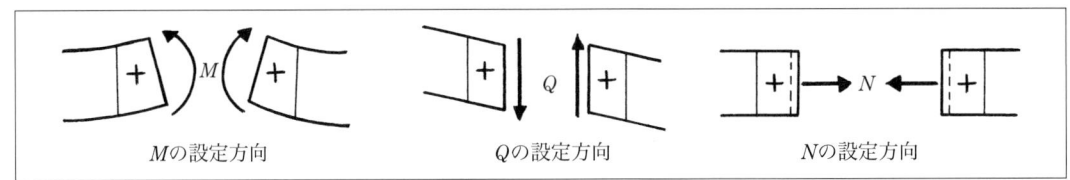

図2·26　M、Q、Nの矢印設定方向について

切断した片側（図2·25の点線で囲まれた部分）だけで力の釣り合い式をたてます。

$\Sigma X = 0$:　　$30 + N = 0$　　　　　　　　　　　………… 式2·6a
$\Sigma Y = 0$:　　$60 - Q = 0$　　　　　　　　　　　………… 式2·6b
$\Sigma M = 0$:　　$60x - M = 0$　　（0m $\leqq x \leqq$ 4m）　………… 式2·6c

（力のモーメントの釣り合い式ΣM＝0は切断位置を中心としてたてます）

力の釣り合い式を解いて部材に生じる力を求めます。

［A－C間に生じる力］

$$\begin{cases} N = -30\text{kN} \\ Q = 60\text{kN} \\ M = 60x\,\text{kN·m} \quad (0\text{m} \leq x \leq 4\text{m}) \end{cases}$$

ii）C－B間について

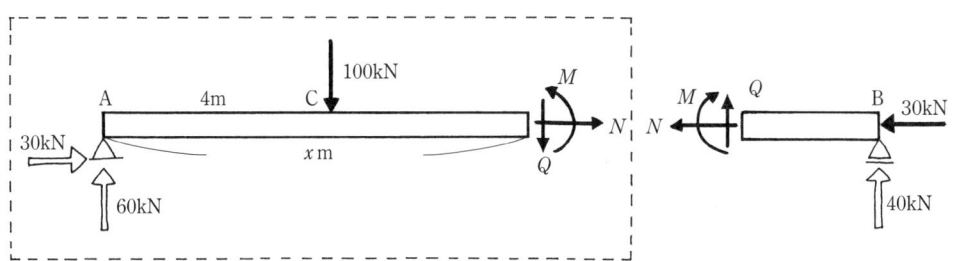

図2·27　C－B間の切断面について、部材に生じる力の矢印を設定する

切断した片側（図2·27の点線で囲まれた部分）だけで力の釣り合い式をたてます。

$\Sigma X = 0$：　　$30 + N = 0$　　　　　　　　　　　　　　………式2·7a

$\Sigma Y = 0$：　　$60 - 100 - Q = 0$　　　　　　　　　　………式2·7b

$\Sigma M = 0$：　　$60x - 100(x - 4) - M = 0$　$(4\text{m} \leq x \leq 10\text{m})$　………式2·7c

力の釣り合い式を解いて部材に生じる力を求めます。

［C－B間に生じる力］

$$\begin{cases} N = -30\text{kN} \\ Q = -40\text{kN} \\ M = -40x + 400\,\text{kN·m} \quad (4\text{m} \leq x \leq 10\text{m}) \end{cases}$$

③部材に生じる力の分布図を描きます。

●軸方向力の分布図（**軸方向力図**）の描き方

・軸に対して上側を＋、下側を－としてグラフを描きます。

・符号（＋－）を必ず付けます（＋の値なら引張力、－の値なら圧縮力を表します）。

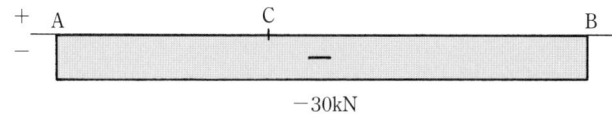

図2·28(a)　軸方向力図

●せん断力の分布図（**せん断力図**）の描き方

・軸に対して上側を＋、下側を－としてグラフを描きます。

・符号（＋－）を必ず付けます。

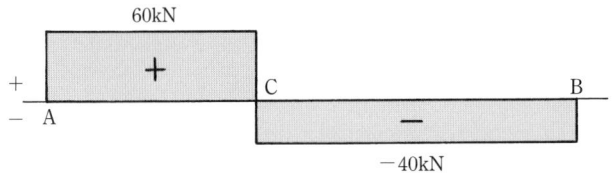

図2・28(b) せん断力図

- 曲げモーメントの分布図（曲げモーメント図）の描き方
  - 扇形変形の伸びる側にグラフを出します。軸に対して下側を＋、上側を－としてグラフを描けば、伸びる側に描けます。
  - グラフ中に書き込む数値には符号（＋－）は不要です。曲げモーメント図はグラフの出る方向が重要なのです。

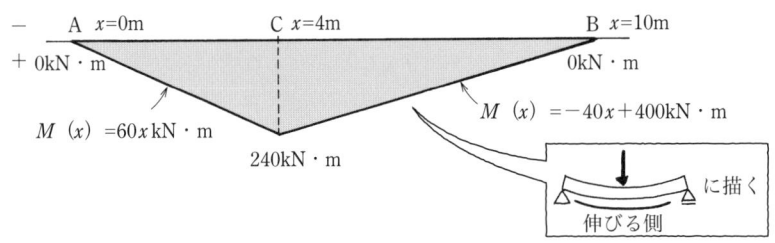

図2・28(c) 曲げモーメント図

集中荷重を受ける単純梁について一連の解法を解説しましたが、結果についても解説を加えておきましょう。

［軸方向力図について］

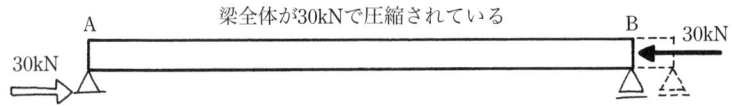

図2・29 軸方向力が生じた理由

図2・29のように、梁は支点Aの反力30kN（右向き）および点Bの集中荷重30kN（左向き）、一対の力によって圧縮されています。したがって、梁全体 $N=-30$ kN（一定）という結果になったのです。

［せん断力図について］

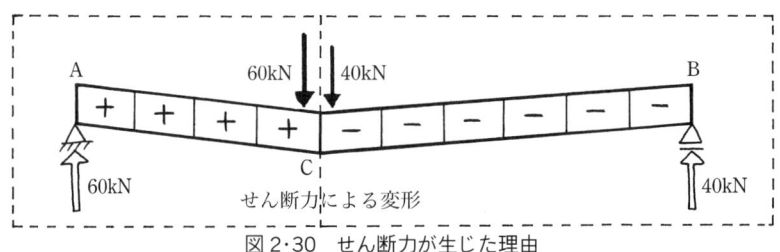

図2・30 せん断力が生じた理由

せん断力は鉛直反力 60kN、40kN および集中荷重 100kN によって生じています。図 2・30 のように集中荷重 100kN を 60kN、40kN に分けてみると、A － C 間では反力 60kN と集中荷重 60kN 分によって、一様に＋方向の変形を生じていることが見て取れます。また、C － B 間は、集中荷重 40kN 分と反力 40kN によって一様に－方向の変形を生じています。したがって、A － C 間のせん断力は＋ 60kN（一定）、C － B 間のせん断力は－ 40kN（一定）なのです。

［曲げモーメント図について］

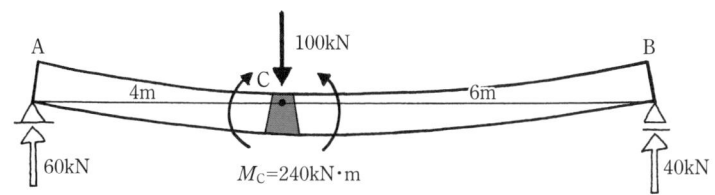

図 2・31　曲げモーメントが生じる理由

曲げモーメントは反力×距離を基本として生じています。曲げモーメントの値は反力からの距離が増すにしたがって増加し、荷重点 C で最大になります。図 2・31 のように点 C の曲げモーメント M_C を反力×距離で求めてみますと、左右とも 240kN・m になります。

2）単純梁：分布荷重の場合

図 2・32 のように、分布荷重を受ける単純梁に生じる力を求めてみましょう。

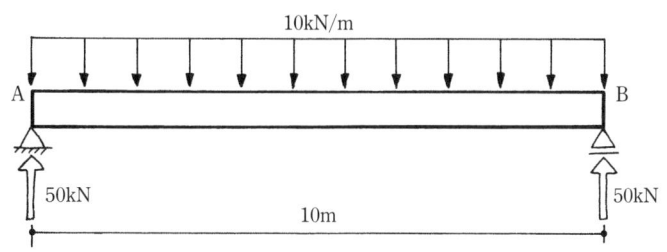

図 2・32　分布荷重を受ける単純梁

①反力を求め、図中に書き込みます（解き方は p.19 ～ 20 を参照）。
②梁を任意の位置（点 A から x m とする）で切断し、切断面に M、Q、N の矢印を描きます。

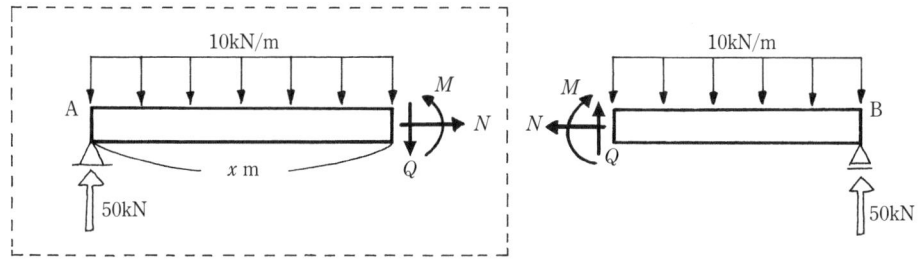

図 2・33　切断面について、部材に生じる力の矢印を設定する

③切断した片側（図2·33の点線枠内）を取り出し、図2·34のように分布荷重を合力として梁にかけます。図2·34について力の釣り合い式をたてます。

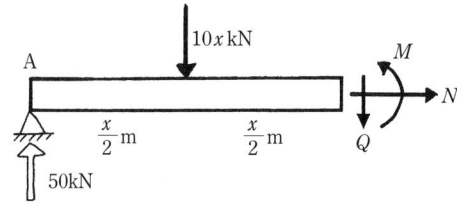

図2·34　分布荷重の合力化

$\Sigma X = 0$：　　$N = 0$　　　　　　　　　　　　　　　　　　……………　式2·8a

$\Sigma Y = 0$：　　$50 - 10x - Q = 0$　　　　　　　　　　　……………　式2·8b

$\Sigma M = 0$：　　$50x - 10x \cdot \dfrac{x}{2} - M = 0$　　（0m $\leqq x \leqq$ 10m）　……………　式2·8c

④力の釣り合い式を解いて部材に生じる力を求めます。

$$\begin{cases} N = 0\text{kN} \\ Q = -10x + 50\text{kN} \\ M = -5x^2 + 50x\text{ kN·m} \quad (0\text{m} \leqq x \leqq 10\text{m}) \end{cases}$$

⑤せん断力図、曲げモーメント図を描きます（梁全体について軸方向力 $N = 0$ なので軸方向力図は省略する）。

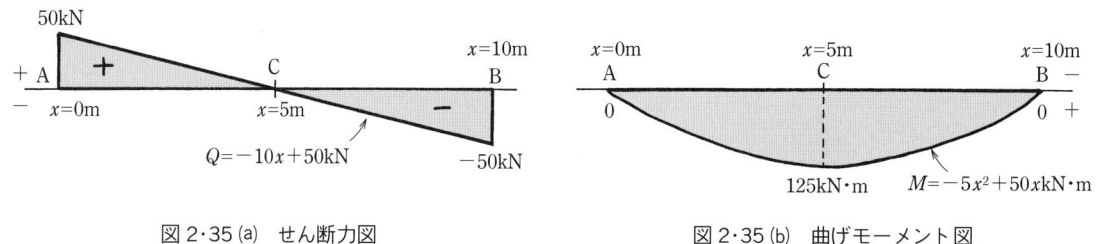

図2·35(a)　せん断力図　　　　　　図2·35(b)　曲げモーメント図

分布荷重を受ける単純梁についても、結果について解説を加えておきます。

［せん断力図について］

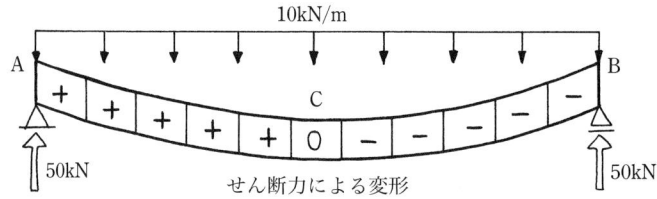

図2·36　せん断力が生じた理由

せん断力は反力と分布荷重によって作り出されており、せん断力による変形は図2·36のようになります。

変形がもっとも大きく出ているのは両端です。両端でのせん断力は反力の50kNです。A－C

間は＋の変形、C－B間は－の変形ですから、点Aのせん断力は＋50kN、点Bのせん断力は－50kNとなります。変形の度合いは中央に向かうほど小さくなり、それにともなってせん断力も小さくなっていきます。中央点Cは長方形のままで変形しておらず、せん断力は0kNとなるのです。

［曲げモーメント図について］

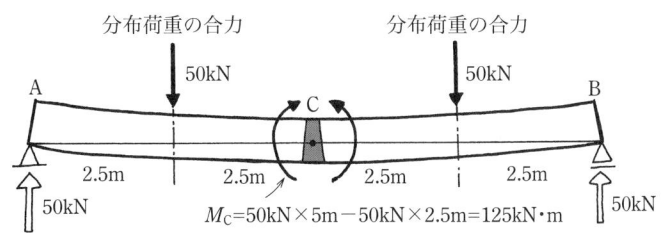

図2・37 曲げモーメントが生じた理由

全体に分布荷重がかかっている場合は、中央点Cで曲げモーメントが最大になります。点Cでの曲げモーメントM_Cを求めてみると、図2・37のように曲げモーメントは、反力と分布荷重によって生じていることがわかります。

3）単純梁：モーメント荷重の場合

図2・38のように、モーメント荷重を受ける単純梁に生じる力を求めてみましょう。

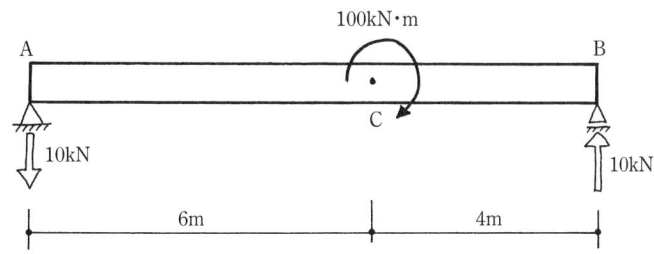

図2・38 モーメント荷重を受ける単純梁

①反力を求め、図中に書き込みます（解き方はp.20参照）。
②A－C間、C－B間の2ヵ所について切断し、梁全体について生じる力を求めます。
ⅰ）A－C間について
梁を任意の位置（点Aからxmとする）で切断し、切断面に生じる力（M、Q、N）の矢印を描きます。

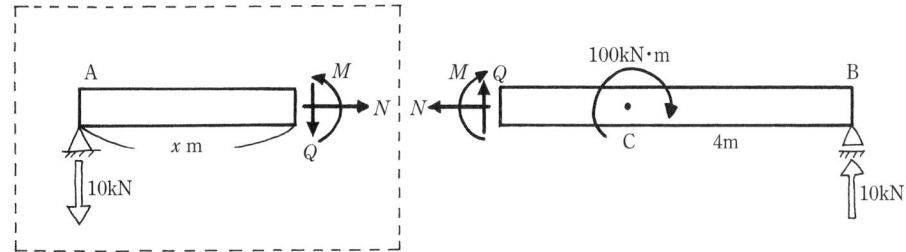

図2・39 A－B間の切断面について、部材に生じる力の矢印を設定する

切断した片側（図2・39の点線で囲まれた部分）だけで力の釣り合い式をたてます。

$\Sigma X = 0:$　　$N = 0$ 　　　　　　　　　　　　　　　……………　式2·9a

$\Sigma Y = 0:$　　$-10 - Q = 0$ 　　　　　　　　　　　……………　式2·9b

$\Sigma M = 0:$　　$-10x - M = 0$ 　　$(0\text{m} \leqq x \leqq 6\text{m})$　……………　式2·9c

力の釣り合い式を解いて部材に生じる力を求めます。

[A－C間に生じる力]

$$\begin{cases} N = 0\text{kN} \\ Q = -10\text{kN} \\ M = -10x\,\text{kN·m} \quad (0\text{m} \leqq x \leqq 6\text{m}) \end{cases}$$

ii）C－B間について

梁を任意の位置（点Aからxmとする）で切断し、切断面に生じる力（M、Q、N）の矢印を描きます。

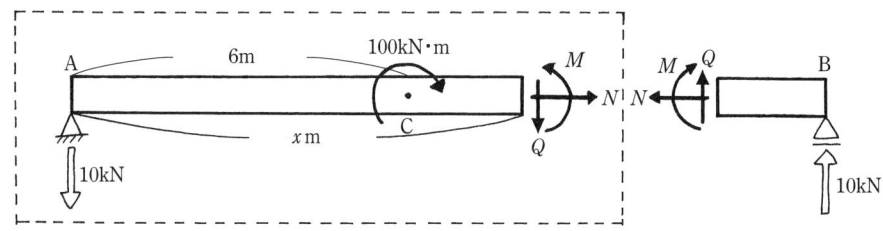

図2·40　C－B間の切断面について、部材に生じる力の矢印を設定する

切断した片側（図2·40の点線で囲まれた部分）だけで力の釣り合い式をたてます。

$\Sigma X = 0:$　　$N = 0$ 　　　　　　　　　　　　　　　……………　式2·10a

$\Sigma Y = 0:$　　$-10 - Q = 0$ 　　　　　　　　　　　……………　式2·10b

$\Sigma M = 0:$　　$-10x + 100 - M = 0$　$(6\text{m} \leqq x \leqq 10\text{m})$　……………　式2·10c

力の釣り合い式を解いて部材に生じる力を求めます。

[C－B間に生じる力]

$$\begin{cases} N = 0 \\ Q = -10\text{kN} \\ M = -10x + 100\,\text{kN·m} \quad (6\text{m} \leqq x \leqq 10\text{m}) \end{cases}$$

③せん断力図、曲げモーメント図を描きます（梁全体について軸方向力$N = 0$なので軸方向図は省略する）。

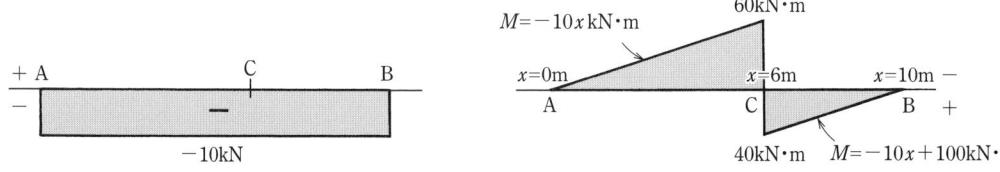

図2·41 (a)　せん断力図　　　　　　　　図2·41 (b)　曲げモーメント図

モーメント荷重を受ける単純梁についても、結果について解説を加えておきます。

[せん断力図について]

モーメント荷重によるせん断力の変形は図2・42のようになります。せん断力の値は反力10kNであり、梁全体について－の変形です。したがってせん断力は－10kN（一定）となります。

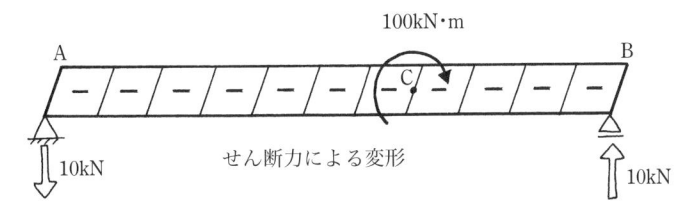

図2・42　せん断力の生じた理由

[曲げモーメントについて]

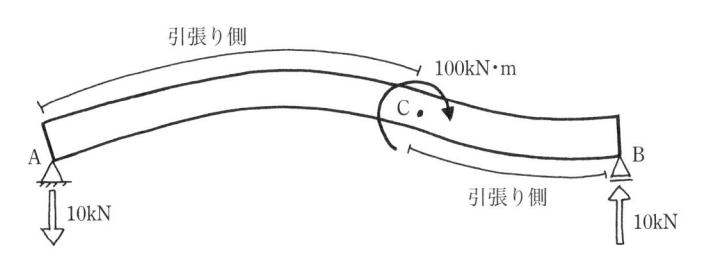

図2・43　モーメント荷重による変形

モーメント荷重による変形は図2・43のようになります。A－C間では上側引張り、C－B間では下側引張り、モーメント荷重のある点Cで引張り側が入れ替わるのです。そのため、点Cには曲げモーメントに段差ができます。その段差は60kN・m＋40kN・m＝100kN・mとなり、モーメント荷重と一致します。

演習問題 2・3　次の単純梁に生じる力を求め、せん断力図、曲げモーメント図を描きなさい。

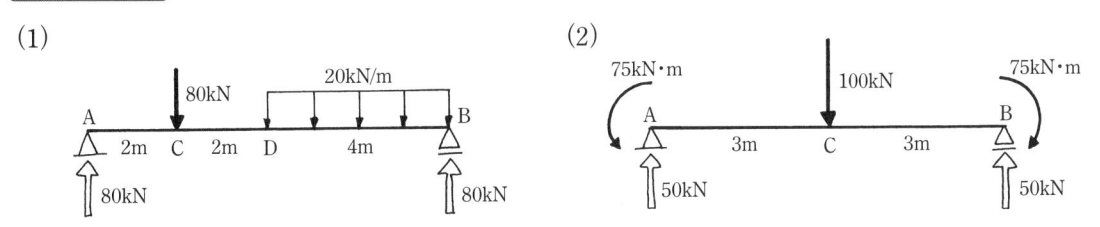

(1)

(2)

（解　答）

(1)

ⅰ) A－C間について（$0\text{m} \leqq x \leqq 2\text{m}$）

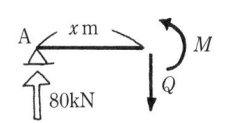

$\Sigma Y = 0$： $80 - Q = 0 \Rightarrow Q = 80\text{kN}$

$\Sigma M = 0$： $80x - M = 0 \Rightarrow M = 80x\text{ kN·m}$

ⅱ) C − D 間について （2m ≦ x ≦ 4m）

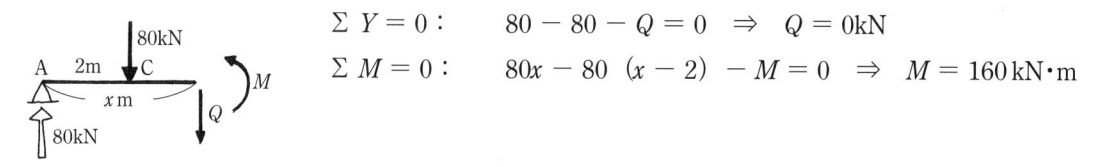

$\Sigma Y = 0$:　　$80 - 80 - Q = 0$　⇒　$Q = 0$ kN

$\Sigma M = 0$:　　$80x - 80(x - 2) - M = 0$　⇒　$M = 160$ kN・m

ⅲ) B − D 間について （0m ≦ x ≦ 4m）　点 B から x をとる。

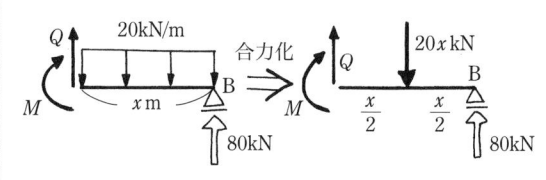

$\Sigma Y = 0$:　　$Q - 20x + 80 = 0$
　　　　⇒　$Q = 20x - 80$ kN

$\Sigma M = 0$:　　$M + 20x \cdot \dfrac{x}{2} - 80x = 0$
　　　　⇒　$M = -10x^2 + 80x$ kN・m

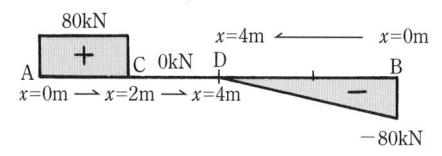

せん断力図 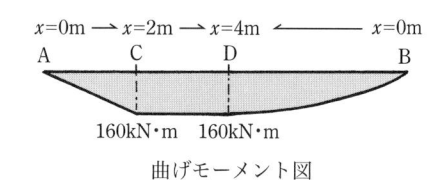　　　　　　　　　　　　　曲げモーメント図

(2)

ⅰ) A − C 間について （0m ≦ x ≦ 3m）

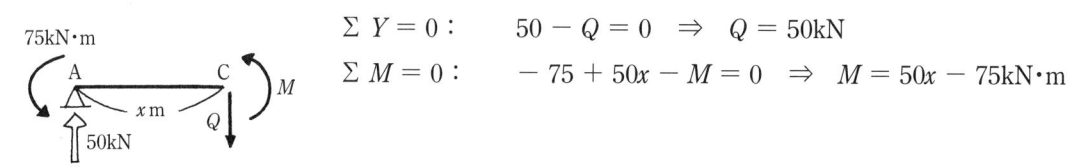

$\Sigma Y = 0$:　　$50 - Q = 0$　⇒　$Q = 50$ kN

$\Sigma M = 0$:　　$-75 + 50x - M = 0$　⇒　$M = 50x - 75$ kN・m

ⅱ) C − B 間について （3m ≦ x ≦ 6m）

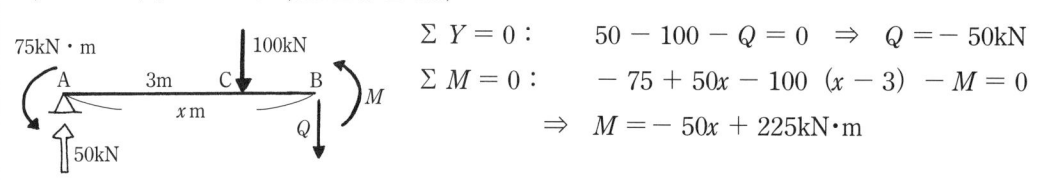

$\Sigma Y = 0$:　　$50 - 100 - Q = 0$　⇒　$Q = -50$ kN

$\Sigma M = 0$:　　$-75 + 50x - 100(x - 3) - M = 0$
　　　　⇒　$M = -50x + 225$ kN・m

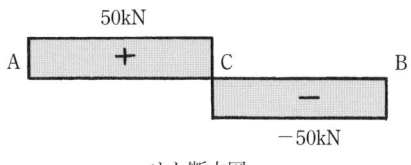

せん断力図 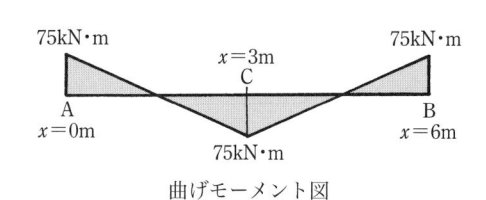　　　　　　　　　　　　　曲げモーメント図

4) 片持ち梁：集中荷重の場合

次に図2・44のような片持梁について部材に生じる力を求めてみましょう。片持梁では反力を求めなくても部材に生じる力を求めることができます。

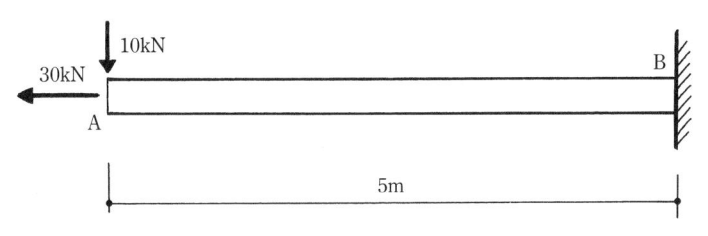

図2・44 集中荷重を受ける片持梁

①梁を任意の位置（点Aからxmとする）で切断し、切断面に生じる力（M、Q、N）の矢印を描きます。

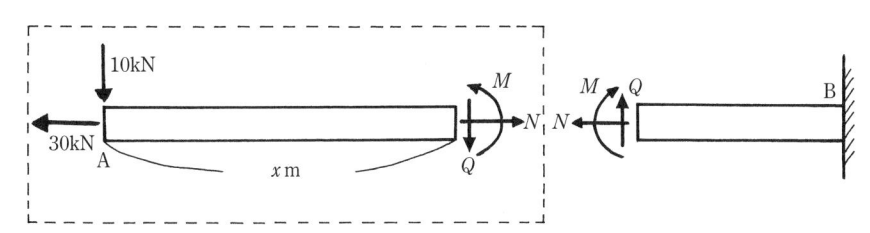

図2・45 切断面について、部材に生じる力の矢印を設定する

②切断した片側（図2・45の点線で囲まれた部分）だけで力の釣り合い式をたてます。

支点のない側を選びます。このようにすれば反力計算が不要になるのです。

$\Sigma X = 0 : \quad -30 + N = 0$ ……………… 式2・11a

$\Sigma Y = 0 : \quad -10 - Q = 0$ ……………… 式2・11b

$\Sigma M = 0 : \quad -10x - M = 0 \quad (0\text{m} \leq x \leq 5\text{m})$ ……………… 式2・11c

③力の釣り合い式を解いて部材に生じる力を求めます。

$$\begin{cases} N = 30\text{kN} \\ Q = -10\text{kN} \\ M = -10x\,\text{kN·m} \quad (0\text{m} \leq x \leq 5\text{m}) \end{cases}$$

④軸方向力図、せん断力図、曲げモーメント図を描きます。

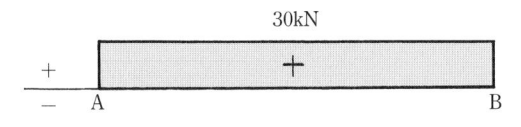

図2・46(a) 軸方向力図

図2・46(b) せん断力図

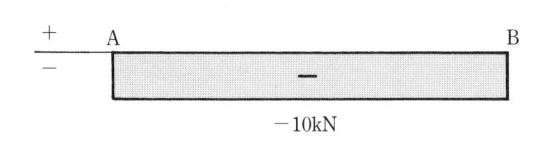

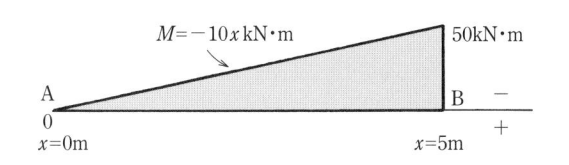

図2・46(c) 曲げモーメント図

5）片持ち梁：分布荷重の場合

図2·47のような分布荷重を受ける片持ち梁について部材に生じる力を求めてみます。

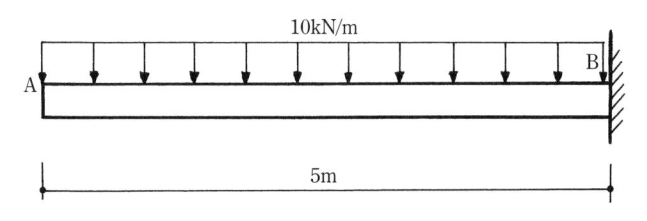

図2·47 分布荷重を受ける片持ち梁

①梁を任意の位置（点Aからxmとする）で切断し、切断面に生じる力（M、Q、N）の矢印を描きます。

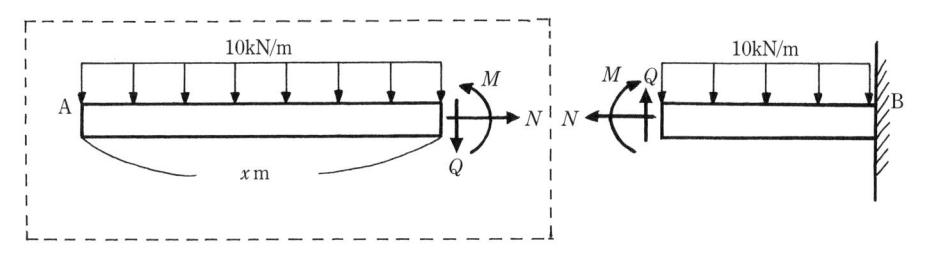

図2·48 切断面について、部材に生じる力の矢印を設定する

②切断した片側（図2·48の点線枠内：反力がない側）を取り出し、図2·49のように分布荷重を合力として梁にかけます。

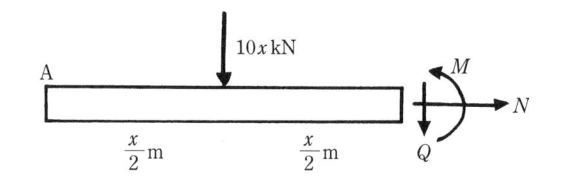

図2·49 分布荷重の合力を梁にかける

③図2·49について力の釣り合い式をたてます。

$\Sigma X = 0：\quad N = 0$ ················ 式2·12a

$\Sigma Y = 0：\quad -10x - Q = 0$ ················ 式2·12b

$\Sigma M = 0：\quad -10x \cdot \dfrac{x}{2} - M = 0$ ················ 式2·12c

④力の釣り合い式を解いて部材に生じる力を求めます。

$\begin{cases} N = 0 \\ Q = -10x \text{ kN} \\ M = -5x^2 \text{ kN·m} \quad (0\text{m} \leqq x \leqq 5\text{m}) \end{cases}$

⑤せん断力図、曲げモーメント図を描きます（梁全体について軸方向力 $N = 0$ なので軸方向力図は省略する）。

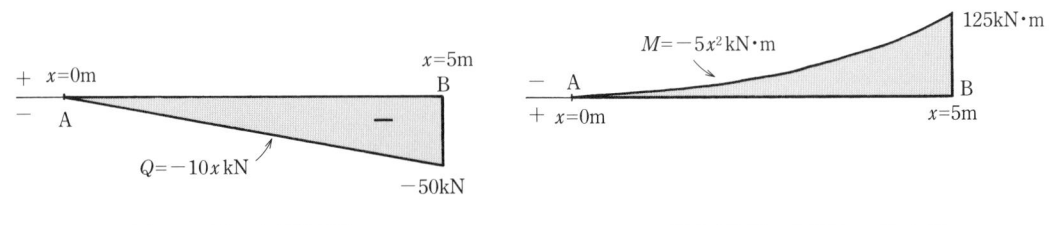

図2·50(a) せん断力図　　　　　　　　　　　図2·50(b) 曲げモーメント図

6) 片持ち梁：モーメント荷重の場合

図2·51のようにモーメント荷重を受ける梁に生じる力を求めてみましょう。

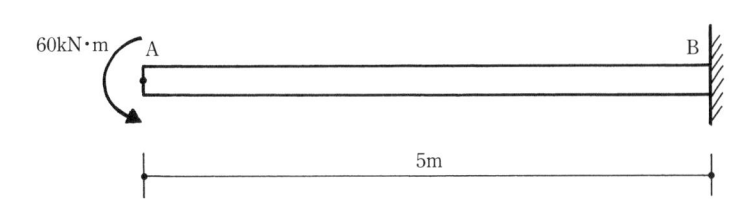

図2·51　モーメント荷重を受ける単純梁

①梁を任意の位置（点Aからxmとする）で切断し、切断面に生じる力（M、Q、N）の矢印を描きます。

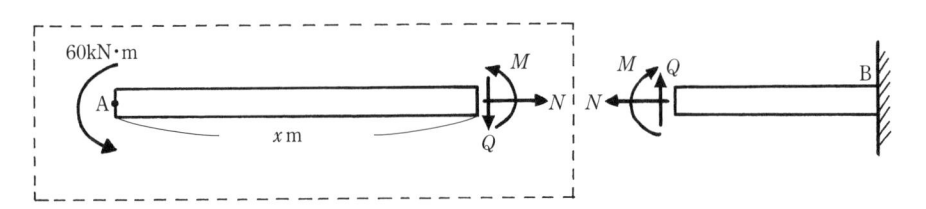

図2·52　切断面について、部材に生じる力の矢印を設定する

②切断した片側（図2·52の点線で囲まれた部分：反力のない側）だけで力の釣り合い式をたてます。

$\Sigma X = 0$:　　$N = 0$　　　　　　　　　　　　　　　　………… 式2·13a

$\Sigma Y = 0$:　　$-Q = 0$　　　　　　　　　　　　　　　………… 式2·13b

$\Sigma M = 0$:　　$-60 - M = 0$　　（0m $\leqq x \leqq$ 5m）　………… 式2·13c

力の釣り合い式を解いて部材に生じる力を求めます。

[A－C間に生じる力]

$\begin{cases} N = 0\text{kN} \\ Q = 0\text{kN} \\ M = -60\text{kN·m} \quad (0\text{m} \leqq x \leqq 5\text{m}) \end{cases}$

③せん断力図、曲げモーメント図を描きます（梁全体について軸方向力$N = 0$なので軸方向力図は省略する）。

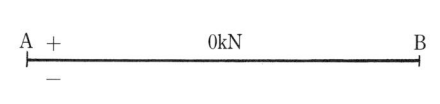

A +────── 0kN ──────B
   −

図2・53(a) せん断力図

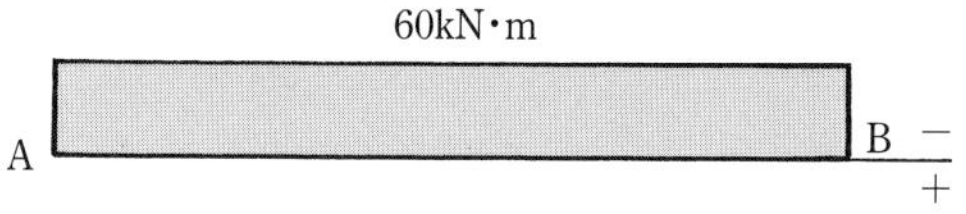

A [60kN·m] B −
                 +

図2・53(b) 曲げモーメント図

演習問題 2・4 次の片持ち梁に生じる力を求め、せん断力図、曲げモーメント図を描きなさい。

(1)

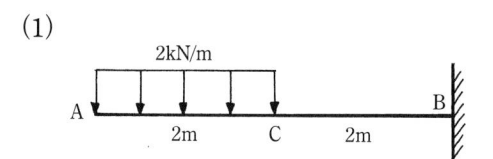

2kN/m
A ────────── B
  2m   C   2m

(2)

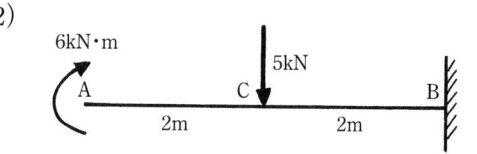

6kN·m   5kN
A ─────C────── B
   2m   2m

(解答)

(1)

ⅰ) A−C間について (0m ≦ x ≦ 2m)

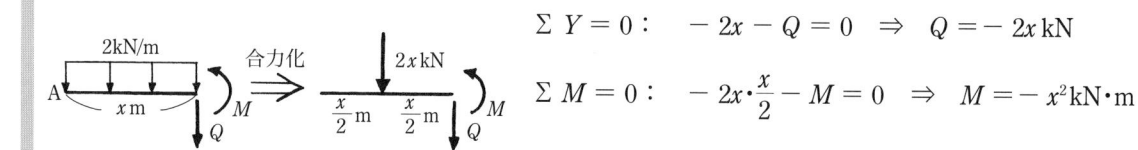

$\Sigma Y = 0:\quad -2x - Q = 0 \Rightarrow Q = -2x\,\text{kN}$

$\Sigma M = 0:\quad -2x\cdot\dfrac{x}{2} - M = 0 \Rightarrow M = -x^2\,\text{kN·m}$

ⅱ) C−B間について (2m ≦ x ≦ 4m)

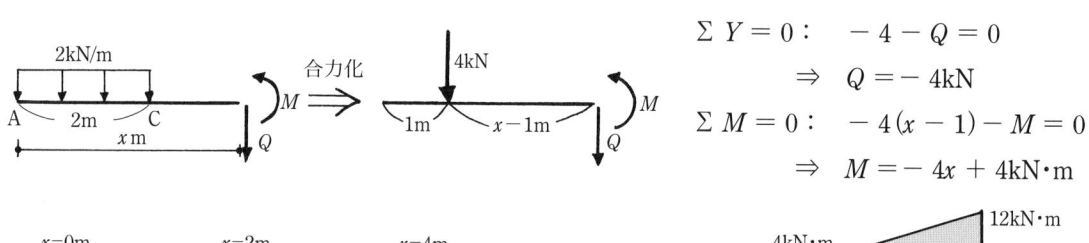

$\Sigma Y = 0:\quad -4 - Q = 0$

$\Rightarrow Q = -4\,\text{kN}$

$\Sigma M = 0:\quad -4(x-1) - M = 0$

$\Rightarrow M = -4x + 4\,\text{kN·m}$

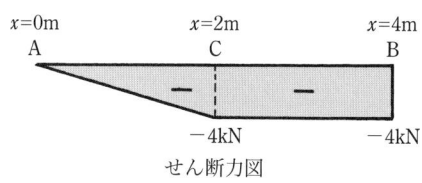

せん断力図 (−4kN, −4kN)

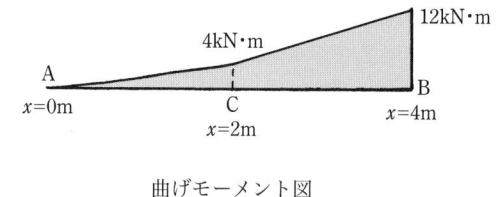

曲げモーメント図 (C: 4kN·m, B: 12kN·m)

(2)

ⅰ) A−C間について (0m ≦ x ≦ 2m)

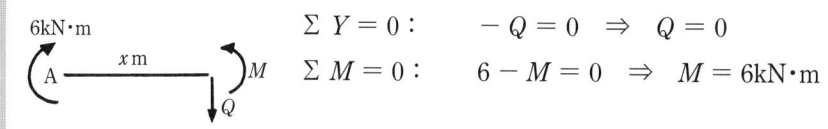

$\Sigma Y = 0:\quad -Q = 0 \Rightarrow Q = 0$

$\Sigma M = 0:\quad 6 - M = 0 \Rightarrow M = 6\,\text{kN·m}$

ⅱ) C−B間について (2m ≦ x ≦ 4m)

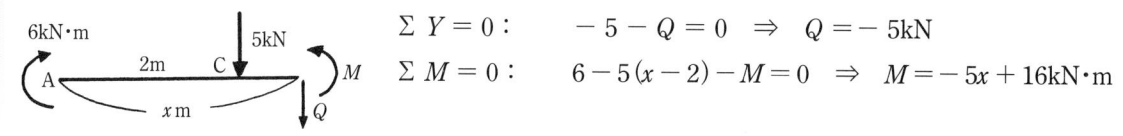

$\Sigma Y = 0:\quad -5 - Q = 0 \Rightarrow Q = -5\,\text{kN}$

$\Sigma M = 0:\quad 6 - 5(x-2) - M = 0 \Rightarrow M = -5x + 16\,\text{kN·m}$

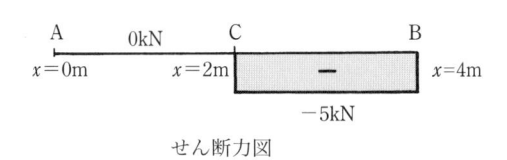

A　　　0kN　　C　　　　　B
x=0m　　　　x=2m　　　　x=4m
　　　　　　　　　－5kN

せん断力図

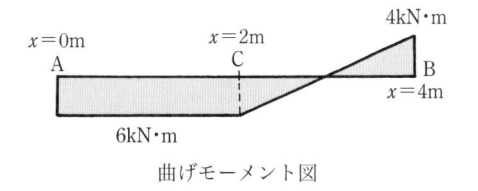

　　　　　　　x=0m　　　x=2m　　　4kN·m
A　　　　　　　　　C　　　　　　　B
　　　　　　　　　　　　　　　x=4m
　　　　　　6kN·m

曲げモーメント図

7）単純ラーメン：集中荷重の場合

図2·54のような単純ラーメンについて部材に生じる力を求めてみましょう。

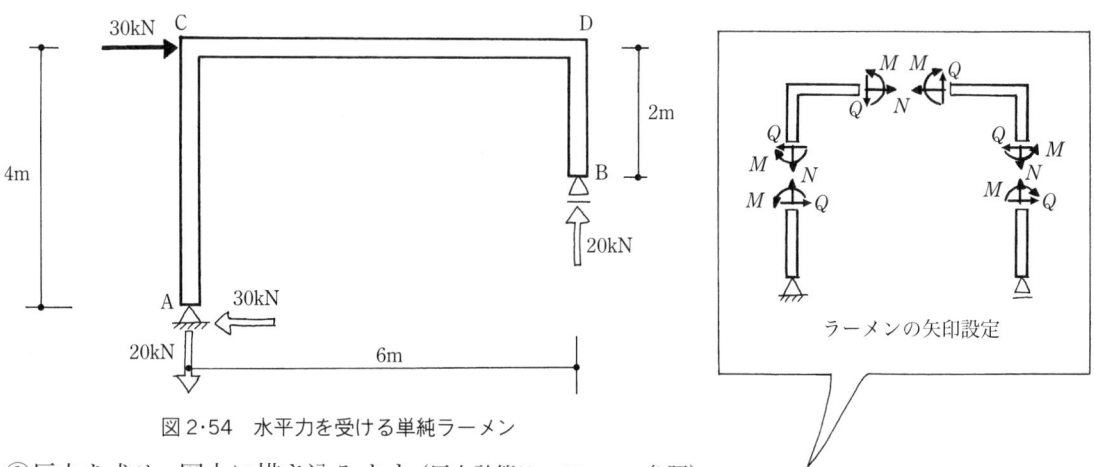

図2·54　水平力を受ける単純ラーメン

ラーメンの矢印設定

①反力を求め、図中に描き込みます（反力計算はp.23～24参照）。
②柱、梁それぞれを任意の位置で切断し、切断面に生じる力（M、Q、N）の矢印を描き、切断した片側について力の釣り合い式をたてます。
③力の釣り合い式を解いて部材に生じる力を求めます。

ⅰ）左柱（A－C間について）

$\Sigma X = 0$：　　$Q - 30 = 0$　　　　　　　　　………式2·14a
$\Sigma Y = 0$：　　$N - 20 = 0$　　　　　　　　　………式2·14b
$\Sigma M = 0$：　　$30x - M = 0$　（0m ≦ x ≦ 4m）………式2·14c

$\begin{cases} N = 20\text{kN} \\ Q = 30\text{kN} \\ M = 30x\,\text{kN·m}\quad(0\text{m} \leqq x \leqq 4\text{m}) \end{cases}$

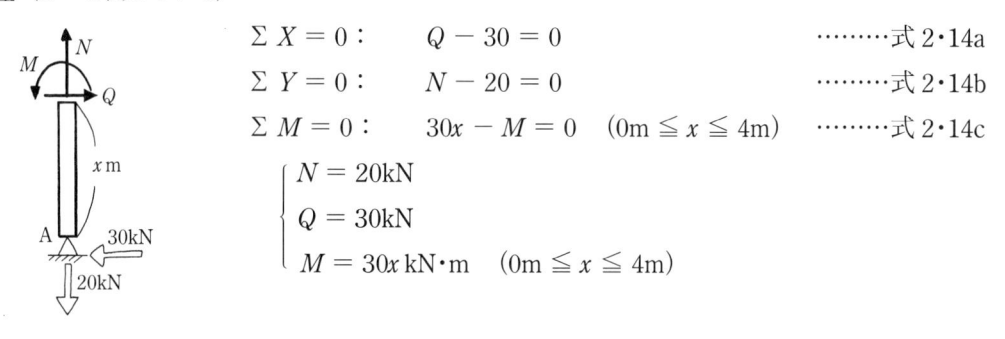

図2·55　A－C間

ii) 梁（C－D間について）

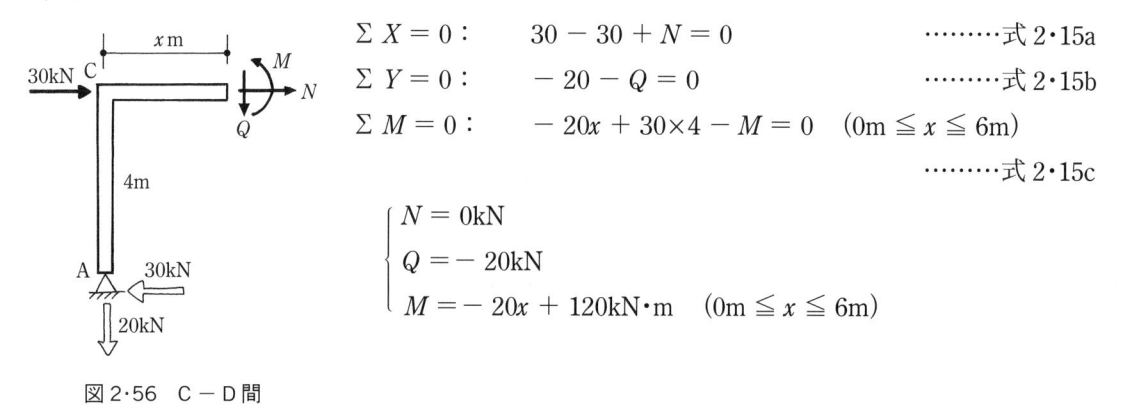

$\Sigma X = 0$:　　　$30 - 30 + N = 0$　　　………式2·15a

$\Sigma Y = 0$:　　　$-20 - Q = 0$　　　………式2·15b

$\Sigma M = 0$:　　　$-20x + 30 \times 4 - M = 0$　　$(0\mathrm{m} \leqq x \leqq 6\mathrm{m})$　………式2·15c

$$\begin{cases} N = 0\mathrm{kN} \\ Q = -20\mathrm{kN} \\ M = -20x + 120\mathrm{kN \cdot m} \quad (0\mathrm{m} \leqq x \leqq 6\mathrm{m}) \end{cases}$$

図2·56　C－D間

iii) 右柱（B－D間について）

$\Sigma X = 0$:　　　$Q = 0$　　　………式2·16a

$\Sigma Y = 0$:　　　$N + 20 = 0$　　　………式2·16b

$\Sigma M = 0$:　　　$M = 0$　$(0\mathrm{m} \leqq x \leqq 2\mathrm{m})$　………式2·16c

$$\begin{cases} N = -20\mathrm{kN} \\ Q = 0\mathrm{kN} \\ M = 0\mathrm{kN \cdot m} \quad (0\mathrm{m} \leqq x \leqq 2\mathrm{m}) \end{cases}$$

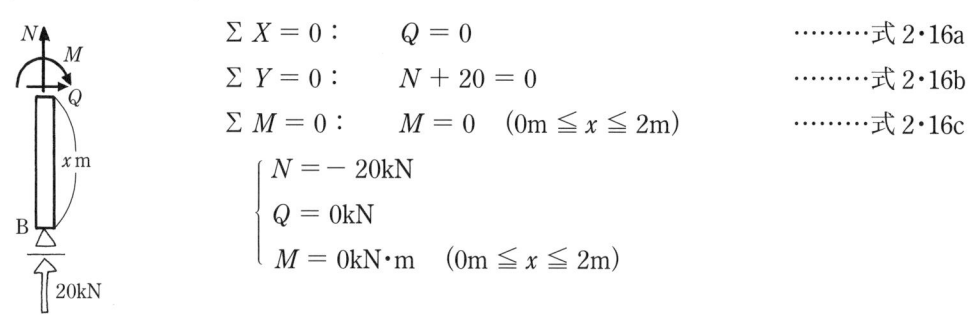

図2·57　B－D間

④軸方向力図、せん断力図、曲げモーメント図を描きます。

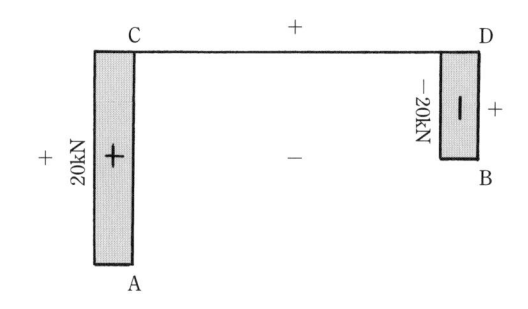

図2·58(a)　軸方向力図（外側＋、内側－として描く）

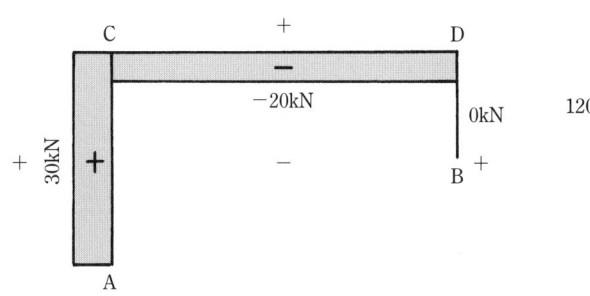

図2·58(b)　せん断力図（外側＋、内側－） 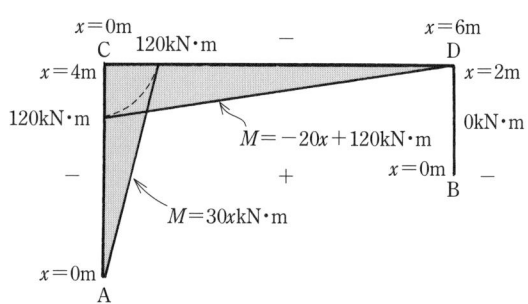　　図2·58(c)　曲げモーメント図（内側＋、外側－）

8) 単純ラーメン：分布荷重の場合

図2·59のような単純ラーメンについて部材に生じる力を求めてみましょう。

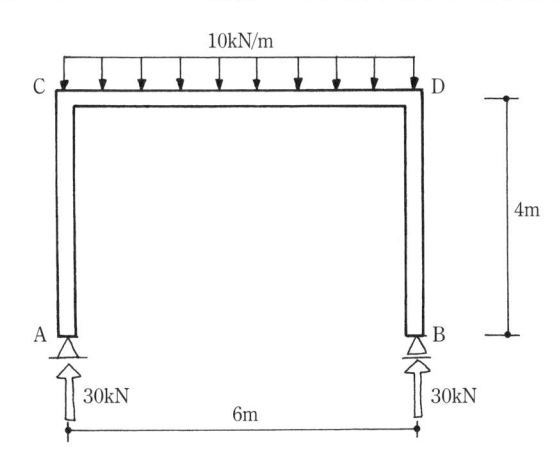

図2·59 分布荷重を受ける単純ラーメン

①反力を求め、図中に描き込みます。

②柱、梁それぞれを任意の位置で切断し、切断面に生じる力（M、Q、N）の矢印を描き、切断した片側について力の釣り合い式をたてます。

③力の釣り合い式を解いて部材に生じる力を求めます。

ⅰ）左柱（A－C間について）

$\Sigma X = 0:$ $\quad Q = 0$ ………式2·17a

$\Sigma Y = 0:$ $\quad 30 + N = 0$ ………式2·17b

$\Sigma M = 0:$ $\quad -M = 0$ （$0\text{m} \leqq x \leqq 4\text{m}$） ………式2·17c

$$\begin{cases} N = -30\text{kN} \\ Q = 0\text{kN} \\ M = 0\text{kN·m} \quad (0\text{m} \leqq x \leqq 4\text{m}) \end{cases}$$

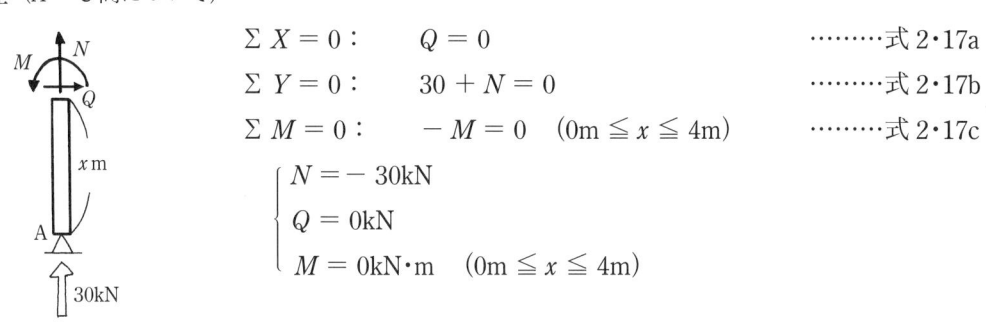

図2·60 A－C間

ⅱ）梁（C－D間について）分布荷重を合力にして計算します。

$\Sigma X = 0:$ $\quad N = 0$ ………式2·18a

$\Sigma Y = 0:$ $\quad 30 - 10x - Q = 0$ ………式2·18b

$\Sigma M = 0:$ $\quad 30x - 10x \cdot \dfrac{x}{2} - M = 0$ （$0\text{m} \leqq x \leqq 6\text{m}$）

………式2·18c

$$\begin{cases} N = 0\text{kN} \\ Q = -10x + 30\text{kN} \\ M = -5x^2 + 30x\text{ kN·m} \quad (0\text{m} \leqq x \leqq 6\text{m}) \end{cases}$$

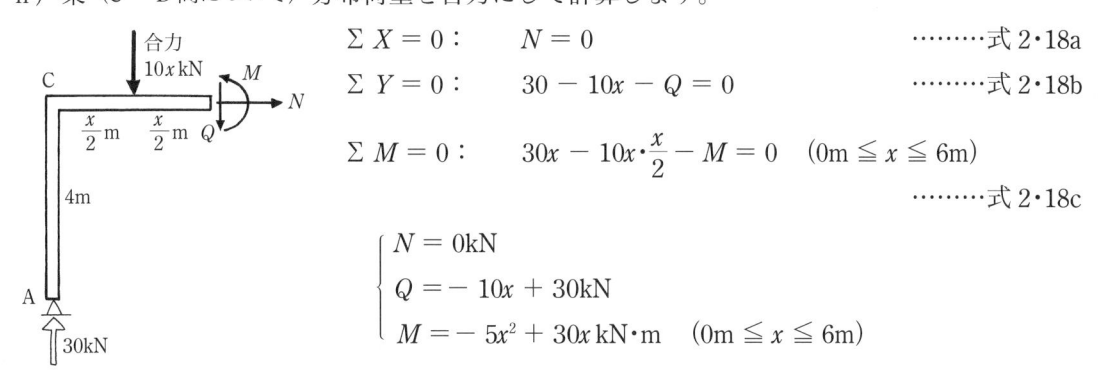

図2·61 C－D間

iii）右柱（B−D間について）

$\Sigma X = 0:\quad Q = 0$ ………式2·19a

$\Sigma Y = 0:\quad N + 30 = 0$ ………式2·19b

$\Sigma M = 0:\quad M = 0\quad (0\text{m} \leqq x \leqq 4\text{m})$ ………式2·19c

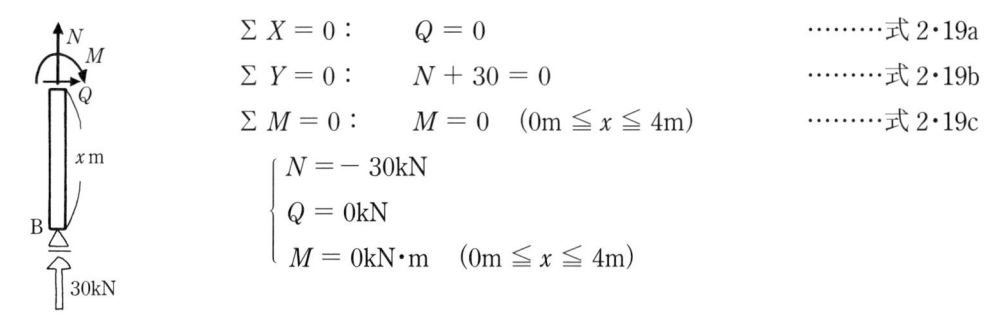

$$\begin{cases} N = -30\text{kN} \\ Q = 0\text{kN} \\ M = 0\text{kN·m} \quad (0\text{m} \leqq x \leqq 4\text{m}) \end{cases}$$

図2·62　B−D間

④軸方向力図、せん断力図、曲げモーメント図を描きます。

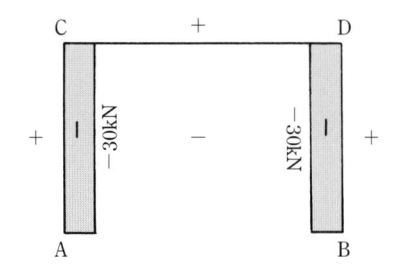

図2·63(a)　軸方向力図

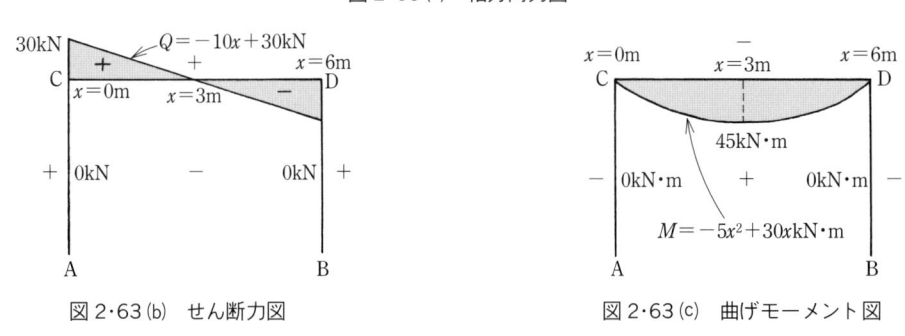

図2·63(b)　せん断力図

図2·63(c)　曲げモーメント図

演習問題2·5　次のラーメンに生じる力を求め、軸方向力図、せん断力図、曲げモーメント図を描きなさい。

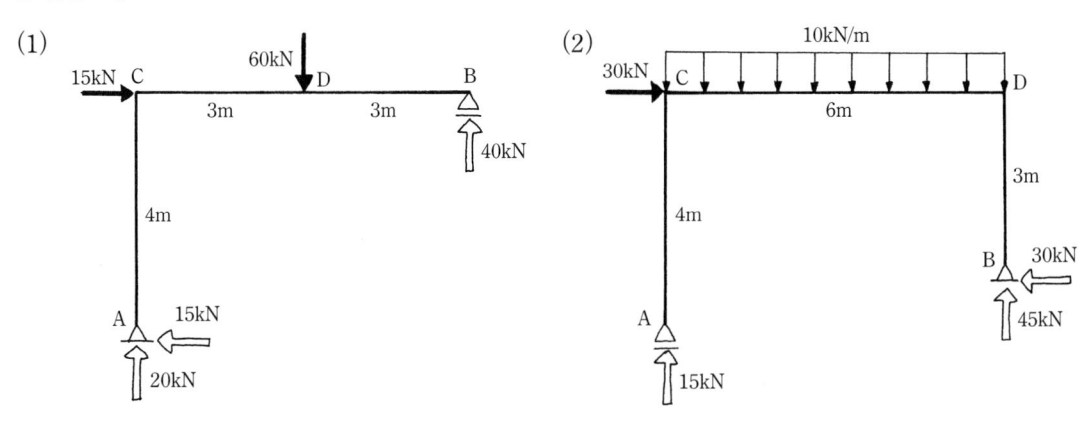

(1)

(2)

(解 答)

(1) i) A－C間について （0m ≦ x ≦ 4m）

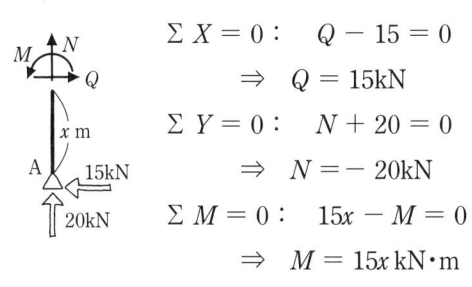

$\sum X = 0: \quad Q - 15 = 0$
$\Rightarrow Q = 15\text{kN}$
$\sum Y = 0: \quad N + 20 = 0$
$\Rightarrow N = -20\text{kN}$
$\sum M = 0: \quad 15x - M = 0$
$\Rightarrow M = 15x \text{ kN·m}$

ii) C－D間について （0m ≦ x ≦ 3m）

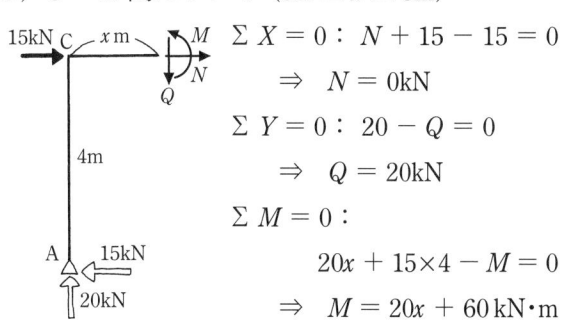

$\sum X = 0: \quad N + 15 - 15 = 0$
$\Rightarrow N = 0\text{kN}$
$\sum Y = 0: \quad 20 - Q = 0$
$\Rightarrow Q = 20\text{kN}$
$\sum M = 0:$
$\quad 20x + 15 \times 4 - M = 0$
$\Rightarrow M = 20x + 60 \text{ kN·m}$

iii) B－D間について （0m ≦ x ≦ 3m）

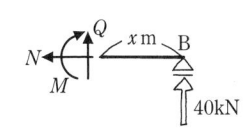

$\sum X = 0: \quad -N = 0 \Rightarrow N = 0\text{kN}$
$\sum Y = 0: \quad Q + 40 = 0 \Rightarrow Q = -40\text{kN}$
$\sum M = 0: \quad M - 40x = 0 \Rightarrow M = 40x \text{ kN·m}$

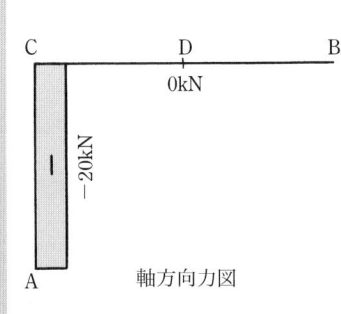

軸方向力図 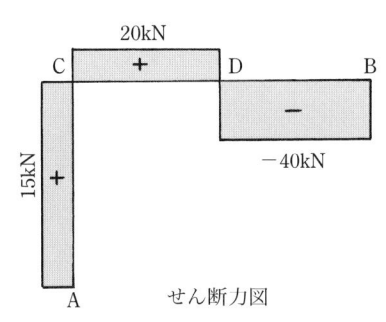　　せん断力図 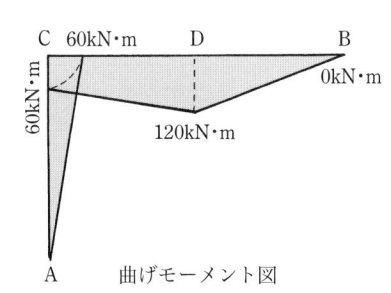　　曲げモーメント図

(2) i) A－C間について （0m ≦ x ≦ 4m）

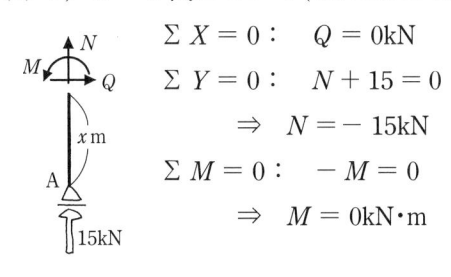

$\sum X = 0: \quad Q = 0\text{kN}$
$\sum Y = 0: \quad N + 15 = 0$
$\Rightarrow N = -15\text{kN}$
$\sum M = 0: \quad -M = 0$
$\Rightarrow M = 0\text{kN·m}$

ii) C－D間について （0m ≦ x ≦ 6m）

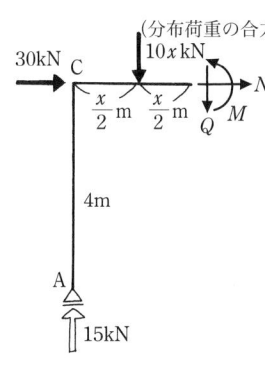

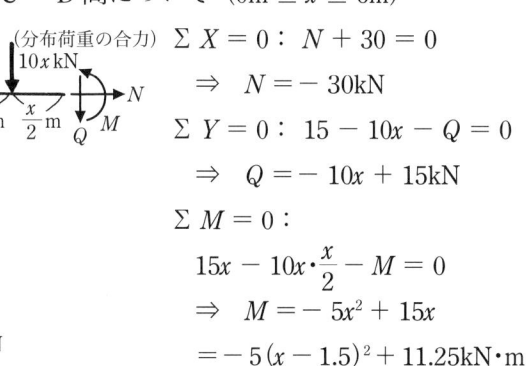

$\sum X = 0: \quad N + 30 = 0$
$\Rightarrow N = -30\text{kN}$
$\sum Y = 0: \quad 15 - 10x - Q = 0$
$\Rightarrow Q = -10x + 15\text{kN}$
$\sum M = 0:$
$\quad 15x - 10x \cdot \dfrac{x}{2} - M = 0$
$\Rightarrow M = -5x^2 + 15x$
$\quad = -5(x - 1.5)^2 + 11.25 \text{kN·m}$

iii) B－D間について （0m ≦ x ≦ 3m）

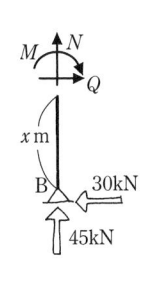

$\sum X = 0: \quad Q - 30 = 0$
$\Rightarrow Q = 30\text{kN}$
$\sum Y = 0: \quad N + 45 = 0$
$\Rightarrow N = -45\text{kN}$
$\sum M = 0: \quad M + 30x = 0$
$\Rightarrow M = -30\text{kN·m}$

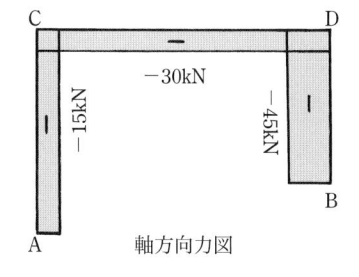

軸方向力図

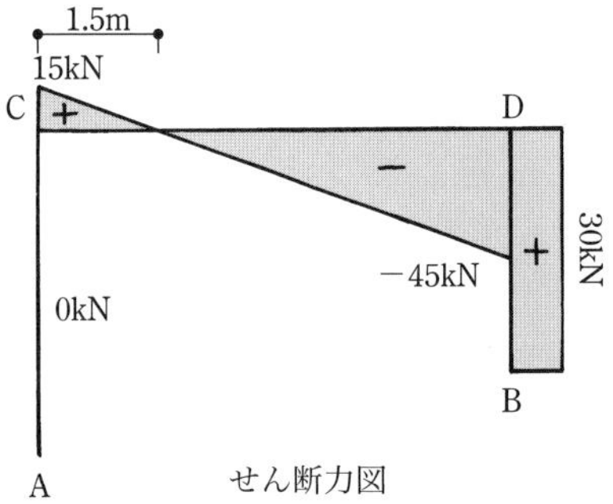
1.5m
15kN
C
D
+
−
30kN
+
−45kN
0kN
B
A

せん断力図

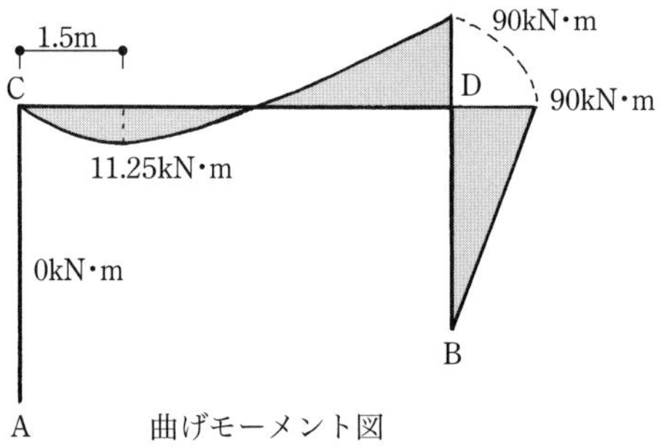
1.5m
90kN・m
C
D
90kN・m
11.25kN・m
0kN・m
B
A

曲げモーメント図

9）ヒンジのあるラーメン

ヒンジのあるラーメンについて、部材に生じる力の解法を解説します。図2･64のラーメンは3ヵ所のヒンジ（点Aのピン支点、点Bのピン支点、点E）を有するラーメンで、**3ヒンジラーメン**とも呼ばれています。ヒンジでは曲げに対して自由に動くことができ、曲げモーメントが0になります。この特徴を使って解いていきます。

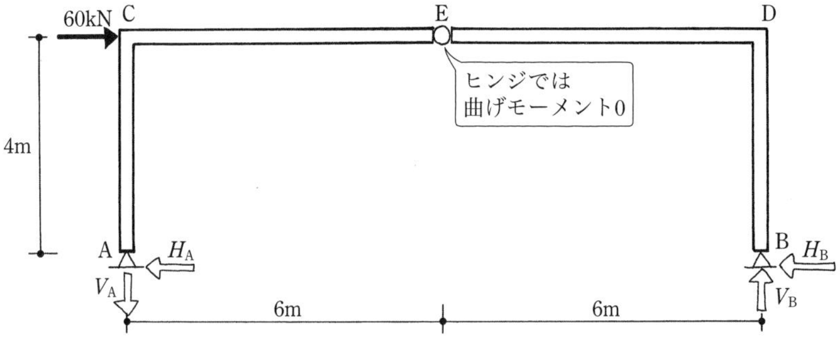
60kN
C
E
D
ヒンジでは
曲げモーメント0
4m
A
H_A
V_A
B
H_B
V_B
6m
6m

図2･64　集中荷重を受ける3ヒンジラーメン

●反力計算

①反力を求めます。反力の矢印（H_A、H_B、V_A、V_B）を設定し、水平方向、鉛直方向、そしてモーメントの釣り合い式をたてます。

$\Sigma X = 0$：　$60 - H_A - H_B = 0$　……………　式2･20a

$\Sigma Y = 0$：　$-V_A + V_B = 0$　……………　式2･20b

$\Sigma M_A = 0$：　$60 \times 4 - V_B \cdot 12 = 0$　……………　式2･20c

②ヒンジでは曲げモーメント＝0であることより、図2･65に示すように、ヒンジ（点E）におけるモーメントの釣り合い式をたてます。

$\Sigma M_E = 0$：　$H_B \cdot 4 - V_B \cdot 6 + M_E = 0$

$M_E = 6V_B - 4H_B = 0$　……………　式2･20d

③以上、式2･20a～dの4つの式を解いてすべての反力を求めます。

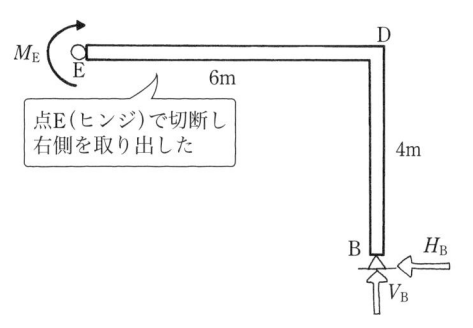

図2・65 ヒンジ（点E）でのモーメントの釣り合いを考える

$V_A = 20\text{kN}$ $V_B = 20\text{kN}$ $H_A = 30\text{kN}$ $H_B = 30\text{kN}$

反力の計算結果を図2・66に示します。

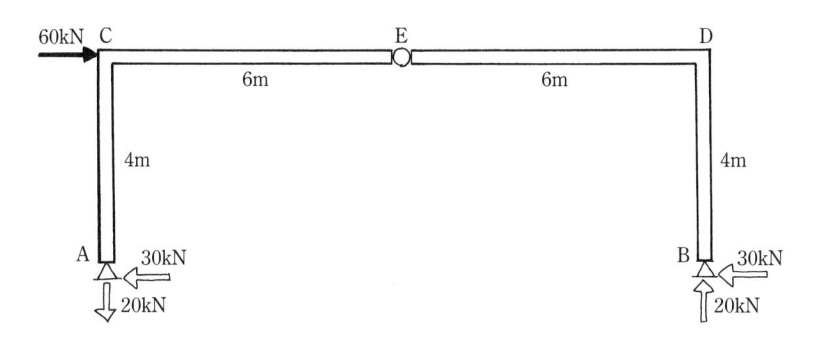

図2・66 ヒンジのあるラーメン：反力計算の結果

●部材に生じる力を求める
①柱、梁それぞれを任意の位置で切断し、切断面に生じる力（M、Q、N）の矢印を描きます。
②切断した片側について力の釣り合い式をたてます。
③力の釣り合い式を解いて部材に生じる力を求めます。

ⅰ）左柱（A－C間について）

$\Sigma X = 0:$ $Q - 30 = 0$ ………式2・21a
$\Sigma Y = 0:$ $N - 20 = 0$ ………式2・21b
$\Sigma M = 0:$ $30x - M = 0$ （0m ≦ x ≦ 4m） ………式2・21c

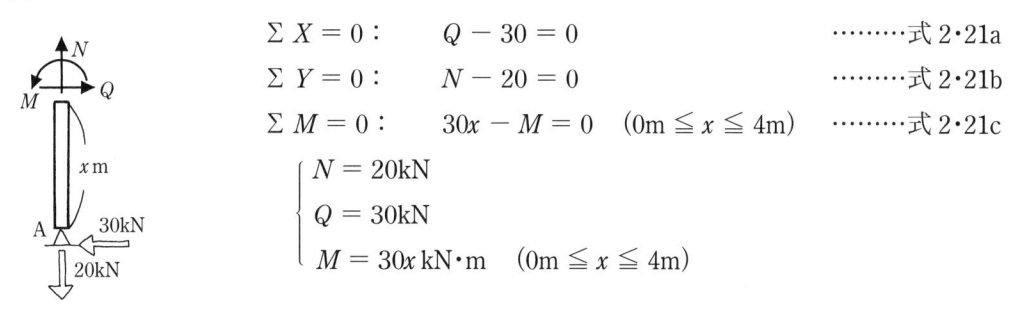

$\begin{cases} N = 20\text{kN} \\ Q = 30\text{kN} \\ M = 30x \text{ kN·m} \quad (0\text{m} \leqq x \leqq 4\text{m}) \end{cases}$

図2・67 A－C間

ii) 梁（C－D間について）

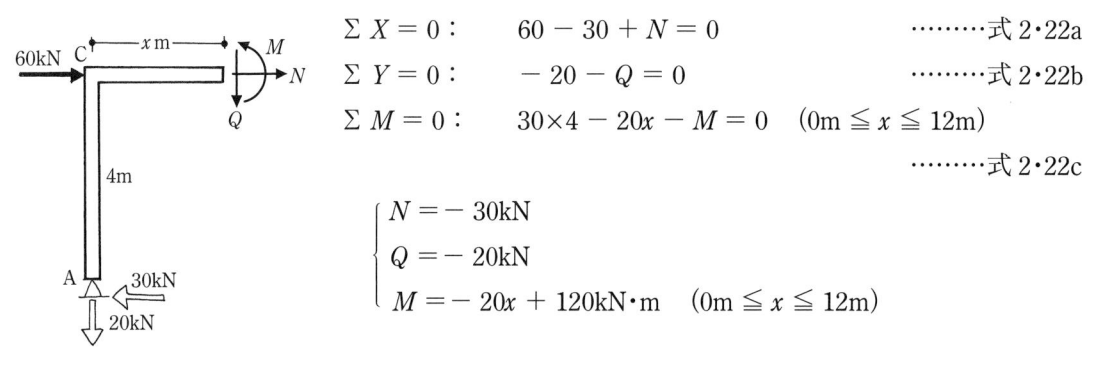

$\sum X = 0:\quad 60 - 30 + N = 0$ ………式2·22a

$\sum Y = 0:\quad -20 - Q = 0$ ………式2·22b

$\sum M = 0:\quad 30 \times 4 - 20x - M = 0\quad (0\text{m} \leqq x \leqq 12\text{m})$
………式2·22c

$$\begin{cases} N = -30\text{kN} \\ Q = -20\text{kN} \\ M = -20x + 120\text{kN·m}\quad (0\text{m} \leqq x \leqq 12\text{m}) \end{cases}$$

図2·68　C－D間

iii) 右柱（B－D間について）

$\sum X = 0:\quad Q - 30 = 0$ ………式2·23a

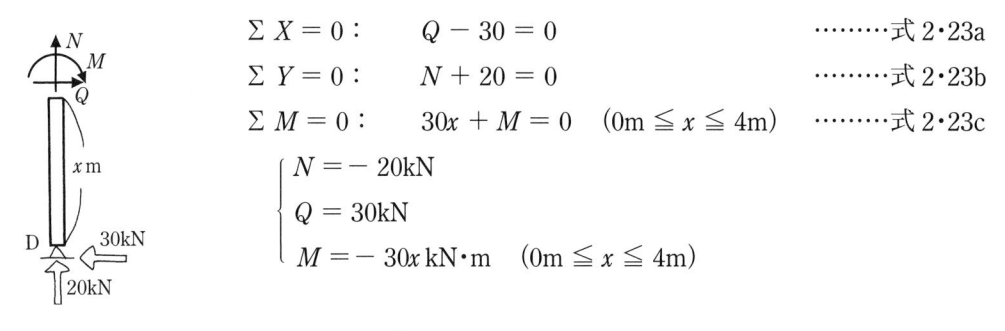

$\sum Y = 0:\quad N + 20 = 0$ ………式2·23b

$\sum M = 0:\quad 30x + M = 0\quad (0\text{m} \leqq x \leqq 4\text{m})$ ………式2·23c

$$\begin{cases} N = -20\text{kN} \\ Q = 30\text{kN} \\ M = -30x\text{ kN·m}\quad (0\text{m} \leqq x \leqq 4\text{m}) \end{cases}$$

図2·69　B－D間

④軸方向力図、せん断力図、曲げモーメント図を描きます。

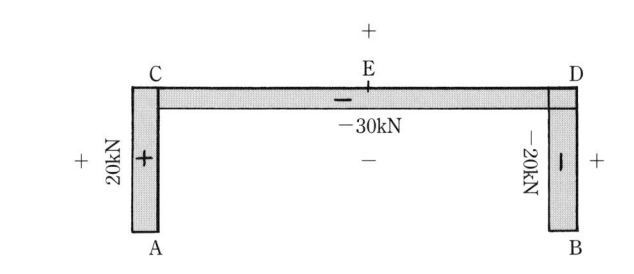

図2·70(a)　軸方向力図

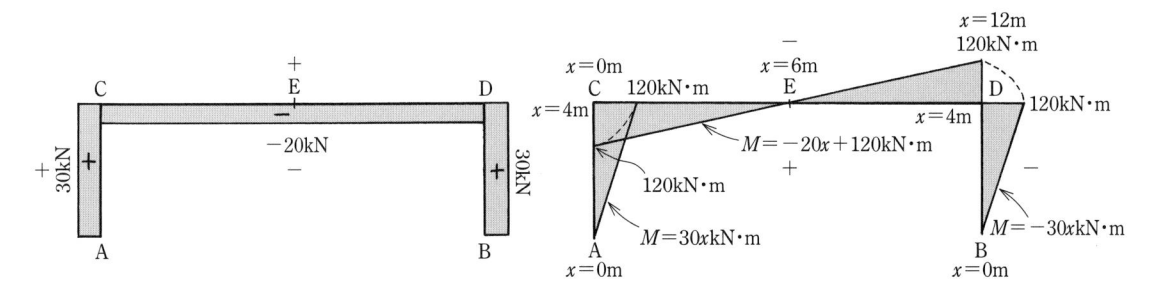

図2·70(b)　せん断力図

図2·70(c)　曲げモーメント図

演習問題2・6 次のようなヒンジのあるラーメンに生じる力を求め、軸方向力図、せん断力図、曲げモーメント図を描きなさい。

(1)

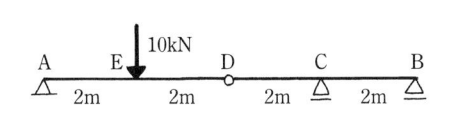

(2)

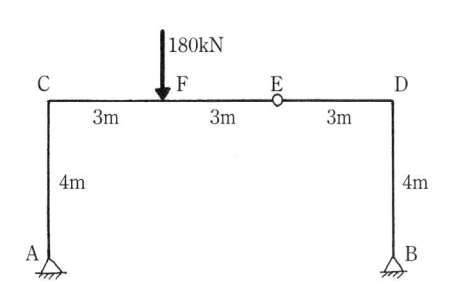

(解　答)

(1) [反力計算]

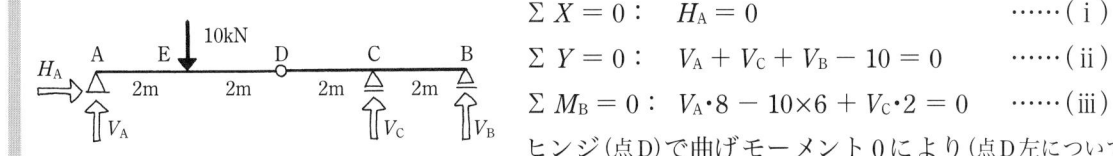

ヒンジを有する梁を**ゲルバー梁**といいます。

$\Sigma X = 0$: $H_A = 0$ ……(i)
$\Sigma Y = 0$: $V_A + V_C + V_B - 10 = 0$ ……(ii)
$\Sigma M_B = 0$: $V_A \cdot 8 - 10 \times 6 + V_C \cdot 2 = 0$ ……(iii)

ヒンジ(点D)で曲げモーメント0により(点D左について)、

$M_D = V_A \cdot 4 - 10 \times 2 = 0$ ……(iv)

(i)(ii)(iii)(iv)を解いて、

$H_A = 0$　　$V_A = 5\text{kN}$　　$V_B = -5\text{kN}$　　$V_C = 10\text{kN}$

i) A－E間について（0m ≦ x ≦ 2m）

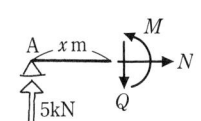

$\Sigma X = 0$: $N = 0$
$\Sigma Y = 0$: $5 - Q = 0 \Rightarrow Q = 5\text{kN}$
$\Sigma M = 0$: $5x - M = 0 \Rightarrow M = 5x\,\text{kN·m}$

ii) E－C間について（2m ≦ x ≦ 6m）

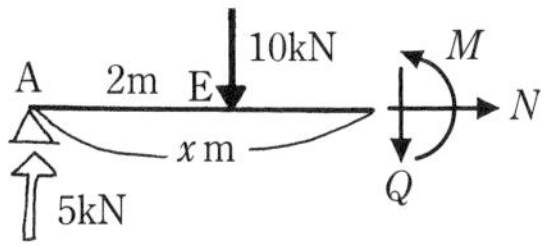

$\Sigma X = 0$: $N = 0$
$\Sigma Y = 0$: $5 - 10 - Q = 0 \Rightarrow Q = -5\text{kN}$
$\Sigma M = 0$: $5x - 10(x - 2) - M = 0$
$\Rightarrow M = -5x + 20\,\text{kN·m}$

iii) B－C間について（0m ≦ x ≦ 2m）

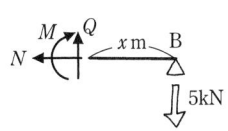

$\Sigma X = 0$: $-N = 0 \Rightarrow N = 0$
$\Sigma Y = 0$: $Q - 5 = 0 \Rightarrow Q = 5\text{kN}$
$\Sigma M = 0$: $M + 5x = 0 \Rightarrow M = -5x\,\text{kN·m}$

軸方向力$N = 0$なので軸方向力図は省略

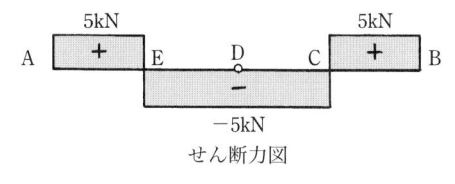

せん断力図

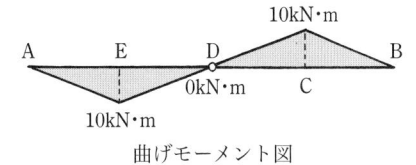

曲げモーメント図

(2) [反力計算]

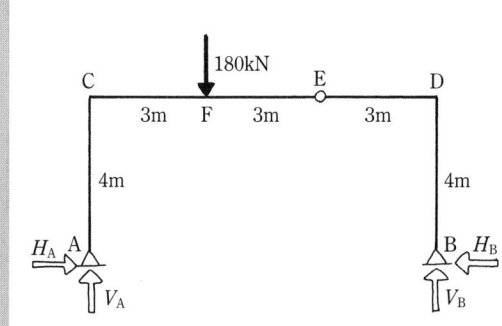

$\Sigma X = 0$: $H_A - H_B = 0$ ………(ⅰ)
$\Sigma Y = 0$: $V_A + V_B - 180 = 0$ ………(ⅱ)
$\Sigma M_A = 0$: $180 \times 3 - V_B \cdot 9 = 0$ ………(ⅲ)

ヒンジ(点E)で曲げモーメント0である。点E右側について、

$M_E = H_B \cdot 4 - V_B \cdot 3 = 0$ ………(ⅳ)

(ⅰ)(ⅱ)(ⅲ)(ⅳ)を解いて、

$H_A = 45\text{kN}$　$H_B = 45\text{kN}$　$V_A = 120\text{kN}$　$V_B = 60\text{kN}$

ⅰ) A−C 間について (0m ≦ x ≦ 4m)

$\Sigma X = 0$: $Q + 45 = 0$
　⇒ $Q = -45\text{kN}$
$\Sigma Y = 0$: $N + 120 = 0$
　⇒ $N = -120\text{kN}$
$\Sigma M = 0$:
　$-45x - M = 0$
　⇒ $M = -45x\,\text{kN·m}$

ⅱ) C−F 間について (0m ≦ x ≦ 3m)

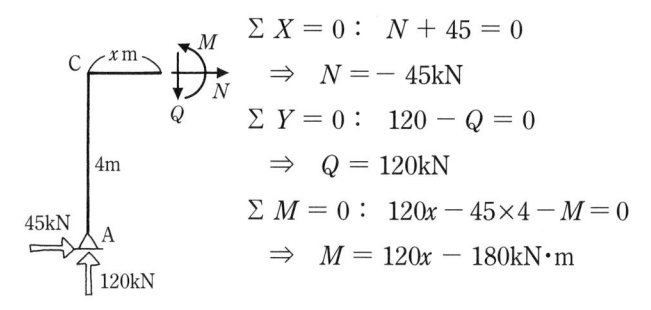

$\Sigma X = 0$: $N + 45 = 0$
　⇒ $N = -45\text{kN}$
$\Sigma Y = 0$: $120 - Q = 0$
　⇒ $Q = 120\text{kN}$
$\Sigma M = 0$: $120x - 45 \times 4 - M = 0$
　⇒ $M = 120x - 180\,\text{kN·m}$

ⅲ) F−D 間について (3m ≦ x ≦ 9m)

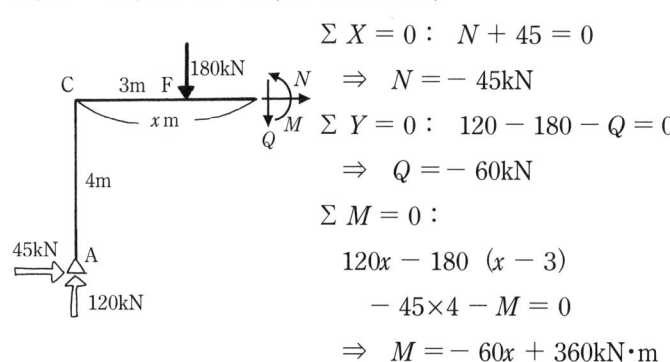

$\Sigma X = 0$: $N + 45 = 0$
　⇒ $N = -45\text{kN}$
$\Sigma Y = 0$: $120 - 180 - Q = 0$
　⇒ $Q = -60\text{kN}$
$\Sigma M = 0$:
　$120x - 180(x-3) - 45 \times 4 - M = 0$
　⇒ $M = -60x + 360\,\text{kN·m}$

ⅳ) B−D 間について (0m ≦ x ≦ 4m)

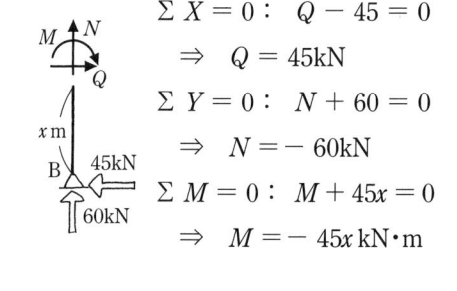

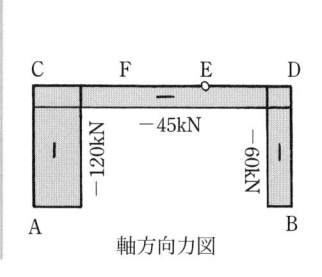

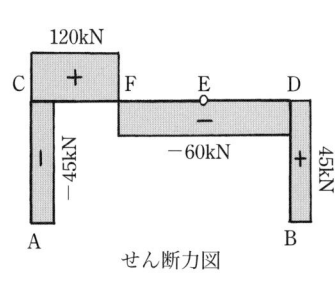

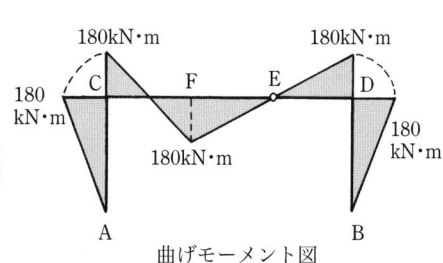

$\Sigma X = 0$: $Q - 45 = 0$
　⇒ $Q = 45\text{kN}$
$\Sigma Y = 0$: $N + 60 = 0$
　⇒ $N = -60\text{kN}$
$\Sigma M = 0$: $M + 45x = 0$
　⇒ $M = -45x\,\text{kN·m}$

軸方向力図　　せん断力図　　曲げモーメント図

❸ 曲げモーメントのせん断力との関係

ここまで、部材に生じる力の計算法を解説してきましたが、その中でもせん断力と曲げモーメントは深い関わりをもっています。

1）せん断力の値は曲げモーメント図の傾き

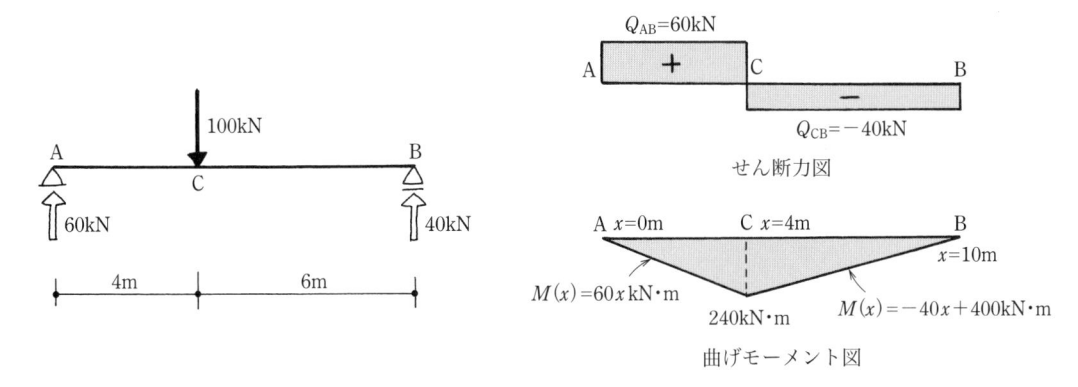

図2·71 集中荷重を受ける単純梁

図2·71に、先に解いた単純梁を再度示します。曲げモーメントの式とせん断力の値を比較してみますと、曲げモーメントの式にはせん断力の値がxの係数として付いていることに気付きます。xの係数はグラフ上の傾きにあたります。実際に曲げモーメント図の傾きを計算してみますと、

$$\text{曲げモーメント図 A}-\text{C間の傾き}=\frac{240\text{kN·m}-0}{4\text{m}}=60\text{kN}=Q_{AB} \quad \cdots\cdots\text{式}2\cdot24\text{a}$$

$$\text{曲げモーメント図 C}-\text{B間の傾き}=\frac{0-240\text{kN·m}}{6\text{m}}=-40\text{kN}=Q_{CB} \quad \cdots\cdots\text{式}2\cdot24\text{b}$$

となり、曲げモーメント図の傾きがせん断力の値であることが確認できます。次に図2·72の分布荷重の場合を見てみましょう。

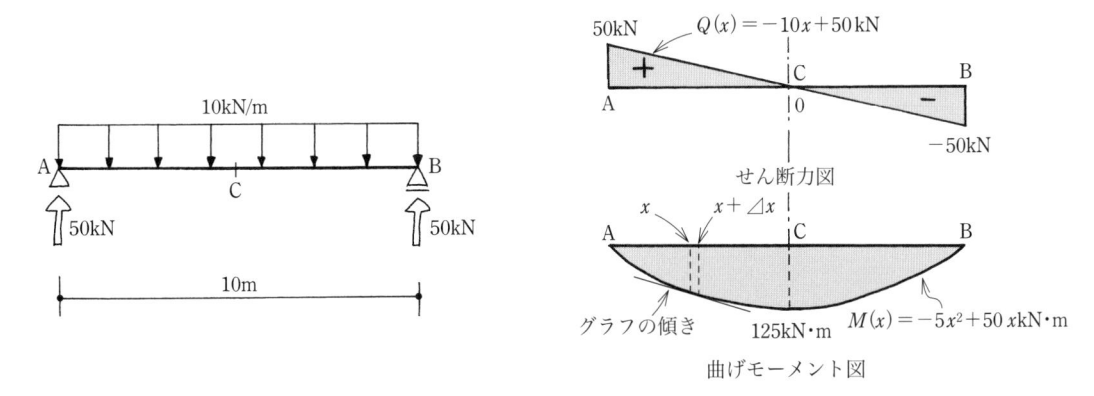

図2·72 分布荷重を受ける単純梁

曲げモーメントの式は2次関数で、傾きはxに応じて変化していきます。曲げモーメント図の微小範囲を取り出し、傾きを求めてみます。

$$
\begin{aligned}
\text{曲げモーメント図の傾き} &= \frac{M(x+\triangle x)-M(x)}{\triangle x} \\
&= \frac{\{-5(x+\triangle x)^2+50(x+\triangle x)\}-(-5x^2+50x)}{\triangle x} \\
&= -10x + 50 - 5\triangle x \qquad \cdots\cdots\cdots\cdots \text{式}2\cdot25
\end{aligned}
$$

式2・25で$\triangle x$を0に近づけていくと、

$$= -10x + 50 = Q(x) \qquad \cdots\cdots\cdots\cdots \text{式}2\cdot26$$

となり、せん断力の式と一致します。このように、

> せん断力の値＝曲げモーメント図の傾き

注) p.187参照

という関係があるのです。

この関係より、せん断力＝0の地点（図2・72では点C）で曲げモーメント図の傾きは0、すなわちこの地点で曲げモーメントの値は最大値（図2・72では125kN·m）をむかえることがわかります。

2) 曲げモーメントの値はせん断力図の面積

図2・71で点Cの曲げモーメントM_Cは反力にA－C間の距離を乗じることによって求めることができます。

$$M_C = 240\text{kN·m} = 60\text{kN（反力）} \times 4\text{m（A－C間の距離）} = \text{せん断力図A－C間の面積}$$
$$\cdots\cdots\cdots\cdots \text{式}2\cdot27$$

これはせん断力図A－C間の面積に相当します。このように曲げモーメントの値はせん断力図の面積として求めることができるのです。図2・72の分布荷重の場合も、

$$\text{せん断力図A－C間の面積} = 50\text{kN} \times 5\text{m} \times \frac{1}{2} = 125\text{kN·m} = M_C \cdots\cdots\cdots\cdots \text{式}2\cdot28$$

となります。

> 曲げモーメントの値＝せん断力図の面積

注) p.189参照

という関係があるのです。

演習問題 2・7 せん断力と曲げモーメントとの関係を利用して、次のせん断力図から曲げモーメントが最大になる点を特定し、最大曲げモーメントの値を求めなさい。

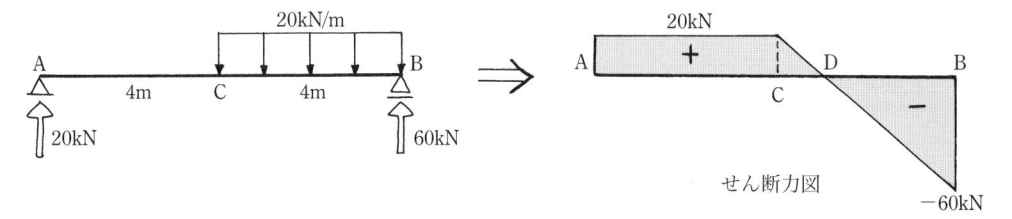

(解 答)

曲げモーメントが最大になる位置では、曲げモーメント図の傾きが 0 になります。したがって、せん断力が 0 になる点 D において曲げモーメントは最大となります。

点 D での曲げモーメントの値 M_D は A－D 間のせん断力図の面積に相当します。

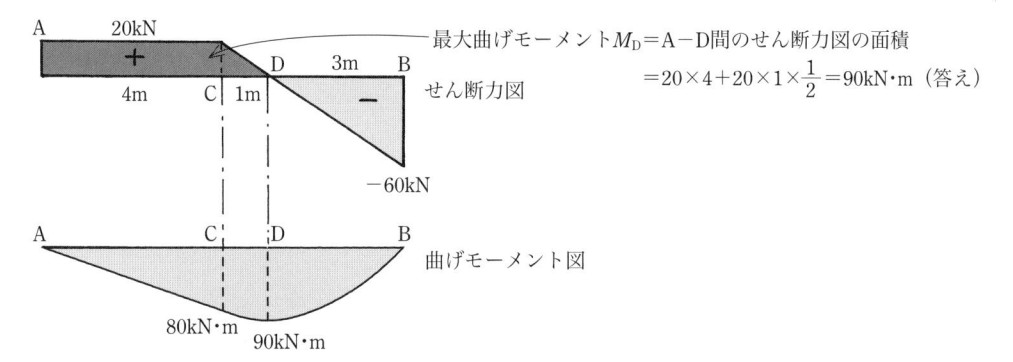

最大曲げモーメント M_D ＝ A－D 間のせん断力図の面積
$$= 20 \times 4 + 20 \times 1 \times \frac{1}{2} = 90 \text{ kN·m} \quad \text{(答え)}$$

4 重ね合わせの原理

複数の力を受ける構造物を計算する場合、それぞれの力について考え、最後に重ね合わせる（足し合わせる）ことによって解を得ることができます。これを**重ね合わせの原理**といい、弾性領域の構造体について利用することができます。

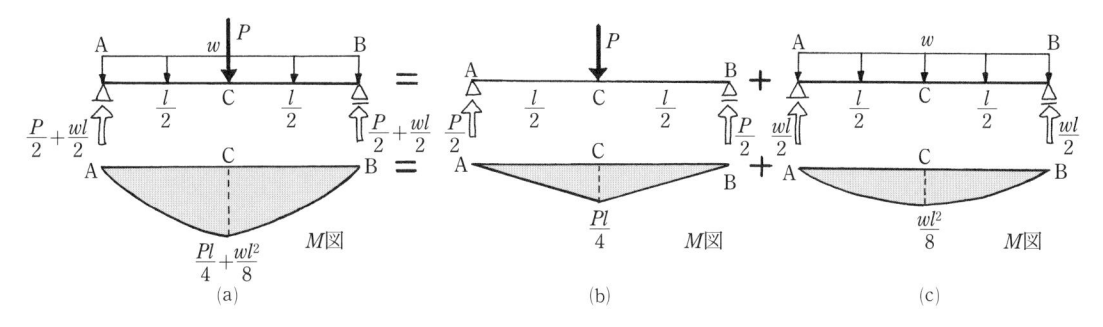

図 2・73 重ね合わせの原理で解く

図 2・73(a)のように集中荷重と分布荷重が同時にかかる梁について考えてみましょう。図 2・73(b)(c)のように集中荷重と分布荷重に分け、それぞれについて曲げモーメント図を描きます。そして最後にそれぞれの図を重ね合わせる（足し合わせる）ことによって答えを得るのです。

すべての力を一度に扱うと煩雑になる場合、有効な手法です。

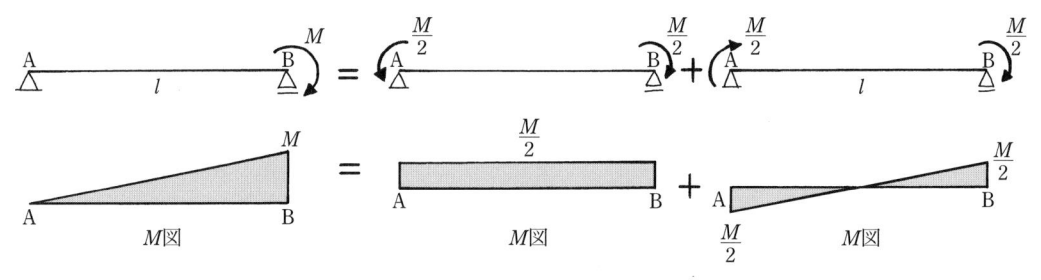

図2・74 力の打ち消し合い

また、図2・74のように重ね合わせることによって、荷重を打ち消しあうという使い方もできます。これは4章固定モーメント法で使う手法です。

演習問題 2・8 重ね合わせの原理を用いて、次の(a)梁の曲げモーメント図より、(b)梁の曲げモーメント図を描きなさい。

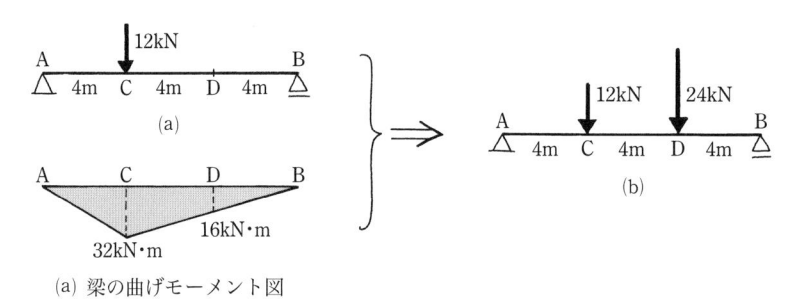

(a) 梁の曲げモーメント図

（解　答）

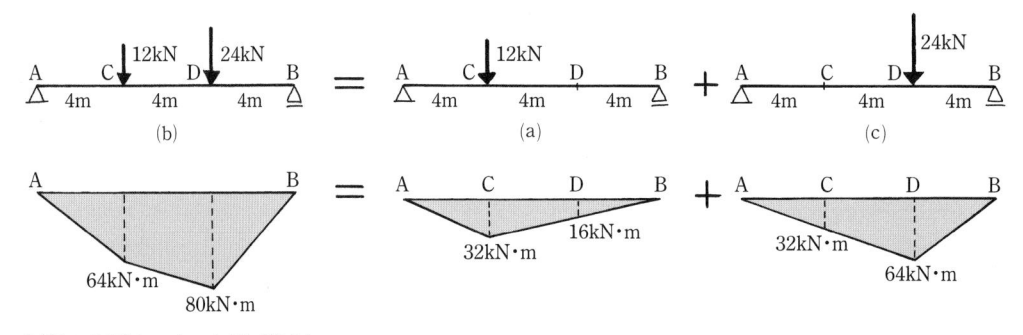

(b)梁の曲げモーメント図（答え）

(b)の曲げモーメント図を(a)と(c)の曲げモーメント図の重ね合わせから求めます。(c)の曲げモーメント図は(a)の曲げモーメント図を裏返し、曲げモーメントの値の2倍（荷重が2倍だから）にして求めます。

2·4 ● トラス部材に生じる力

トラスとは三角形を組み合わせて作り出す構造物です。図2·75にその一例を各部の名称を特徴とともに示します。

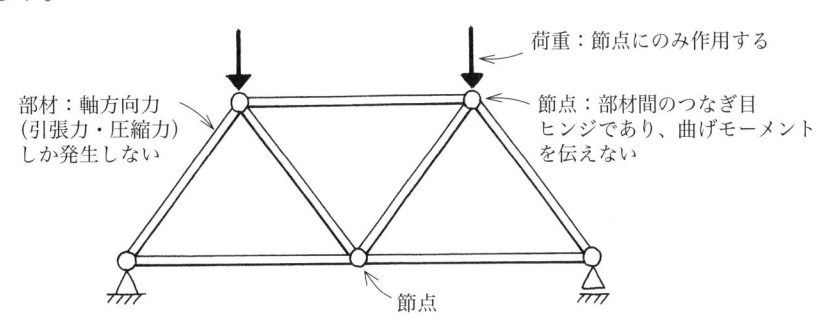

図2·75 トラス 各部の名称と特徴

■1 切断法

トラスは解き方から分類すると、次の2形体に分けることができます（図2·76）。
(a) 単純梁型：2つの支点が離れておき、単純梁のような形体をしたもの
(b) 片持ち梁型：2つの支点間が隣接し、構造体が突出した片持ち梁のような形体のもの

(a) 単純梁型　　(b) 片持ち梁型

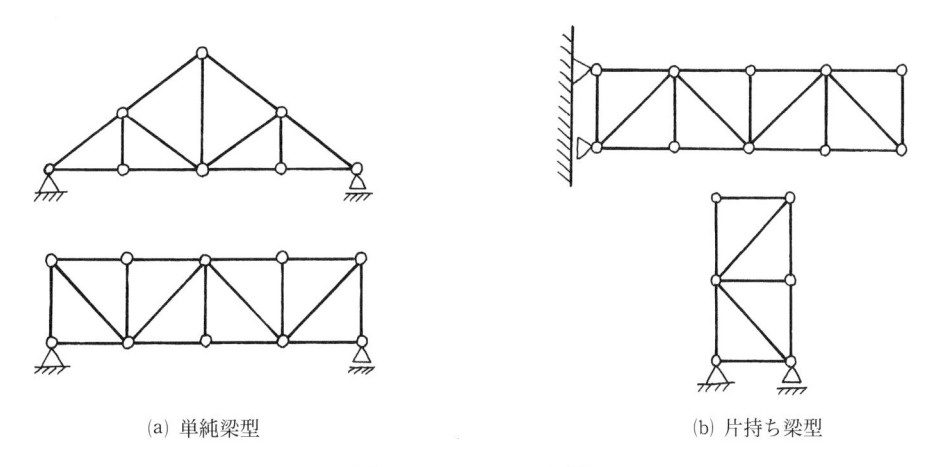

図2·76 トラスの2形体

形体によって若干、解法手順が異なりますので、それぞれについて解説していきます。

1) 単純梁型の場合

図2·77に示す単純梁型トラスの3部材 CD、CG、FG の軸方向力 N_{CD}、N_{CG}、N_{FG} を求めてみます。

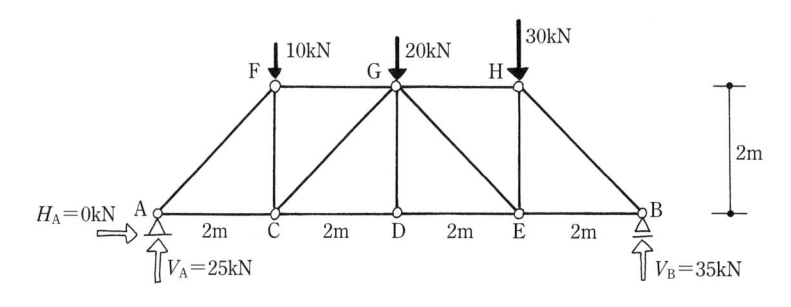

図2・77 単純梁型トラス

①反力を求めます。単純梁型トラスを解くには反力が必要です。

$\Sigma X = 0$:　　$H_A = 0$　　　　　　　　　　　　　　　　………… 式2・29a

$\Sigma Y = 0$:　　$V_A + V_B - 10 - 20 - 30 = 0$　⇒　$V_A + V_B = 60$　………… 式2・29b

$\Sigma M = 0$:　　$10 \times 2 + 20 \times 4 + 30 \times 6 - V_B \cdot 8 = 0$　　　………… 式2・29c

⇒　　$H_A = 0$kN　　$V_A = 25$kN　　$V_B = 35$kN

②図2・78のように、求めたい部材の位置で切断します。この手法は切断して軸方向力を求めるので**切断法**と呼ばれています。

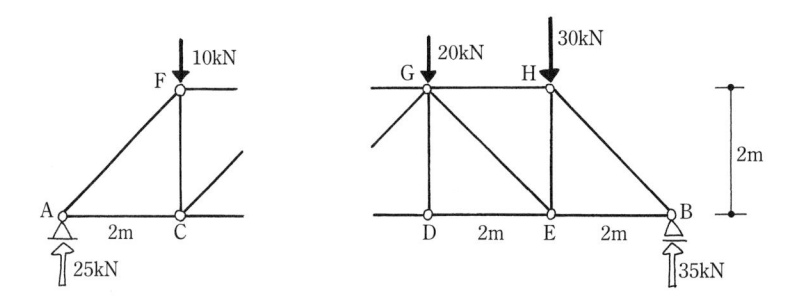

図2・78 トラスを切断する

③切断した片側を取り出し、切断位置に力の矢印を描きます。矢印は必ず部材から出る方向(部材を引張る方向)に描きます(図2・79)。

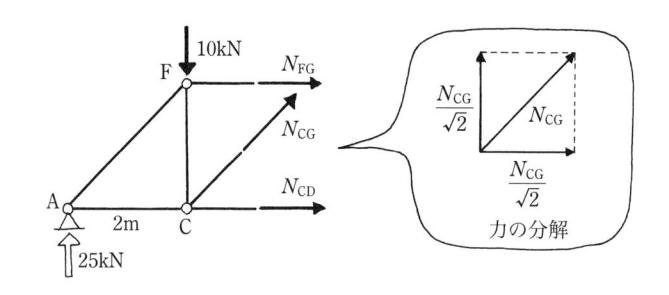

図2・79 軸方向力の矢印を描く

④力の釣り合い式をたてて軸方向力を求めます。斜め方向の力 N_{CG} は水平・鉛直方向に分解し(p.8~9参照)、釣り合い式に入れます。

$$\Sigma X = 0: \quad N_{FG} + \frac{1}{\sqrt{2}} N_{CG} + N_{CD} = 0 \quad \cdots\cdots\cdots 式2\cdot30a$$

$$\Sigma Y = 0: \quad 25 - 10 + \frac{1}{\sqrt{2}} N_{CG} = 0 \quad \cdots\cdots\cdots 式2\cdot30b$$

$$\Sigma M_C = 0: \quad 25\times2 + N_{FG}\cdot2 = 0 \quad \cdots\cdots\cdots 式2\cdot30c$$

モーメントの釣り合い式 $\Sigma M = 0$ については、図 2・80 のように未知の軸方向力（N_{CD}、N_{CG}、N_{FG}）上に直線を引き、それらの直線の交点を中心とします。交点を作る 2 つの未知の軸方向力が式に現れないので、未知数 1 つの簡単な式が得られるからです。

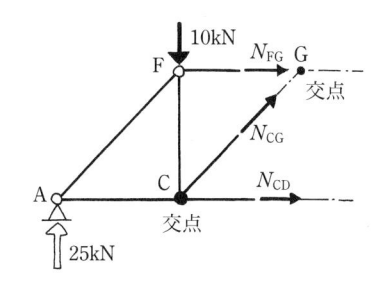

図 2・80 モーメントの釣り合い式（中心の選び方）

⑤力の釣り合い式を解いて軸方向力を求めます。

　$N_{CD} = 40$ kN（引張力）　　$N_{CG} = -15\sqrt{2}$ kN（圧縮力）　　$N_{FG} = -25$ kN（圧縮力）

矢印は引張る方向に設定しましたので、＋の結果は引張力、－の結果は圧縮力と判断します。

2）片持ち梁型の場合

図 2・81 の片持ち梁型トラスについて、3 部材の軸方向力 N_{CD}、N_{CG}、N_{FG} を切断法で求めてみましょう。

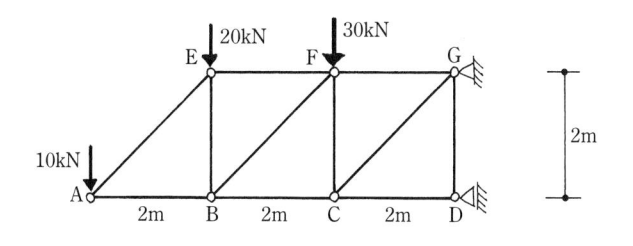

図 2・81 片持ち梁型トラス

片持ち梁型は反力を求める必要はありません。切断後、反力のない方を選び、力の釣り合い式をたてればよいからです。

①求めたい部材の位置で切断します（図2・82）。

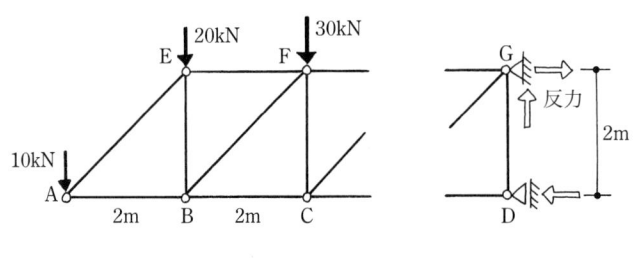

図2・82 トラスを切断する

②図2・82の反力がない方を取り出し、切断位置に力の矢印を描きます。矢印は部材から出る方向に描きます（図2・83）。

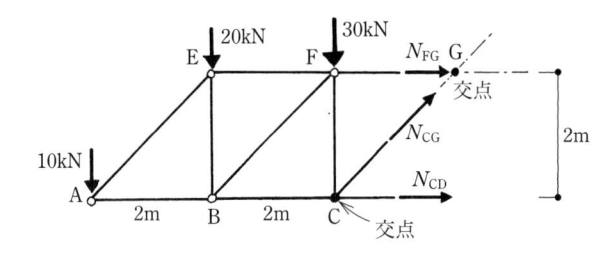

図2・83 軸方向力矢印を描く（軸方向力の交点も示しておく）

③力の釣り合い式をたてます。ただし、$\Sigma X = 0$ は式2・30aで経験したように未知数3つの入った複雑な式になるので、図2・83に示した2つの交点（C、G）を利用してモーメントの釣り合い式をたてることにします。

$\Sigma Y = 0$: $\quad \dfrac{1}{\sqrt{2}} N_{CG} - 10 - 20 - 30 = 0$ ……………… 式3・31a

$\Sigma M_C = 0$: $\quad N_{FG} \cdot 2 - 10 \times 4 - 20 \times 2 = 0$ ……………… 式3・31b

$\Sigma M_G = 0$: $\quad -N_{CD} \cdot 2 - 10 \times 6 - 20 \times 4 - 30 \times 2 = 0$ ……………… 式2・31c

④力の釣り合い式を解いて軸方向力を求めます。

$\quad N_{CD} = -100$ kN（圧縮力）　　$N_{CG} = 60\sqrt{2}$ kN（引張力）　　$N_{FG} = 40$ kN（引張力）

演習問題2・9 次のトラスについて、指示された部材の軸方向力を求めなさい。

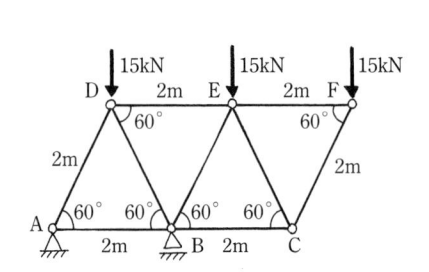

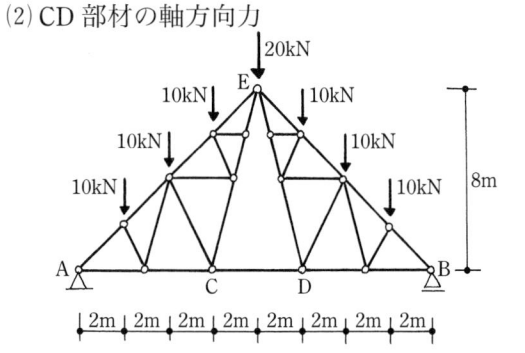

(1) BE部材の軸方向力
(2) CD部材の軸方向力

(解　答)

(1) 下図のように切断し、反力のない側を取り出し、軸方向力の矢印を設定します。

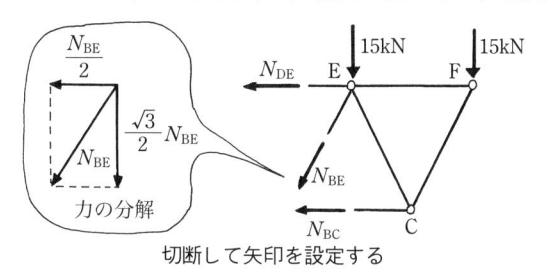

鉛直方向の力の釣り合い式を使えば、目的の N_{BE} を求めることができます。

$$\Sigma Y = 0: \quad -\frac{\sqrt{3}}{2} N_{BE} - 15 - 15 = 0$$

力の釣り合い式を解く。　⇒　$N_{BE} = -\dfrac{60}{\sqrt{3}} = -20\sqrt{3}$ kN　（答え）

(2) 反力を求め、下図のようにCD部材を含む3部材が入るように切断し、軸方向力の矢印を設定します。

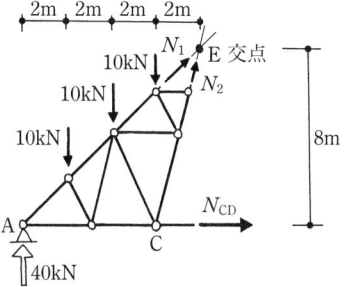

求めなくてもよい軸方向力 N_1、N_2 の交点Eを中心として、モーメントの釣り合い式をたてます。

$$\Sigma M_E = 0: \quad -N_{CD} \cdot 8 + 40 \times 8 - 10 \times 6 - 10 \times 4 - 10 \times 2 = 0$$

力の釣り合い式を解く。　⇒　$N_{CD} = 25$ kN　（答え）

2 節点法

次に図2・84のようなトラスについて考えてみましょう。

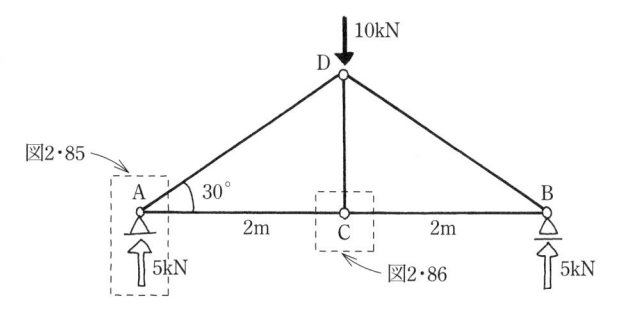

図2・84　トラスを節点法で解く

反力を求め、図2・85のように節点まわりに2本の部材を切断します。ここで紹介する手法は、節点を取り出して解く手法なので**節点法**と呼ばれます。

● 節点Aについて

①切断した部材から出る方向に未知の軸方向力 N_{AC}、N_{AD} を設定します。

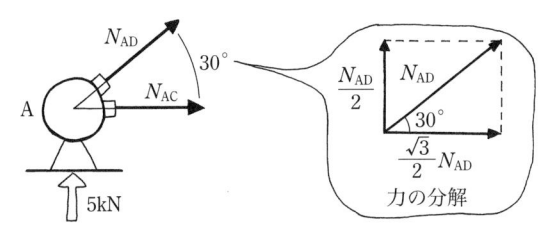

図2・85 節点Aまわりで切断する（軸方向力の設定）

②水平方向および鉛直方向の力の釣り合い式をたてます。斜め方向の力は水平成分と鉛直成分に分解し、式に入れます。

$\Sigma X = 0 :$ $N_{AC} + \frac{\sqrt{3}}{2} N_{AD} = 0$ ················ 式2・32a

$\Sigma Y = 0 :$ $\frac{1}{2} N_{AD} + 5 = 0$ ················ 式2・32b

③力の釣り合い式を解いて N_{AC}、N_{AD} を求めます。

$N_{AC} = 5\sqrt{3}$ kN（引張力） $N_{AD} = -10$ kN（圧縮力）

● 節点Cについて

次に図2・86のように節点Cを取り出してみます。

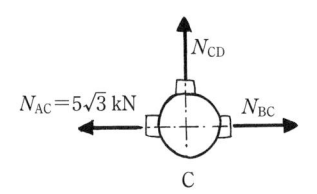

図2・86 節点Cまわりで切断する（軸方向力の設定）

水平方向および鉛直方向の釣り合い式をたてます。

$\Sigma X = 0 :$ $-N_{AC} + N_{BC} = 0$ （$N_{AC} = 5\sqrt{3}$ kN はすでに求めている）

$\Rightarrow$ $N_{BC} = 5\sqrt{3}$ kN（引張力） ················ 式2・33a

$\Sigma Y = 0 :$ $N_{CD} = 0$ ················ 式2・33b

部材CDの軸方向力 N_{CD} は0であることがわかります。

このようにトラス部材には軸方向力が0になるケースがあります。軸方向力0の部材は図2・87のような場合に現れます。

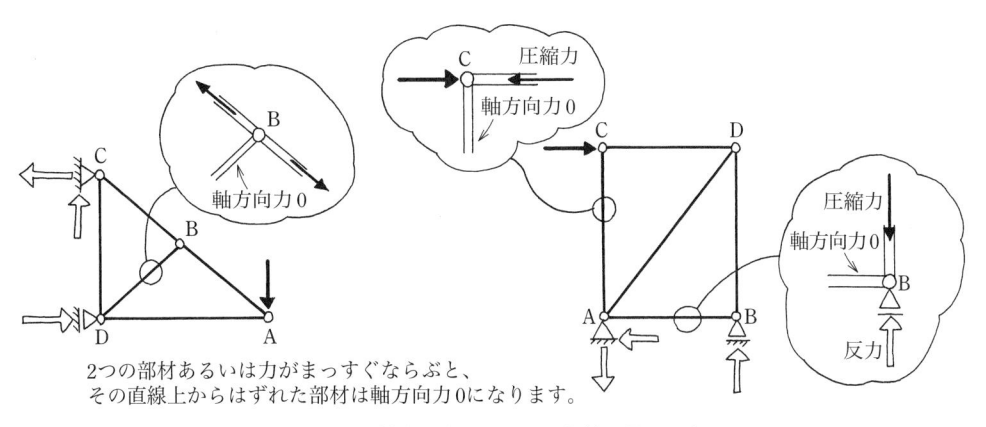

2つの部材あるいは力がまっすぐならぶと、
その直線上からはずれた部材は軸方向力0になります。

図2・87　軸方向力が0になる部材の見つけ方

3 図解法

図解法は節点法で行った力の釣り合い式計算を作図に置き換えた方法です。先に述べた節点法の結果をもとに図解法を解説します。

節点Aの結果を図2・88に示します。

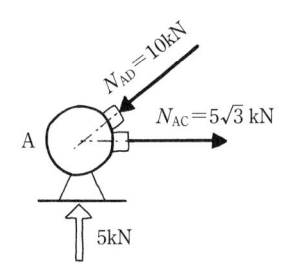

図2・88　節点Aにかかる力

図2・88に現れる矢印を組みなおすと図2・89のように三角形ができあがります。このように力が釣り合っていると、力の矢印は一周するのです。

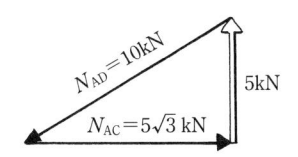

図2・89　力が釣り合う状態　⇒　力の矢印は一周する（節点A）

節点Cについても同じように考えてみます。節点Cの結果を図2・90に示します。

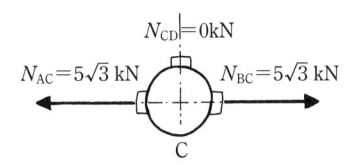

図2・90　節点Cにかかる力

図2・90に現れる矢印を組みなおすと、図2・91のように往復する矢印ができあがります。やは

り力の矢印は一周（この場合は往復）するのです。

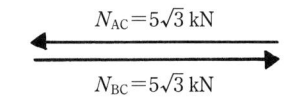

図2・91　往復する力の矢印（節点C）

この性質を利用してトラス部材の軸方向力を求める方法が図解法なのです。図2・84のトラスを再度、図解法で解いてみます。

●節点Aについて

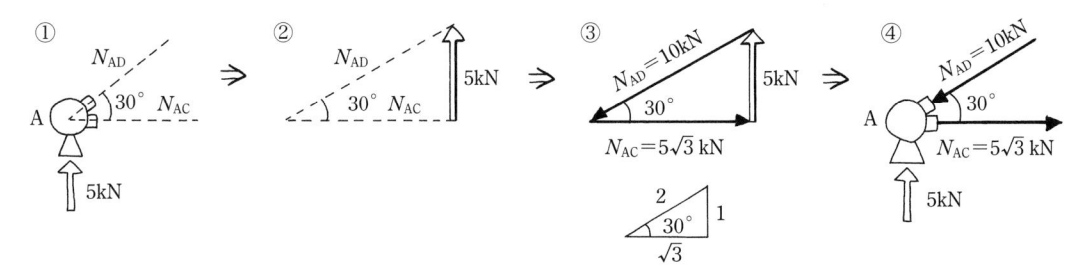

図2・92　図解法の手順

①節点Aを切り出します。反力5kNは矢印で描き、未知の軸方向力N_{AC}、N_{AD}は点線で描きます。
②矢印と点線を組みなおして一周する図形を組み立てます。ここでは三角形を組み立てることができました。
③点線上にN_{AC}、N_{AD}の矢印に描き込みます。矢印は一周するように方向を定めます。
④力の大きさは矢の長さに相当します。三角形の三辺の比（$1:2:\sqrt{3}$）をもとに、反力が5kNであることから、N_{AC}、N_{AD}の大きさ（矢印の長さ）を計算します。N_{AC}の大きさは$5\sqrt{3}$ kN、N_{AD}の大きさは10kNとなります。
⑤矢印をもとの位置に戻します。節点から出る矢印は引張力、節点に入る矢印は圧縮力と判断します。したがって次のような結果が得られます。

　　　$N_{AC} = 5\sqrt{3}$ kN（引張力）　　$N_{AD} = 10$ kN（圧縮力）

●節点Cについて

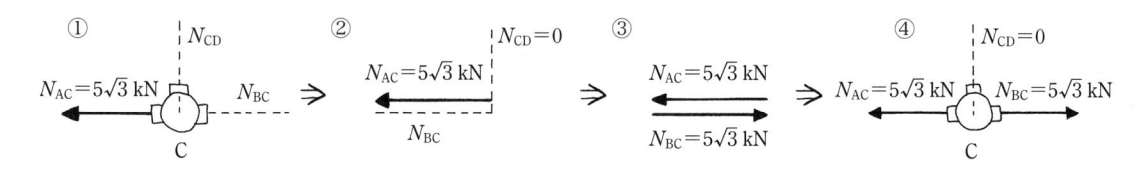

図2・93　図解法の手順

①節点Cを切り出します。N_{AC}はすでに$5\sqrt{3}$ kN（引張力）と判明しています。引張力ですから、節点から出る方向に描きます。未知の軸方向力N_{BC}、N_{CD}は点線で描きます。
②矢印と点線を組みなおして一周する図形を組み立てます。N_{CD}があると一周しないので、$N_{CD} = 0$とし、N_{AC}とN_{BC}で往復する形を作ります。
③点線上にN_{BC}の矢印を描き込みます。矢印は往復するように方向を定めます。

④ N_{BC} の大きさを定めます。N_{AC} と等しく $5\sqrt{3}$ kN になります。
⑤ 矢印をもとの位置に戻します。N_{BC} は節点から出る方向になり、引張力になります。

$$N_{BC} = 5\sqrt{3} \text{ kN (引張力)} \qquad N_{CD} = 0 \text{ kN}$$

演習問題 2・10 次のトラスについて、指示された部材の軸方向力を節点法あるいは図解法で求めなさい。

(1) AC 部材の軸方向力 　　　　　　　(2) BC 部材の軸方向力

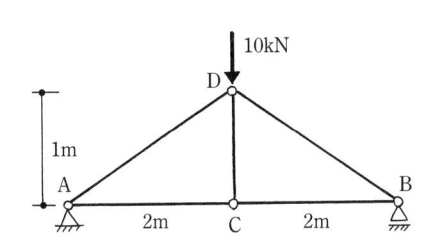

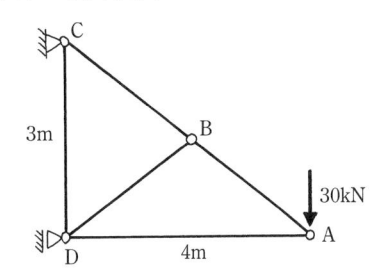

(解　答)

(1)について

［節点法］反力を求め、節点 A を切り出し、軸方向力の矢印を設定します。水平材 AC の軸方向力のみを求めるのであれば、図のように N_{AD} の延長線上である点 D を中心としてモーメントの釣り合い式をたてると、容易に解くことができます。

$$\Sigma M_D = 0: \quad 5 \times 2 - N_{AC} \cdot 1 = 0 \quad \Rightarrow \quad N_{AC} = 10 \text{ kN（引張力）} \quad (答え)$$

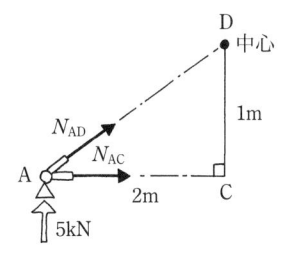

節点法におけるモーメントの釣り合い式の利用

［図解法］

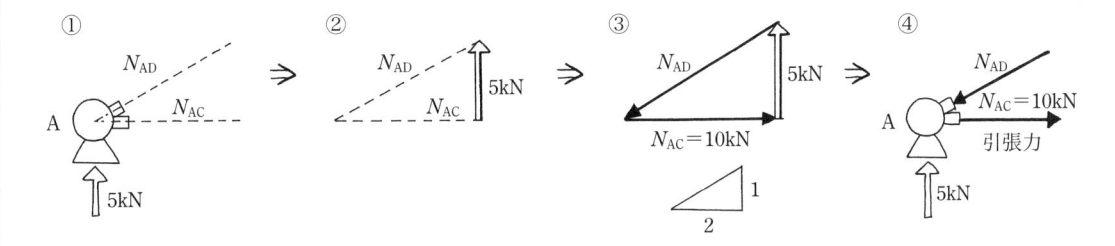

図解法による解法手順

① 節点 A を切り出します。反力 5kN は矢印で描き、未知の軸方向力 N_{AC}、N_{AD} は点線で描きます。
② 矢印と点線を組みなおして一周する図形を組み立てます。ここでは三角形を組み立てることが

できました。

③点線上に N_{AC}、N_{AD} の矢印を描き込みます。矢印は一周するように方向を定めます。三角形縦横の辺の比（1：2）をもとに、反力が 5kN であることから、N_{AC} の大きさは 10kN となります。

④矢印をもとの位置に戻します。N_{AC} の矢印は節点から出る方向であり、引張力と判断できます。

したがって、$N_{AC} = 10$kN（引張力）（答え）

(2)について

［節点法］節点 A から解き進んでみます。節点 A を切り出し、軸方向力の矢印を設定し、部材 AB の軸方向力 N_{AB} を求めます。鉛直方向の力の釣り合い式より、

節点 A

節点 B

$$\Sigma Y = 0 : \quad \frac{3}{5} N_{AB} - 30 = 0 \quad \Rightarrow \quad N_{AB} = 50\text{kN（引張力）（答え）}$$

次に節点 B を取り出します。AB 材－BC 材が一直線にならび、BD 材が一本だけ外れているので、BD 材の軸方向力は 0 です。したがって、BC 材の軸方向力 N_{BC} は N_{AB} との力の釣り合いより、$N_{BC} = 50$kN（引張力）（答え）となります。

［図解法］

●節点 A について

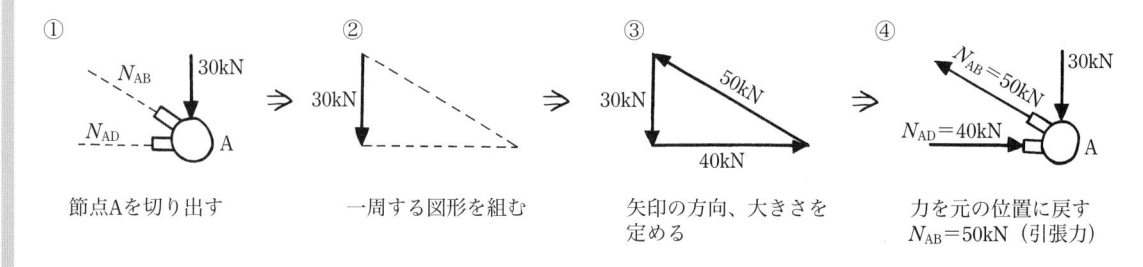

① 節点Aを切り出す
② 一周する図形を組む
③ 矢印の方向、大きさを定める
④ 力を元の位置に戻す
$N_{AB} = 50$kN（引張力）

●節点 B について

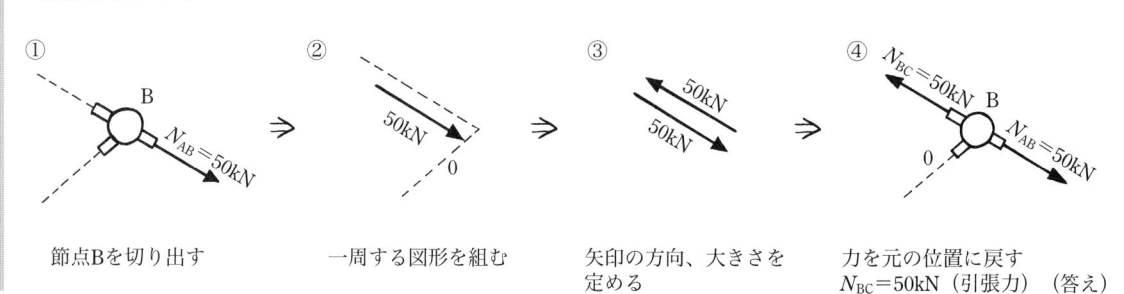

① 節点Bを切り出す
② 一周する図形を組む
③ 矢印の方向、大きさを定める
④ 力を元の位置に戻す
$N_{BC} = 50$kN（引張力）（答え）

3 断面と応力度

 2章では、軸方向力、せん断力、曲げモーメントといった部材の中に生じる力を求めてみました。これらの力は一本の矢印、すなわち一点に集中する力として表現されてきました。しかし、断面には広がりがあるのです。本章では部材に生じる力を断面に分布する力として捉えてみます。部材断面に分布する力は応力度と呼ばれています。

3·1 ● 断面に関する数量

 応力度を求めるためには、断面に関する数量を解説しておく必要があります。断面を見て、まず目に入る数量は**断面積**（単位：mm²）です。断面積も応力度を求めるための重要な数量です。

断面積 $A = 400 \times 80 + 400 \times 80 = 64 \times 10^3 \text{ mm}^2$

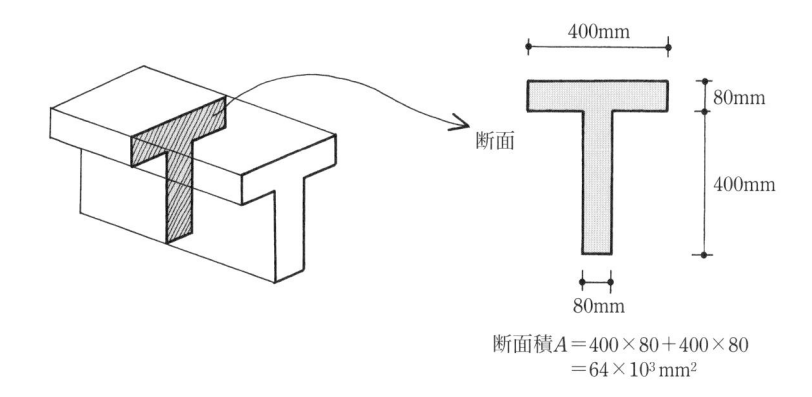

図3·1　部材の断面と断面積

1 図 心

図心とは、断面形を厚さ一定の板と考えたときの重心位置です。構造物によく使われる長方形断面であれば、図3・2(a)のように対角線の交点となります。厚さ一定の長方形の板を図心の位置で吊るしてみると、図3・2(b)のように板は水平を保ちます。

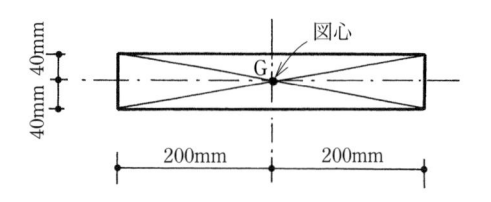

図3・2(a) 長方形断面の図心 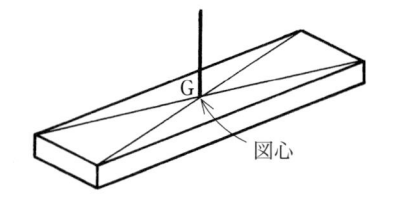　　　図3・2(b) 長方形の板を図心で吊るす

T形断面（図3・1）の図心Gを求めてみましょう。

図3・3(a)のようにT形断面を2つの長方形に分けます。T形断面の下端に基準線を引いておき、図心位置を基準線からの距離 y とします。

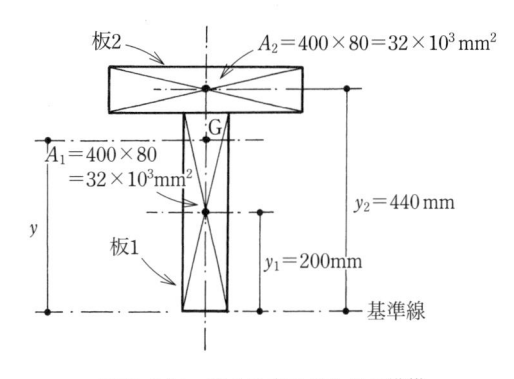

図3・3(a) 図心を求めるための準備 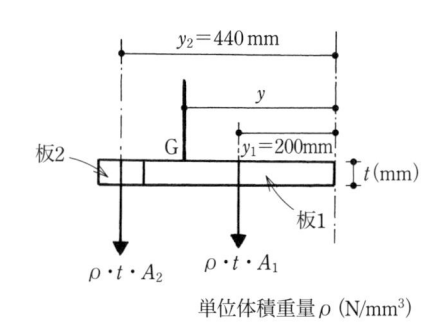　　　図3・3(b) 断面の釣り合い状態

次にそれぞれの長方形の面積 A_1、A_2 と基準線から各長方形の図心までの距離 y_1、y_2 を求めます。

図3・3(b)のようにT形断面を厚さ一定の板に見たて、図心Gで吊るし真横から見てみます。板1、板2の重量をそれぞれの図心の位置に合力（集中荷重）としてかけます。

図3・3(b)で点Gを中心とする力のモーメントの釣り合い式を板厚 t、単位体積重量 ρ としてたてます。

$$\Sigma M_G = 0: \quad \rho \cdot t \cdot A_1 (y - y_1) - \rho \cdot t \cdot A_2 (y_2 - y) = 0 \quad \cdots\cdots\cdots 式3・1$$

式3・1より、y を求めます。

$$y = \frac{A_1 \cdot y_1 + A_2 \cdot y_2}{A_1 + A_2} = \frac{32 \times 10^3 \times 200 + 32 \times 10^3 \times 440}{32 \times 10^3 + 32 \times 10^3} = 320 \text{mm} \quad \cdots\cdots\cdots 式3・2$$

式3・2がT形断面の図心位置です。式3・2は、

図心位置

$$図心位置\, y = \frac{(各断面積 \times 各図心位置)の総和\left(\sum_{i=1}^{n} A_i \cdot y_i\right)}{全断面積\left(\sum_{i=1}^{n} A_i\right)} \quad \cdots\cdots\cdots 公式3$$

という構成になっています。公式3の分子 $\sum_{i=1}^{n} A_i \cdot y_i$ を**断面1次モーメント**(単位:mm³)といいます。

演習問題 3・1 図の断面の図心 (x, y) を求めなさい。

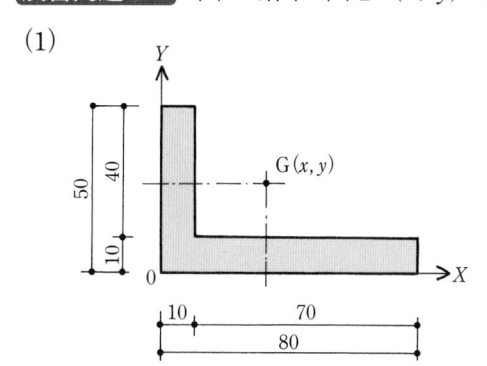

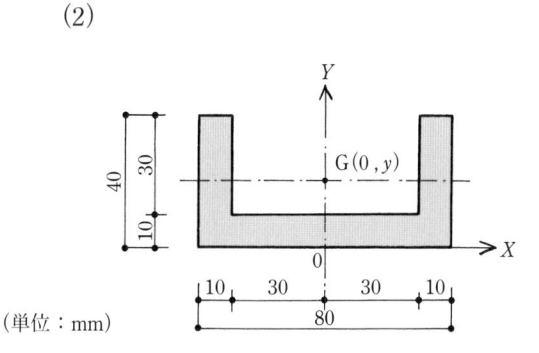

(1) (2)

(単位:mm)

(解答)

(1)

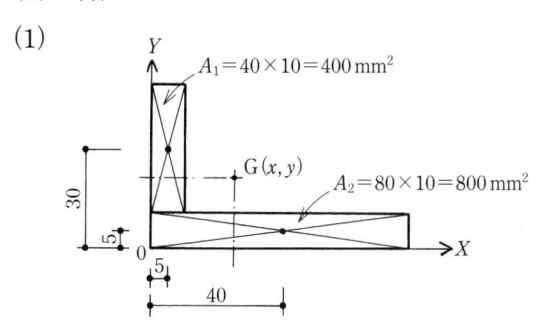

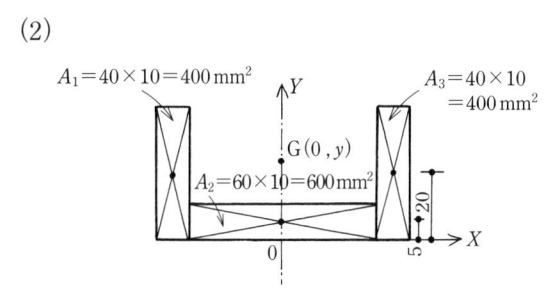

[X軸について]

$$y = \frac{400 \times 30 + 800 \times 5}{400 + 800} ≒ 13.3\,\text{mm}$$

[Y軸について]

$$x = \frac{400 \times 5 + 800 \times 40}{400 + 800} ≒ 28.3\,\text{mm}$$

$\underline{G\,(x、y)\,=\,(28.3\,\text{mm}、13.3\,\text{mm})}$

(2)

[X軸について]

$$y = \frac{400 \times 20 + 600 \times 5 + 400 \times 20}{400 + 600 + 400} ≒ 13.6\,\text{mm}$$

$\underline{G\,(x、y)\,=\,(0、13.6\,\text{mm})}$

2 断面2次モーメント

断面2次モーメントは曲げを受ける部材に関連する数量です。

部材に力をかけて曲げてみると、図3・4(a)→(b)のように部材は弓なりに変形します。

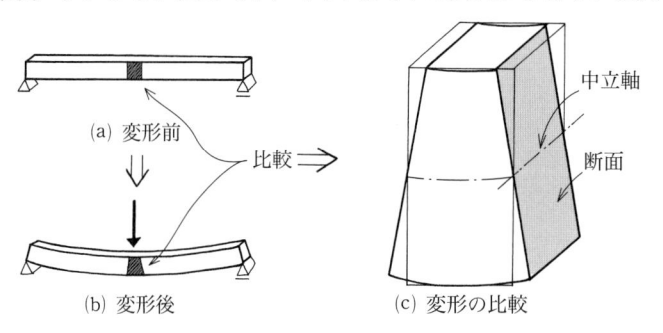

図3・4 部材の曲げ変形

図3・4のように、変形(a)(b)を比較してみると上側は縮み、下側は伸び、そして中央には伸びも縮みも生じない場所があります。曲がる部材の中で伸縮が生じないところを**中立軸**といいます。均一な材料でできた部材なら、中立軸は図心の位置と一致します。

断面2次モーメントは中立軸の位置が重要です。図3・5(a)のように、中立軸を中央にもつ長方形断面の断面2次モーメント I(単位：mm^4)は公式4aで求めることができます。

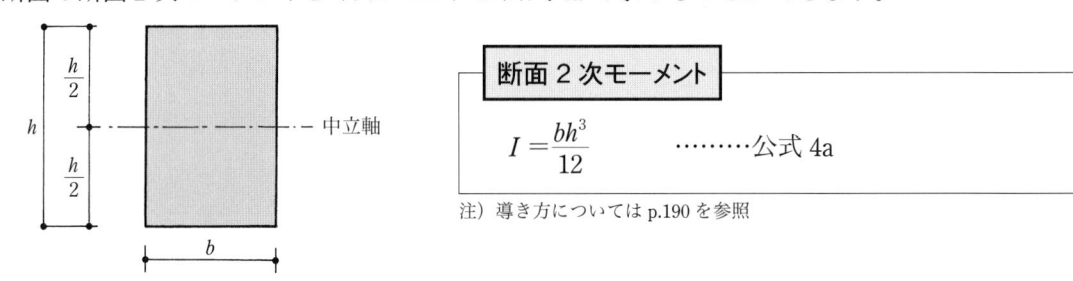

断面2次モーメント

$$I = \frac{bh^3}{12} \quad \cdots\cdots\cdots 公式4a$$

注) 導き方については p.190 を参照

図3・5(a) 長方形断面の断面2次モーメント

また図3・5(b)のように、離れた軸についての断面2次モーメント I_X は公式4bによって求めることができます。

離れた軸についての断面2次モーメント

$$I_X = I_n + A \cdot y^2 \quad \cdots\cdots\cdots 公式4b$$

I_n：断面の中立軸についての断面2次モーメント（mm^4)

A：断面積（mm^2）

注) 導き方については p.190 を参照

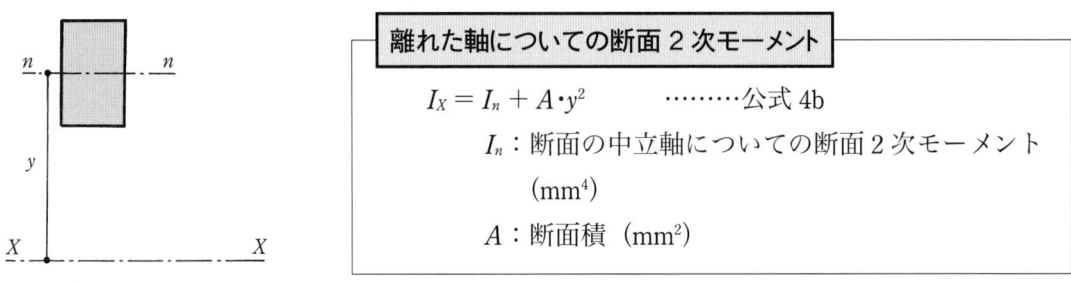

図3・5(b) 離れた軸についての断面2次モーメント

鉄骨部材として使われる断面（□形、H形など）の断面2次モーメントを求める場合は、図3・6(a)のように全体から不要な所を差し引いて求めることができます。

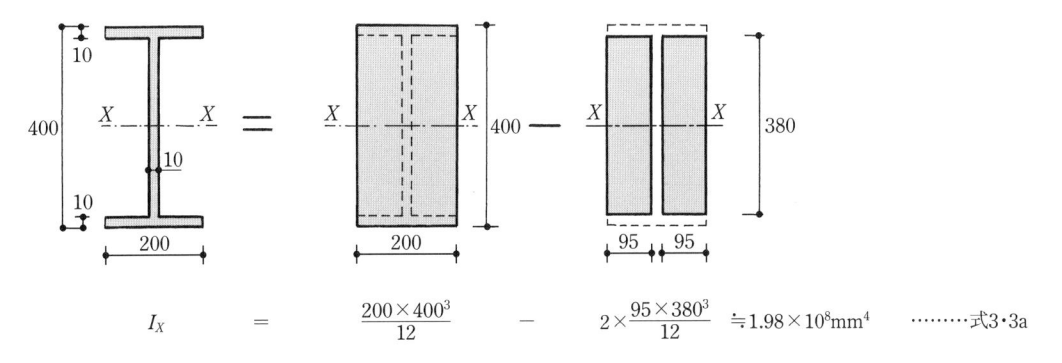

$$I_X = \frac{200 \times 400^3}{12} - 2 \times \frac{95 \times 380^3}{12} \fallingdotseq 1.98 \times 10^8 \text{mm}^4 \quad \cdots\cdots\cdots 式3\cdot3a$$

図 3・6 (a)　I 形断面の断面 2 次モーメントの求め方（X 軸について）

ここで用いた差し引きによる計算は、中立軸がすべて一致していなければ行うことができません。図 3・6(b)のように Y 軸に関する断面 2 次モーメントを計算する場合もすべての中立軸が一致するよう、3 つの長方形に分け、それぞれの断面 2 次モーメントの和として計算します。

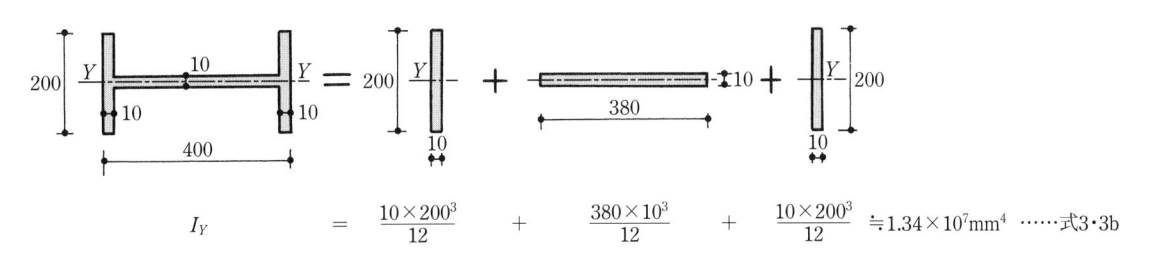

$$I_Y = \frac{10 \times 200^3}{12} + \frac{380 \times 10^3}{12} + \frac{10 \times 200^3}{12} \fallingdotseq 1.34 \times 10^7 \text{mm}^4 \quad \cdots\cdots 式3\cdot3b$$

図 3・6 (b)　I 形断面の断面 2 次モーメントの求め方（Y 軸について）

3 断面係数

断面係数 Z（単位：mm³）は公式 5a のように図心軸から断面上端（あるいは下端）までの距離で断面 2 次モーメントを除することによって得られる数値です。

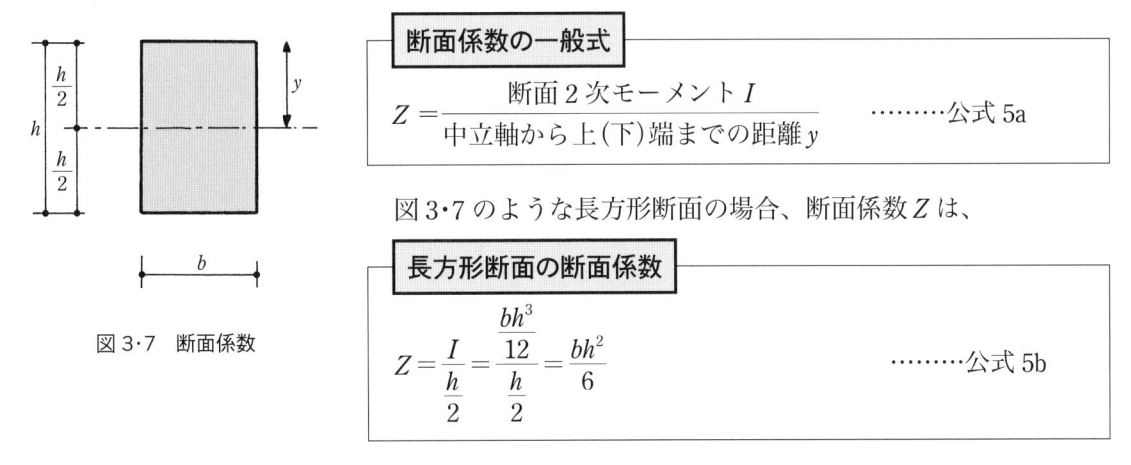

> **断面係数の一般式**
>
> $$Z = \frac{断面2次モーメント I}{中立軸から上(下)端までの距離 y} \quad \cdots\cdots 公式5a$$

図 3・7 のような長方形断面の場合、断面係数 Z は、

> **長方形断面の断面係数**
>
> $$Z = \frac{I}{\frac{h}{2}} = \frac{\frac{bh^3}{12}}{\frac{h}{2}} = \frac{bh^2}{6} \quad \cdots\cdots 公式5b$$

図 3・7　断面係数

となります。

図 3・8 のような断面の場合、断面係数は断面 2 次モーメント計算のように、差し引き計算はできません。必ず、断面 2 次モーメントを求めたのち、公式 5a によって求めます。

図3・6の断面係数であれば公式5aに式3・3a、$y = 200$mmを代入して、

$$Z_X = \frac{I_X}{y} = \frac{1.98 \times 10^8 \text{mm}^4}{200 \text{mm}} = 9.9 \times 10^5 \text{mm}^3 \qquad \cdots\cdots\cdots\text{式 3・4a}$$

公式5aに式3・3b、$y = 100$mmを代入して、

$$Z_Y = \frac{I_Y}{y} = \frac{1.34 \times 10^7 \text{mm}^4}{100 \text{mm}} = 1.34 \times 10^5 \text{mm}^3 \qquad \cdots\cdots\cdots\text{式 3・4b}$$

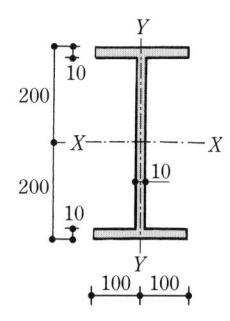

図3・8 I形断面の断面係数

演習問題3・2 次の断面の中立軸に関する断面2次モーメントI、断面係数Zを求めなさい。

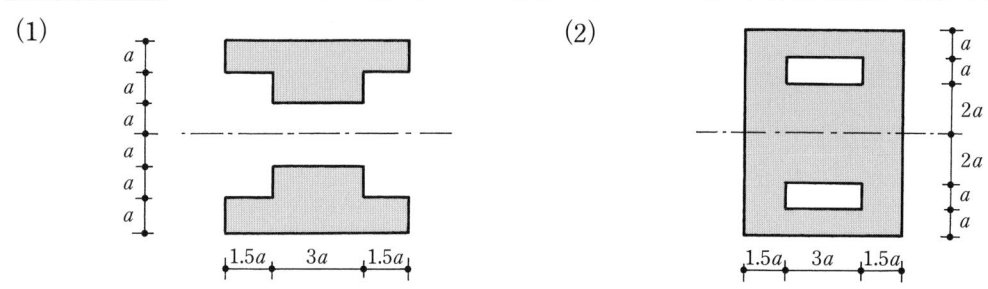

(1)

(2)

(解 答)

(1)

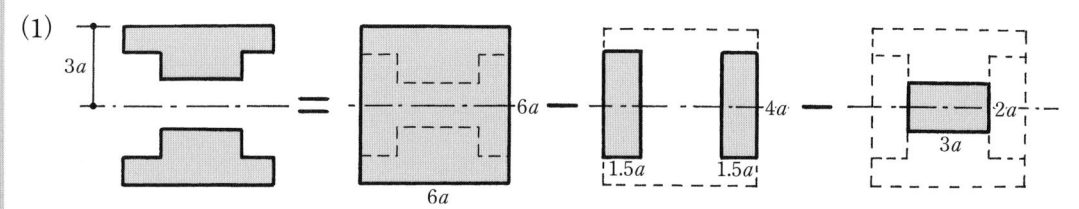

$$I = \frac{6a(6a)^3}{12} - 2 \times \frac{1.5a(4a)^3}{12} - \frac{3a(2a)^3}{12} = \underline{90a^4} \quad (答え)$$

$$Z = \frac{90a^4}{3a} = \underline{30a^3} \quad (答え)$$

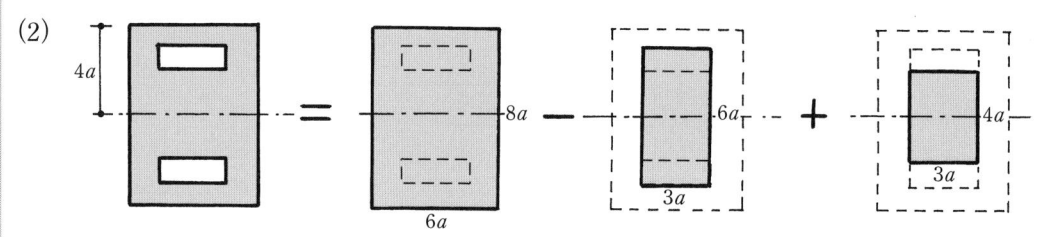

(2)

$$I = \frac{6a(8a)^3}{12} - \frac{3a(6a)^3}{12} + \frac{3a(4a)^3}{12} = \underline{218a^4} \quad (答え)$$

$$Z = \frac{218a^4}{4a} = \underline{54.5a^3} \quad (答え)$$

演習問題 3・3 次に示す断面の中立軸に関する断面2次モーメントを公式4(b)を使って求めなさい。あわせて、断面係数も求めなさい。ただし材質は均一である。

(1) 1200 / 200 / 400 / 中立軸は図心と一致 / 450 300 450 / 単位：mm

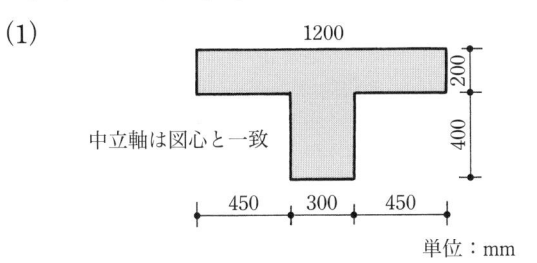

(2) 100 / 100 / 厚5 / 200 / 中立軸X / 200 / 100 / 厚5 / 側面 / 断面

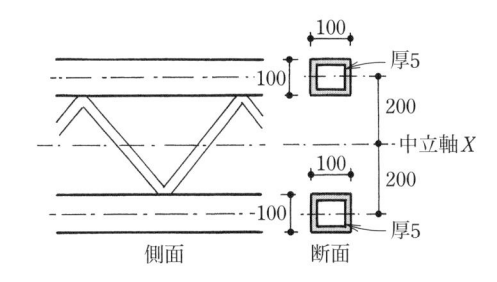

(解答)

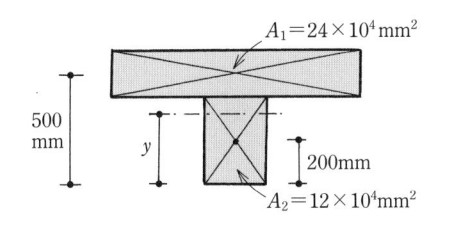

$A_1 = 24 \times 10^4 \text{mm}^2$, 500mm, y, 200mm, $A_2 = 12 \times 10^4 \text{mm}^2$

(1)

まず中立軸位置（図心位置）を求めます。

$$y = \frac{24 \times 10^4 \times 500 + 12 \times 10^4 \times 200}{24 \times 10^4 + 12 \times 10^4} = 400 \text{mm}$$

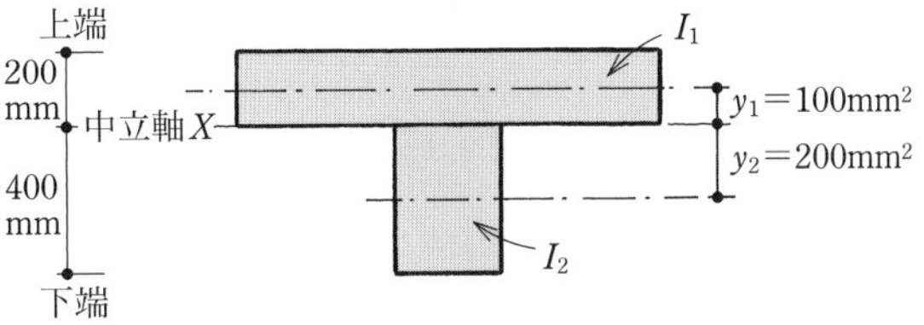

上端 / 200mm / 中立軸X / $y_1 = 100\text{mm}^2$ / 400mm / $y_2 = 200\text{mm}^2$ / 下端 / I_1 / I_2

次に断面を上下に分け、それぞれの断面2次モーメントを求めます。

$$I_1 = \frac{1200(200)^3}{12} = 8.0 \times 10^8 \text{mm}^4$$

$$I_2 = \frac{300(400)^3}{12} = 16 \times 10^8 \text{mm}^4$$

公式 4b を使って I_X を求めます。

$$I_X = (I_1 + A_1 y_1^2) + (I_2 + A_2 y_2^2) = (8.0 \times 10^8 + 24 \times 10^4 \times 100^2) + (16 \times 10^8 + 12 \times 10^4 \times 200^2)$$
$$= 96 \times 10^8 \text{mm}^4 \quad \text{（答え）}$$

中立軸から、上端、下端までの距離が異なるので、断面係数も上下で異なります。

$$Z \text{（上端）} = \frac{96 \times 10^8 \text{mm}^4}{200 \text{mm}} = \underline{4.8 \times 10^7 \text{mm}^3} \quad \text{（答え）}$$

$$Z \text{（下端）} = \frac{96 \times 10^8 \text{mm}^4}{400 \text{mm}} \fallingdotseq \underline{2.4 \times 10^7 \text{mm}^3} \quad \text{（答え）}$$

(2) ロ 断面の断面積 A、断面2次モーメント I_n とすると、公式4bより、

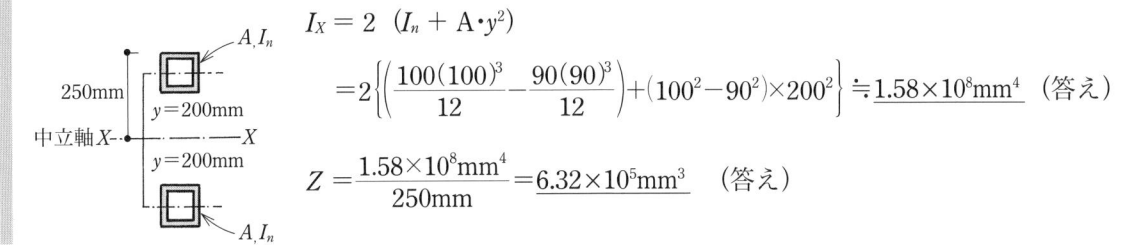

250mm / A, I_n / $y = 200\text{mm}$ / 中立軸X―X / $y = 200\text{mm}$ / A, I_n

$$I_X = 2(I_n + A \cdot y^2)$$
$$= 2\left\{\left(\frac{100(100)^3}{12} - \frac{90(90)^3}{12}\right) + (100^2 - 90^2) \times 200^2\right\} \fallingdotseq \underline{1.58 \times 10^8 \text{mm}^4} \quad \text{（答え）}$$

$$Z = \frac{1.58 \times 10^8 \text{mm}^4}{250 \text{mm}} = \underline{6.32 \times 10^5 \text{mm}^3} \quad \text{（答え）}$$

3・2 ● 応力度

　断面には広がりがあります。一本の矢印で表してきた軸方向力（引張力、圧縮力）、せん断力、曲げモーメントを詳しく観察すると、断面には分布する力が存在することがわかります。これを**応力度**といい、それぞれの力に対して、引張（圧縮）応力度、せん断応力度、曲げ応力度があります。

❶ 引張（圧縮）応力度

　図3・9のように部材に軸方向力を与えてみます。このとき、部材は全体が均一に伸びたり縮んだりします。

(a) 均一に伸びる　　　　　　　　　　(b) 均一に縮む

図3・9　部材を引張る・圧縮する

　均一に伸びたり縮んだりするということは、断面全体に均一な力が発生することを意味します。つまり、部材を引っ張ったり圧縮したりすると、図3・10のように断面全体に均一に分布する力が発生するのです。この力を引張りの場合は**引張応力度** σ_t、圧縮の場合は**圧縮応力度** σ_c といいます（単位：N/mm²）。

　2章で学んだ軸方向力 N は軸方向の応力度 σ の合力にあたり、両者の関係は次式で表すことができます。

$$\sigma \cdot A = N \qquad \cdots\cdots\cdots 式3・5$$

　　ここで　A：断面積

したがって、

引張応力度・圧縮応力度

$$\sigma = \frac{N}{A} \qquad \cdots\cdots 公式6$$

　σ：引張（圧縮）応力度（N/mm²）　　N：軸方向力（N）　　A：断面積（mm²）

となります。

(a) 引張応力度 (b) 圧縮応力度

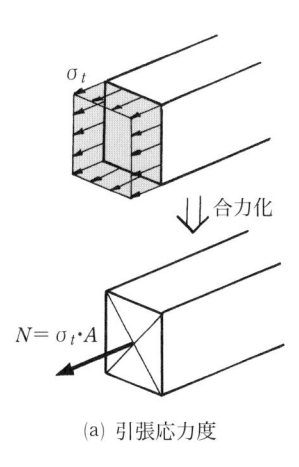

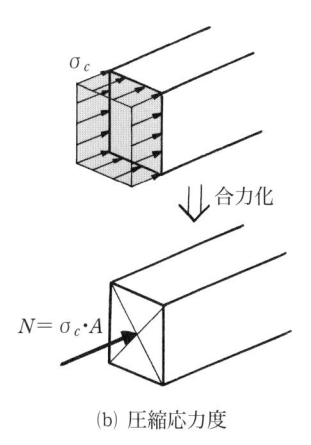

図3・10 軸方向の応力度

引張・圧縮応力度は部材の伸び縮みに関係しています。図3・11のように部材に引張力Nをかけ、元の長さl(mm)に対してΔl(mm)だけ伸びたとします。公式7のように元の長さに対する伸びの割合を**ひずみ度**ε（無次元数）といいます。

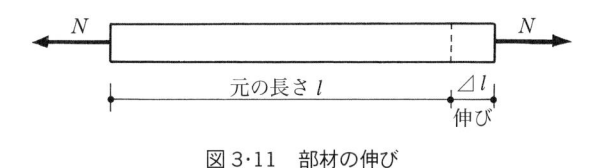

図3・11 部材の伸び

ひずみ度

$$\varepsilon = \frac{\Delta l}{l} \qquad \cdots\cdots\cdots 公式7$$

ε：ひずみ度（無次元）　　l：元の部材長（mm）
Δl：部材の伸びあるいは縮み（mm）

引張・圧縮応力度σとひずみ度εとの間には公式8が成立します。

応力度－ひずみ度関係式

$$\sigma = E \cdot \varepsilon \qquad \cdots\cdots\cdots 公式8$$

σ：引張（圧縮）応力度（N/mm^2）
E：ヤング係数（N/mm^2）　　ε：ひずみ度（無次元）
　弾性係数であり、材種によって定まる

演習問題3・4 図のように力を受ける部材の伸びによる点Cの移動量δ_Cを求めなさい。ただしヤング係数$E = 2.0 \times 10^3 \mathrm{N/mm^2}$とする。

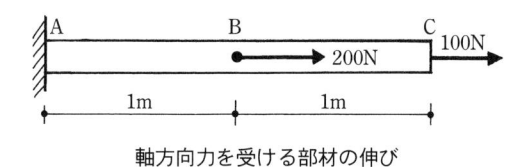

軸方向力を受ける部材の伸び

(解 答) 部材の伸び$\varDelta l$を求める式を導いてみます。

公式8に公式6、公式7を代入します。

$$\sigma = E \cdot \varepsilon \quad \Rightarrow \quad \frac{N}{A} = E \cdot \frac{\varDelta l}{l} \quad \Rightarrow \quad \varDelta l = \frac{Nl}{EA} \quad \cdots\cdots\cdots 式(\mathrm{i})$$

部材の伸びが点Cの移動量になることより、式(i)を使ってそれぞれの力による点Cの移動量δ_1、δ_2を求め、重ね合わせによってδ_Cを求めます。

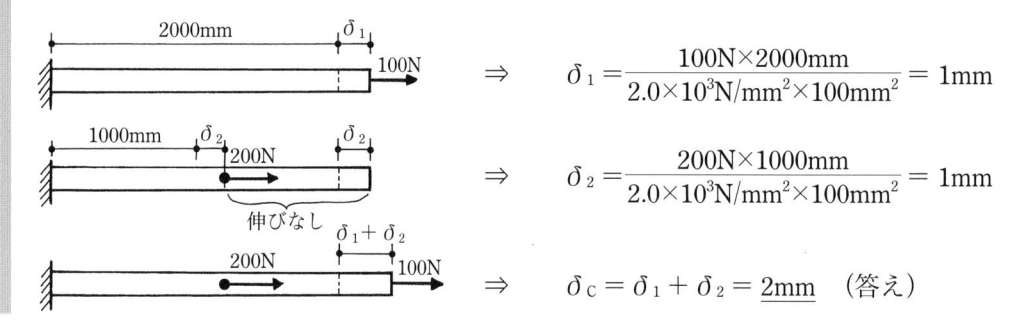

$$\delta_1 = \frac{100\mathrm{N} \times 2000\mathrm{mm}}{2.0 \times 10^3 \mathrm{N/mm^2} \times 100\mathrm{mm^2}} = 1\mathrm{mm}$$

$$\delta_2 = \frac{200\mathrm{N} \times 1000\mathrm{mm}}{2.0 \times 10^3 \mathrm{N/mm^2} \times 100\mathrm{mm^2}} = 1\mathrm{mm}$$

$$\delta_C = \delta_1 + \delta_2 = \underline{2\mathrm{mm}} \quad （答え）$$

2 曲げ応力度

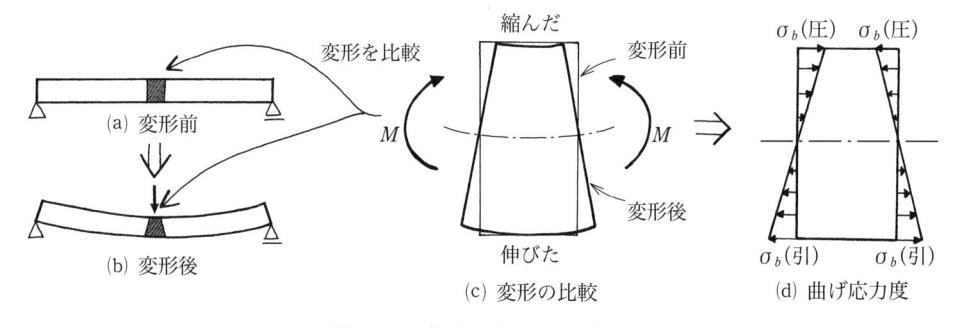

図3・12 曲げを受ける梁の変形

図3・12(a)→(b)のように梁を曲げると長方形から扇形に変形します。図3・12(c)のように変形前と変形後を重ね合わせてみると、上側が縮み、下側は伸びていることがわかります。そして梁中央には伸びも縮みも生じない所があります。ここは中立軸です。伸びているということは引張る力が生じていることを示し、縮んでいるということは圧縮する力が生じていることを意味します。そして、伸び縮みの度合いから中立軸上で力0、上下端で力は最大になることがわかります。この推察をもとに断面に生じる力を描いたものが図3・12(d)です。これが**曲げ応力度**（単位：N/mm²）であり、上下端の最大値を**縁応力度**といい、σ_bで表わします。

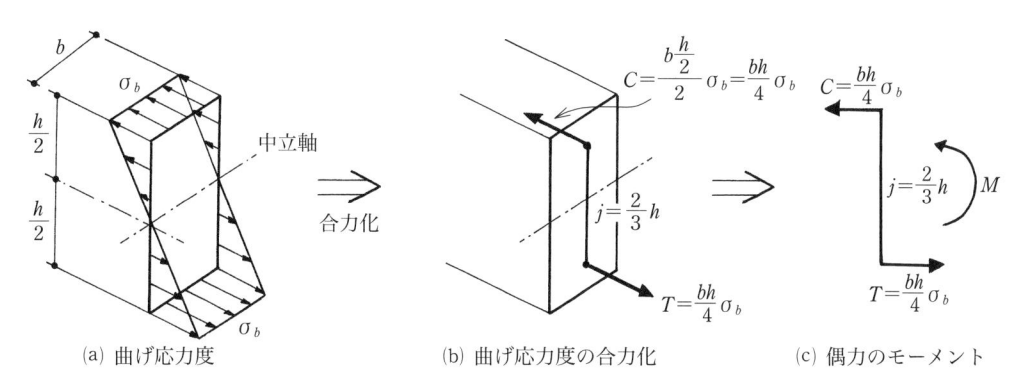

(a) 曲げ応力度

(b) 曲げ応力度の合力化

(c) 偶力のモーメント

図3・13　曲げ応力度と曲げモーメントとの関係

曲げモーメント M は曲げ応力度の合力に相当します。長方形断面について上下端の最大曲げ応力度 σ_b と曲げモーメント M との関係式を導いてみます。図3・13(a)の曲げ応力度を図3・13(b)のように圧縮側、引張側でそれぞれ合力にします。そして図3・13(c)のように偶力のモーメントによって曲げモーメント M を求めます。

$$M = T \cdot j = C \cdot j = \frac{bh}{4}\sigma_b \cdot \frac{2h}{3} \quad \Rightarrow \quad \sigma_b = \frac{M}{\frac{bh^2}{6}} \quad \cdots\cdots\cdots 式3・6$$

式3・6中 $\frac{bh^2}{6}$ は断面係数 Z（公式5b）です。したがって、曲げ応力度と曲げモーメントとの関係は次式となります。

曲げ応力度（縁応力度　上下端での最大値）

$$\sigma_b = \frac{M}{Z} \qquad\qquad\cdots\cdots\cdots 公式9$$

σ_b：曲げ応力度（縁応力度）（N/mm²）　　M：曲げモーメント（N・mm）
Z：断面係数（mm³）

---

3 せん断応力度

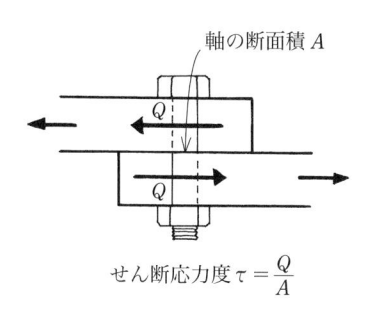

(a) せん断力のみ受ける場合

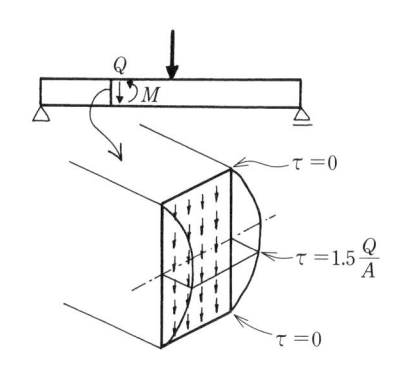

せん断応力度 $\tau = \frac{Q}{A}$

(b) せん断力とともに曲げモーメントを受ける場合

$\tau = 0$
$\tau = 1.5\frac{Q}{A}$
$\tau = 0$

図3・14　せん断応力度

図3・14(a)のようにせん断力のみ受ける場合のせん断応力度τは断面に対して均一であり、公式10aで求めることができます。

せん断応力度（せん断力のみ受ける場合）

$$\tau = \frac{Q}{A} \qquad \cdots\cdots\text{公式 10a}$$

τ：せん断応力度（N/mm²）　　Q：せん断力（N）　　A：断面積（mm²）

せん断力とともに曲げモーメントも生じている部材の場合、せん断応力度τは均一にならず、長方形断面の場合、図3・14(b)のように上下端で0、中央で最大値（公式10b）となります。

せん断応力度（中央での最大値）（せん断力とともに曲げモーメントが生じている場合）

$$\tau = 1.5 \frac{Q}{A} \qquad \cdots\cdots\text{公式 10b}$$

τ：せん断応力度（最大値）（N/mm²）　　Q：せん断力（N）　　A：断面積（mm²）

図3・15のように厚さΔxの要素を部材から切り出し、せん断応力度と曲げ応力度の力の釣り合いを考えて公式10bを導いてみます。図3・15について水平方向の力の釣り合い式をたてます。

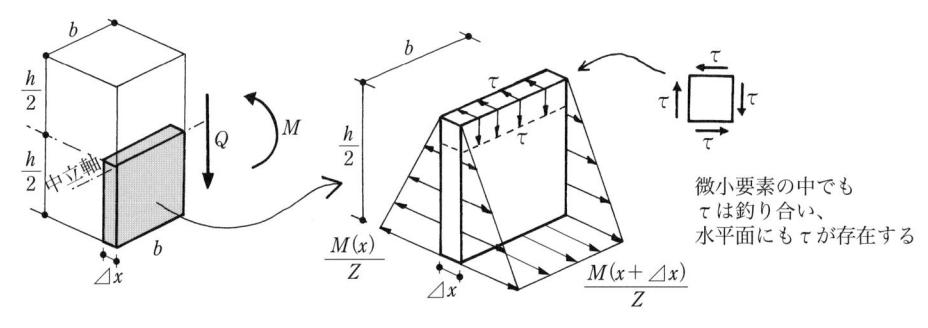

図3・15　せん断応力度と曲げ応力度との関係

$$\Sigma X = 0: \quad -b \cdot \Delta x \cdot \tau - b \cdot \frac{h}{2} \cdot \frac{M(x)}{Z} \cdot \frac{1}{2} + b \cdot \frac{h}{2} \cdot \frac{M(x+\Delta x)}{Z} \cdot \frac{1}{2} = 0 \qquad \cdots\cdots\text{式 3・7}$$

式3・7に$Z = \frac{bh^2}{6}$を代入し整理すると、

$$\tau = \frac{3}{2bh} \cdot \frac{M(x+\Delta x) - M(x)}{\Delta x} \qquad \cdots\cdots\text{式 3・8}$$

式3・8においてせん断力$Q = \frac{M(x+\Delta x) - M(x)}{\Delta x}$（p.51 参照）　および　断面積$A = bh$　であることより、　$\tau = 1.5 \frac{Q}{A}$　となります。

4 許容応力度

材料には、これ以上力がかかると変形が戻らなくなったり、ひびが入ったりする限界値があります。設計をする上で部材にこのような損傷が生じないように、限界値より小さな値がその材料の許容値として定められています。この許容値のことを**許容応力度**といいます。

コンクリート、鋼材の許容応力度の概念を応力度－ひずみ度曲線を使って図3・16に示します。基準となる強度 F に対して許容応力度が定められています。

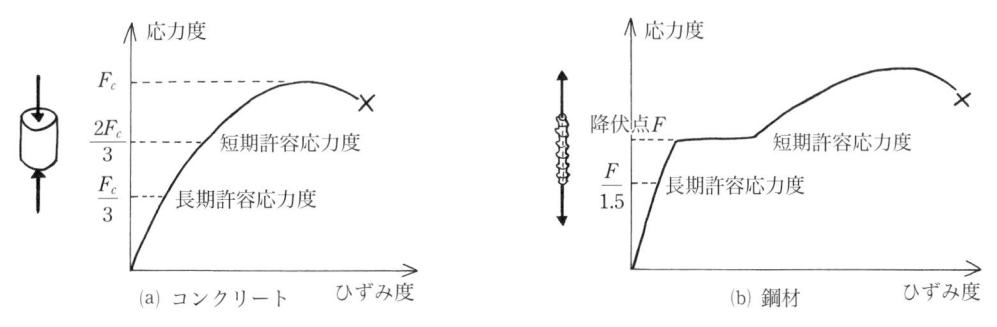

図3・16 許容応力度の概念

構造設計では、構造部材に発生する応力度が、許容応力度以下であれば部材に損傷は起こらず安全であると判断します。この設計法を**許容応力度設計**といいます。

演習問題3・5 図の単純梁に生じるせん断応力度、曲げ応力度を求め、許容応力度設計の観点から梁の安全性を検討しなさい。もし、再検討を必要とする場合は方策を考えなさい。

ただし、許容せん断応力度 $f_s = 5\text{N/mm}^2$、許容曲げ応力度 $f_b = 24\text{N/mm}^2$ とする。

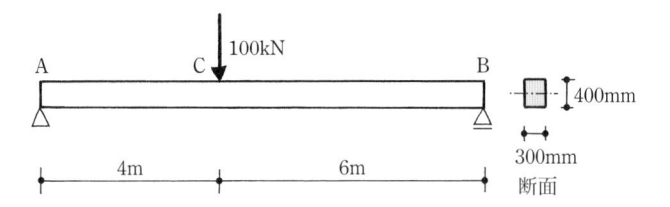

（解　答）　①せん断力図、曲げモーメント図を描きます。

それぞれの図から最大値 Q_{max}、M_{max} を読み取ります。

せん断図　　　　　　　　　曲げモーメント図

$Q_{max} = 60\text{kN}$、$M_{max} = 240\text{kN}\cdot\text{m}$

最大値を読み取る

②断面積 A、断面係数 Z を求めます。

$$A = 300 \times 400 = 120 \times 10^3 \text{mm}^2 \qquad Z = \frac{300 \times 400^2}{6} = 8 \times 10^6 \text{mm}^3$$

③最大せん断応力度 τ_{max}、最大曲げ応力度 σ_{bmax} を求め、許容応力度との比較により梁の安全性を確認します。

$$\tau_{max} = 1.5 \frac{Q_{max}}{A} = 1.5 \frac{60 \times 10^3 \text{N}}{120 \times 10^3 \text{mm}^2} = 0.75 \text{N/mm}^2 \quad < f_s = 5 \text{N/mm}^2 \quad \text{OK} \quad \bigcirc$$

$$\sigma_{bmax} = \frac{M_{max}}{Z} = \frac{240 \times 10^6 \text{N} \cdot \text{mm}}{8 \times 10^6 \text{mm}^3} = 30 \text{N/mm}^2 \quad > f_b = 24 \text{N/mm}^2 \qquad \text{NG} \quad \times$$

となり、曲げ応力度が許容応力度を超え、再検討が必要になりました。

（再検討）曲げ応力度を小さくして許容応力度以下に抑える必要があります。そのためには断面係数 Z を大きくしなければなりません。梁せい h を変数として検討してみましょう。

$$\frac{M}{Z} = \frac{240 \times 10^6 \text{N} \cdot \text{mm}}{\frac{300 \times h^2}{6}} \leqq 24 \text{N/mm}^2 \quad \Rightarrow \quad h \geqq 448 \text{mm}$$

となりますので、梁せい $h = 450$mm として再度曲げ応力度の検討をします。

$$\frac{M}{Z} = \frac{240 \times 10^6 \text{N} \cdot \text{mm}}{\frac{300 \times 450^2}{6}} = 23.7 \text{N/mm}^2 \leqq f_b = 24 \text{N/mm}^2 \quad \text{OK} \quad \bigcirc$$

5 許容曲げモーメント

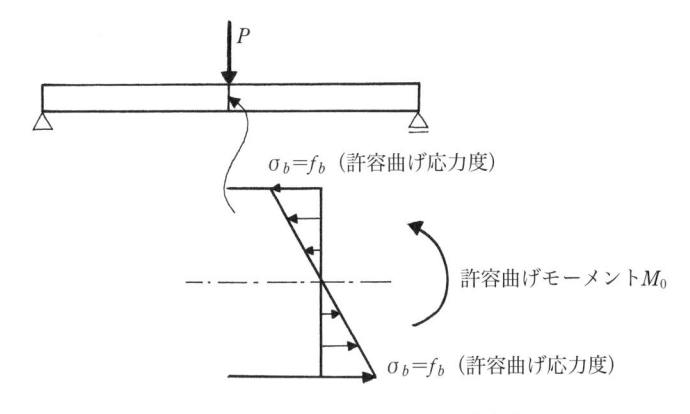

図3・17　許容曲げモーメントと応力度

梁にかける力 P を徐々に大きくしていくと、やがて図3・17のように縁応力度が許容曲げ応力度 f_b に達するときがきます。このときの曲げモーメントの値を**許容曲げモーメント M_0** といいます。公式9より許容曲げ応力度 f_b と許容曲げモーメント M_0 との関係は式3・9のようになります。

$$f_b = \frac{M_0}{Z} \qquad\qquad\qquad\qquad \cdots\cdots\cdots\text{式3・9}$$

式3・9を次のように変形すれば許容曲げモーメント M_0 を求めることができます。

許容曲げモーメント

$M_0 = f_b \cdot Z$ ……… 公式11

M_0：許容曲げモーメント（N・mm）　　f_b：許容曲げ応力度（N/mm²）

Z：断面係数（mm³）

許容応力度は材料によって決まる数値ですから、材質を変えなければ断面係数 Z が大きいほど、許容曲げモーメント M_0 は大きくなり、部材は曲げに対して強くなります。

演習問題3・6　図のような梁を作るため、(a)、(b)、(c) 3種類の断面（断面積は等しい）を持つ部材を用意しました。どの断面で作れば曲げに対して最も強い梁になりますか。

（解　答）

断面係数が最も大きい梁が最も曲げに対して強い梁であるから断面係数を比較すればよい。

$$Z_a = \frac{400 \times 600^2}{6} = \underline{2.4 \times 10^7 \text{mm}^3}$$

$$I_b = \frac{800(600)^3}{12} - \frac{600(400)^3}{12} = 1.12 \times 10^{10} \text{mm}^4 \quad \Rightarrow \quad Z_b = \frac{1.12 \times 10^{10}}{300} \fallingdotseq \underline{3.7 \times 10^7 \text{mm}^3}$$

$$I_c = \frac{600(800)^3}{12} - \frac{400(600)^3}{12} = 1.84 \times 10^{10} \text{mm}^4 \quad \Rightarrow \quad Z_c = \frac{1.84 \times 10^{10}}{400} \fallingdotseq \underline{4.6 \times 10^7 \text{mm}^3}$$

$Z_c > Z_b > Z_a$ となり、(c)を使えば最も曲げに対して強い梁ができます。　　（答え）

6 曲げ応力度と引張・圧縮応力度との組み合わせ

曲げ応力度と引張・圧縮応力度はともに断面に対して垂直方向の応力度です。そのため、それらは総じて**垂直応力度**とも呼ばれます。一般的に構造物の柱には、垂直応力度として曲げ応力度と圧縮応力度が同時にかかります。ここでは両者を同時に受ける柱の応力度について解説します。

(a) 曲げ　　　　　　　　　(b) 圧縮　　　　　　　　　(c) 曲げ＋圧縮

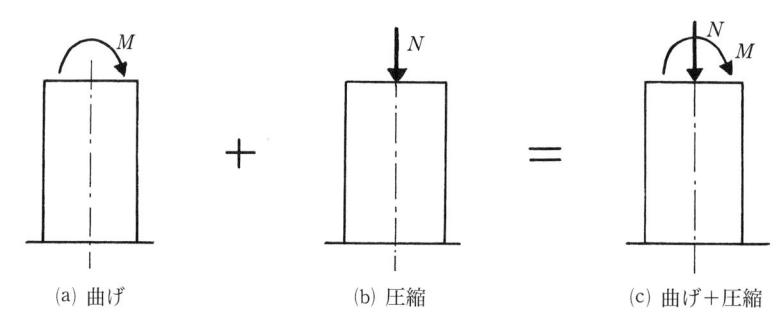

図3·18　曲げモーメントと圧縮力を同時に受ける柱

曲げと圧縮を組み合わせて計算するときは、図3·18のように重ね合わせの原理を利用します。曲げ応力度と圧縮応力度の大小関係により次のような2つの応力度状態が現れます。

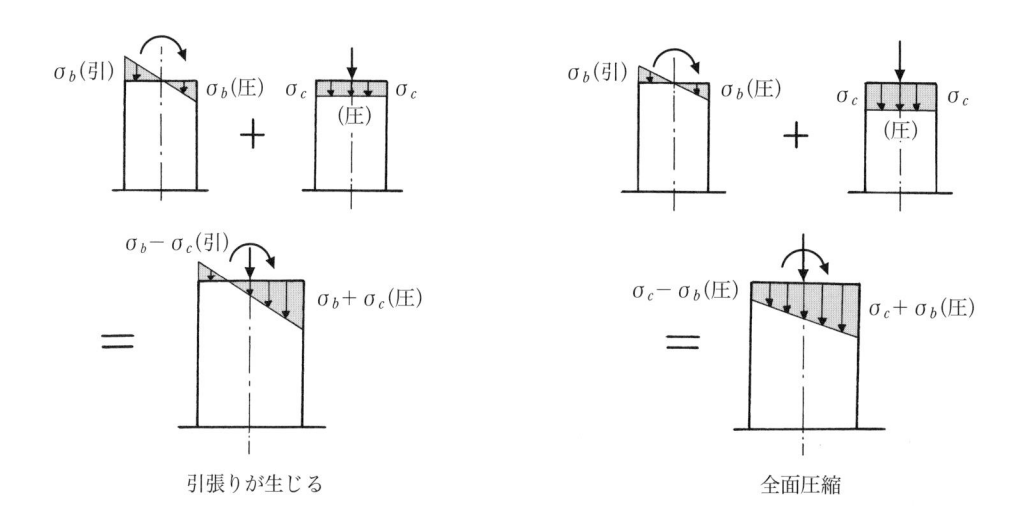

引張りが生じる　　　　　　　　　　　　　　　全面圧縮

図3·19(a)　曲げ応力度 σ_b ＞圧縮応力度 σ_c の場合　　　　図3·19(b)　圧縮応力度 σ_c ＞曲げ応力度 σ_b の場合

演習問題 3·7　次の柱の $a-a$ 断面における垂直応力度の分布を描きなさい。

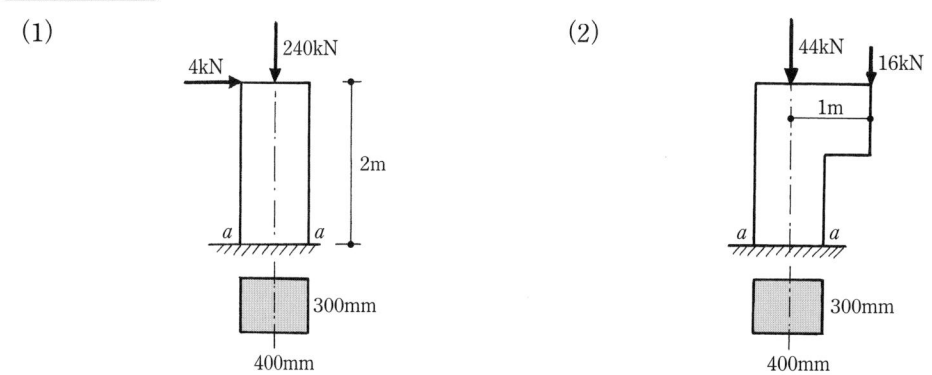

(1) 4kN, 240kN, 2m, 300mm, 400mm

(2) 44kN, 16kN, 1m, 300mm, 400mm

(解　答)

柱の断面は(a)、(b)共通です。断面積 A、断面係数 Z を求めておきます。

$$A = 300 \times 400 = 120 \times 10^3 \text{mm}^2 \qquad Z = \frac{300 \times 400^2}{6} = 8 \times 10^6 \text{mm}^3$$

(1)

曲げモーメント $M = 4\text{kN} \times 2\text{m} = 8\text{kN}\cdot\text{m}$
$= 8 \times 10^6 \text{N}\cdot\text{mm}$

曲げ応力度 $\sigma_b = \dfrac{M}{Z}$

$= \dfrac{8 \times 10^6 \text{N}\cdot\text{mm}}{8 \times 10^6 \text{mm}^3} = 1\text{N/mm}^2$

圧縮力 $N = 240\text{kN} = 240 \times 10^3 \text{N}$

圧縮応力度 $\sigma_c = \dfrac{N}{A}$

$= \dfrac{240 \times 10^3 \text{N}}{120 \times 10^3 \text{mm}^2} = 2\text{N/mm}^2$

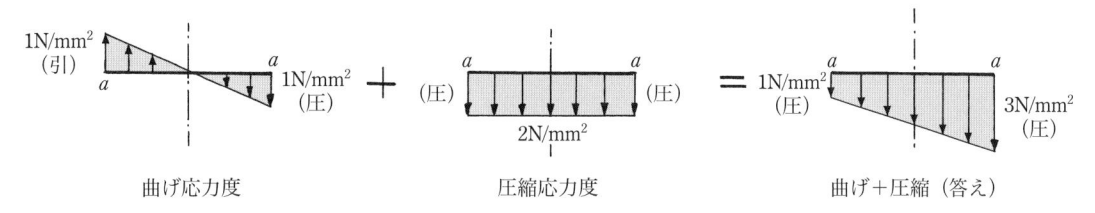

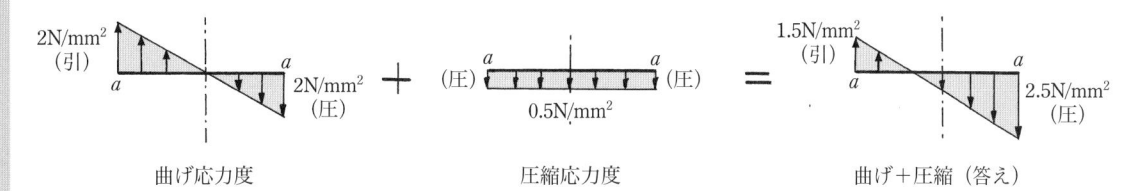

曲げ応力度　＋　圧縮応力度　＝　曲げ＋圧縮（答え）

(2)

曲げモーメント $M = 16\text{kN} \times 1\text{m} = 16\text{kN}\cdot\text{m}$
$= 16 \times 10^6 \text{N}\cdot\text{mm}$

曲げ応力度 $\sigma_b = \dfrac{M}{Z}$

$= \dfrac{16 \times 10^6 \text{N}\cdot\text{mm}}{8 \times 10^6 \text{mm}} = 2\text{N/mm}^2$

圧縮力 $N = 44 + 16 = 60\text{kN} = 60 \times 10^3 \text{N}$

圧縮応力度 $\sigma_c = \dfrac{N}{A}$

$= \dfrac{60 \times 10^3 \text{N}}{120 \times 10^3 \text{mm}^2} = 0.5\text{N/mm}^2$

曲げ応力度　＋　圧縮応力度　＝　曲げ＋圧縮（答え）

●偏心荷重を受ける柱

　図3・20のように柱中心から距離 e だけ離れた位置に集中荷重 P をかけてみます。このように中心から離れた位置の荷重を**偏心荷重**、距離 e を**偏心距離**といいます。偏心荷重を受ける柱は図3・21のように曲げと圧縮を同時に受ける柱として考えることができます。

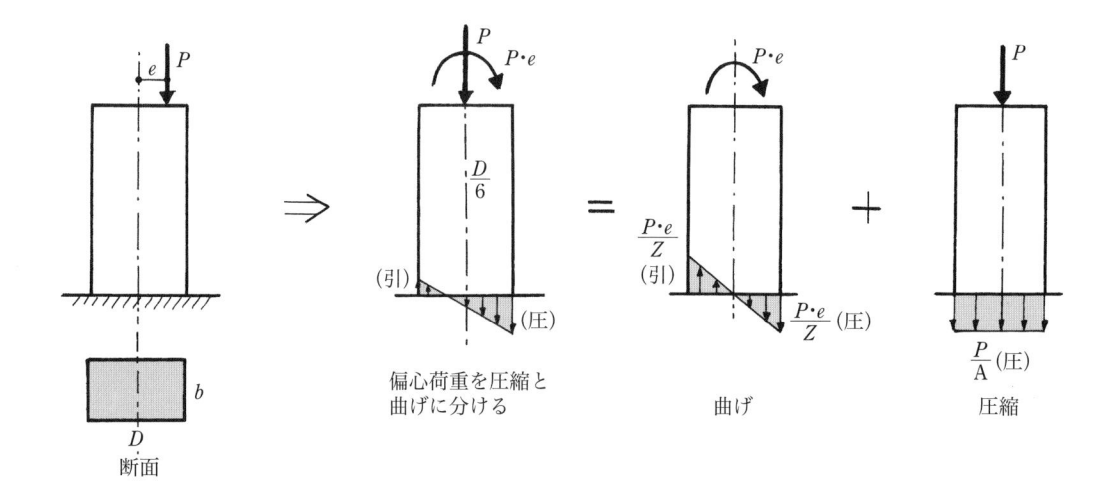

図 3・20　偏心荷重を受ける柱　　　　　　　　　図 3・21　偏心荷重を受ける柱の考え方

偏心荷重を受ける柱（図 3・20）について、断面が全面圧縮になる場合の偏心距離 e の条件を求めてみましょう。全面圧縮になるためには図 3・19(b)に示したように圧縮応力度 σ_c ＞曲げ応力度 σ_b が条件となります。

$\sigma_c > \sigma_b$ となる e の条件を求めてみます。

$$\sigma_c > \sigma_b \;\Rightarrow\; \frac{P}{A} > \frac{P \cdot e}{Z} \;\Rightarrow\; \frac{P}{b \cdot D} > \frac{P \cdot e}{\frac{bD^2}{6}} \;\Rightarrow\; e < \frac{D}{6}$$

e が $\frac{d}{6}$ を下回れば柱には圧縮しか生じないことになります。

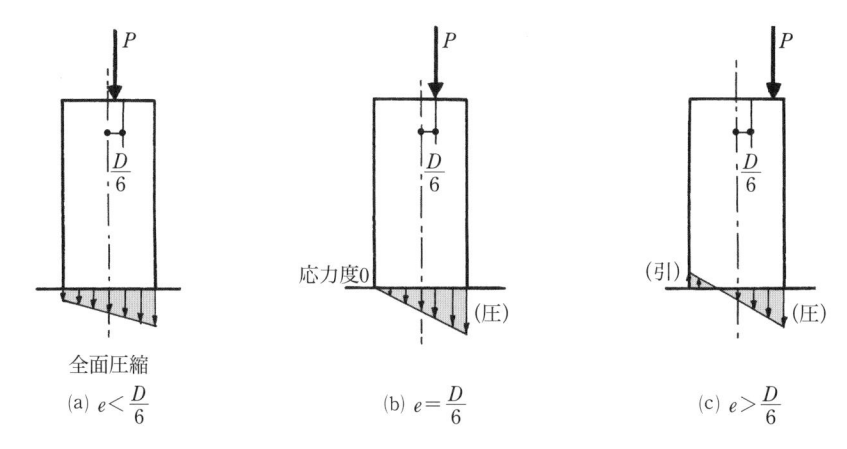

(a) $e < \dfrac{D}{6}$　全面圧縮

(b) $e = \dfrac{D}{6}$

(c) $e > \dfrac{D}{6}$

図 3・22　偏心距離 e と垂直応力度との関係

演習問題 3·8 図のように、隅に偏心荷重 P を受ける柱の垂直応力度の分布状態を描きなさい。

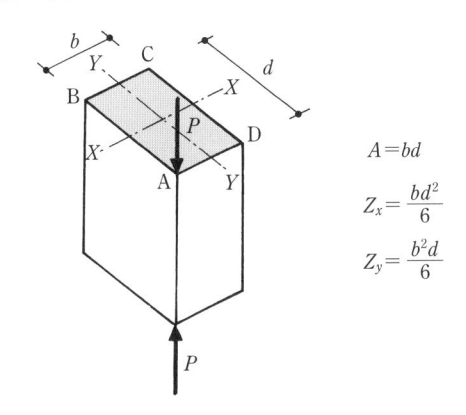

$A = bd$

$Z_x = \dfrac{bd^2}{6}$

$Z_y = \dfrac{b^2 d}{6}$

柱隅に集中荷重を受ける柱

(解答) X、Y 両軸から離れた位置に荷重を受ける場合は X 軸に関する曲げモーメント $M_x = \dfrac{P \cdot d}{2}$、$Y$ 軸に関する曲げモーメント $M_y = \dfrac{P \cdot b}{2}$ および圧縮力 P の組み合わせとなります。それぞれ

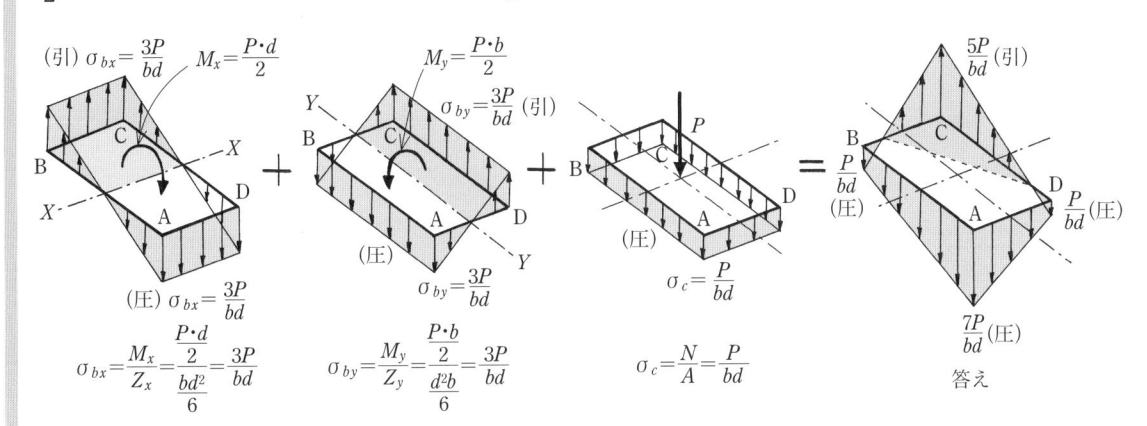

$$\sigma_{bx} = \dfrac{M_x}{Z_x} = \dfrac{\dfrac{P \cdot d}{2}}{\dfrac{bd^2}{6}} = \dfrac{3P}{bd}$$

$$\sigma_{by} = \dfrac{M_y}{Z_y} = \dfrac{\dfrac{P \cdot b}{2}}{\dfrac{d^2 b}{6}} = \dfrac{3P}{bd}$$

$$\sigma_c = \dfrac{N}{A} = \dfrac{P}{bd}$$

の応力度を重ね合わせることによって答えを得ます。

M_x と M_y と P の重ね合わせ

演習問題 3·9 図のように X、Y 軸から離れた任意の位置 (x, y) に圧縮力をかけるとき、全面圧縮になる荷重点の範囲を断面内に図示しなさい。

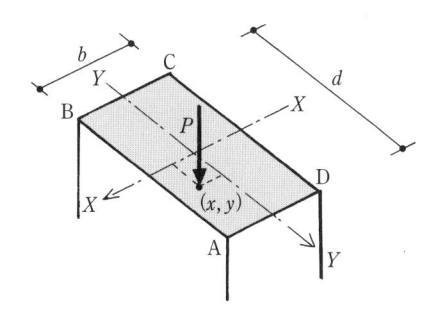

X、Y 両軸から隔たった荷重

（解　答）　全面圧縮になるためには柱の四隅の応力度がすべて圧縮になることが条件となります。
先の 演習問題 3・8 と同じように M_x と M_y と P に分けて考え、組み合わせた四隅の応力度がすべて 0 より小さく（圧縮を－とする）になる条件式を導きます。

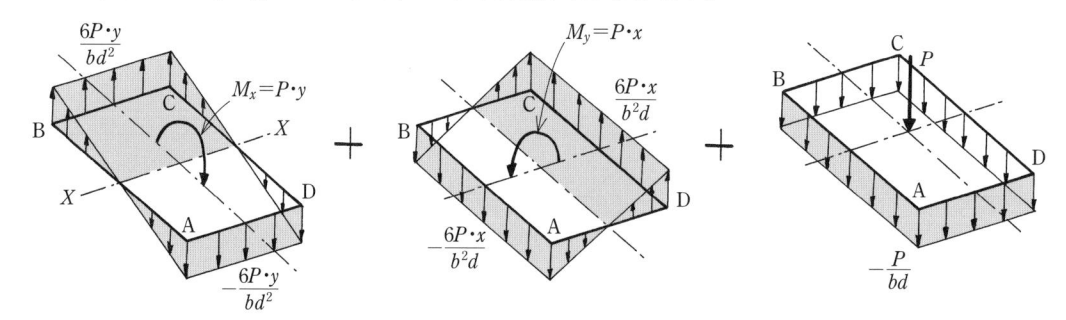

M_x と M_y と P の重ね合わせ

点 A について：$-\dfrac{6P \cdot y}{bd^2} - \dfrac{6P \cdot x}{b^2 d} - \dfrac{P}{bd} < 0 \Rightarrow y > -\dfrac{d}{b}x - \dfrac{d}{6}$

点 B について：$\dfrac{6P \cdot y}{bd^2} - \dfrac{6P \cdot x}{b^2 d} - \dfrac{P}{bd} < 0 \Rightarrow y < \dfrac{d}{b}x + \dfrac{d}{6}$

点 C について：$\dfrac{6P \cdot y}{bd^2} + \dfrac{6P \cdot x}{b^2 d} - \dfrac{P}{bd} < 0 \Rightarrow y < -\dfrac{d}{b}x + \dfrac{d}{6}$

点 D について：$-\dfrac{6P \cdot y}{bd^2} + \dfrac{6P \cdot x}{b^2 d} - \dfrac{P}{bd} < 0 \Rightarrow y > \dfrac{d}{b}x - \dfrac{d}{6}$

以上すべてを満たす範囲を断面中に示すと下図のようになります。このように集中荷重によって全面圧縮になる範囲を**断面の核**といいます。

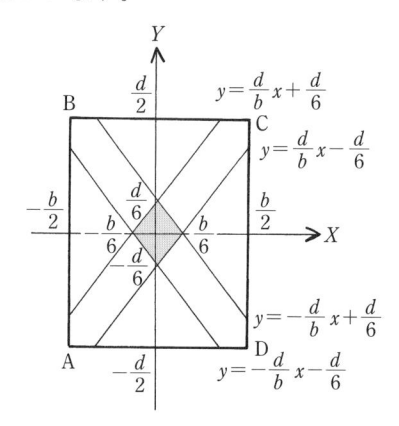

集中荷重によって全面圧縮になる範囲（断面の核）

4 不静定構造の解き方

本章では不静定構造の解き方を解説してきます。不静定構造は p.16 にも示しましたように力の釣り合い式だけでは解けない構造物です。これを解くためには、力の釣り合い式に加えて変形を利用します。部材が変形しているということは、そこに力が存在することを意味します。変形の情報は力の情報でもあるのです。

不静定構造を解くために必要なもの
　　力の釣り合い式　＋　変形の情報（変形の適合条件式）

不静定構造の解き方の発端として片持ち梁のたわみ・たわみ角式を紹介します。それらを単純梁のたわみ・たわみ角式へ、さらに不静定梁の解法へと拡張していきます。最終的に不静定ラーメンの解法へ辿りついてみましょう。

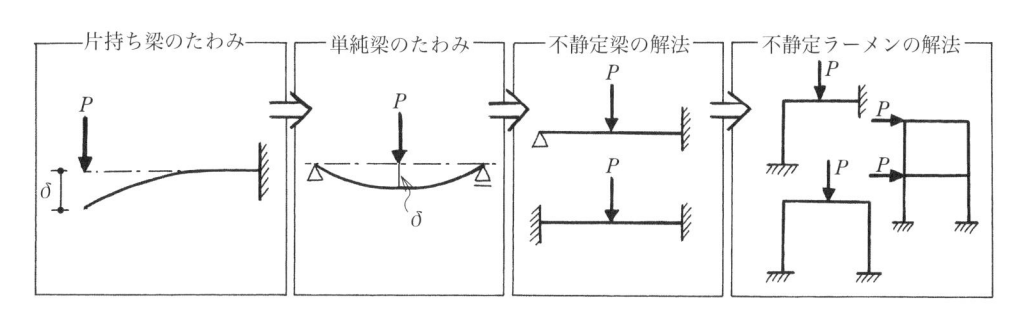

図 4·1　本章の流れ

▶ 第 4 章　不静定構造の解き方

4・1 ● たわみ・たわみ角

■1 単純梁のたわみ・たわみ角

　たわみとは力によってわん曲した梁の押し下げられた量（単位：mm）であり、**たわみ角**とはそのときの梁の傾き角（単位：rad）です。図4・2に荷重条件の異なる片持ち梁について、たわみ・たわみ角の算定式を示します。なお、本章ではヤング係数をE、断面2次モーメントをIとして計算を進めます。

(a) モーメント荷重 M	(b) 集中荷重 P	(c) 分布荷重 w
たわみ式 $\delta = \dfrac{Ml^2}{2EI}$	$\delta = \dfrac{Pl^3}{3EI}$	$\delta = \dfrac{wl^4}{8EI}$
たわみ角式 $\theta = \dfrac{Ml}{EI}$	$\theta = \dfrac{Pl^2}{2EI}$	$\theta = \dfrac{wl^3}{6EI}$

注）片持ち梁のたわみ・たわみ角の求め方については、p.191～195を参照

図4・2　片持ち梁のたわみδ・たわみ角θ基本式

　片持ち梁のたわみ・たわみ角式を利用して、単純梁へと発展させてみましょう。

1）両端にモーメント荷重を受ける場合

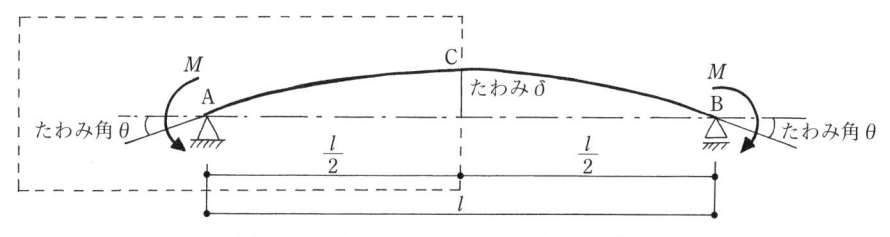

図4・3　両端にモーメント荷重を受ける単純梁

　変形の特徴をつかんでみましょう。単純梁の変形の中に片持ち梁の変形を見出してみるのです。図4・3の点線枠のように単純梁を中央で分け、片側に注目してみます。すると、図4・4のような先端にモーメント荷重を受ける片持ち梁の変形が現れます。図4・2(a)のたわみ・たわみ角式を図4・4に適用し、単純梁のたわみ式、たわみ角式を求めてみます。

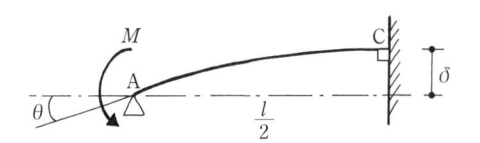

図4・4　単純梁の変形から片持ち梁の変形を取り出す

単純梁のたわみ式の算定（両端にモーメント荷重を受ける場合）

$$\delta = \left[基本式\ \frac{Ml^2}{2EI} \right] = \frac{M\left(\frac{l}{2}\right)^2}{2EI} = \frac{Ml^2}{8EI} \qquad \cdots\cdots\cdots 式4\cdot1a$$

単純梁のたわみ角式の算定（両端にモーメント荷重を受ける場合）

$$\theta = \left[基本式\ \frac{Ml}{EI} \right] = \frac{M\left(\frac{l}{2}\right)}{EI} = \frac{Ml}{2EI} \qquad \cdots\cdots\cdots 式4\cdot1b$$

2） 中央に集中荷重を受ける場合

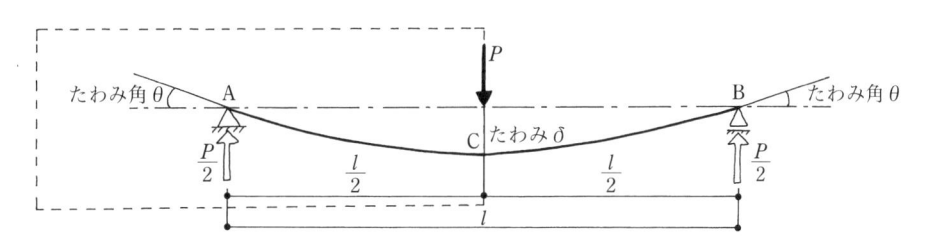

図4・5　中央に集中荷重を受ける単純梁

　モーメント荷重の場合と同様に、単純梁の変形の中に片持ち梁の変形を見出してみます。図4・5の点線枠内のように単純梁を中央で分け、片側に注目してみます。反力を外力とみなすと図4・6のように集中荷重を受ける片持ち梁の変形が現れます。図4・2(b)のたわみ・たわみ角式を図4・6に適用し、単純梁のたわみ・たわみ角式を求めます。

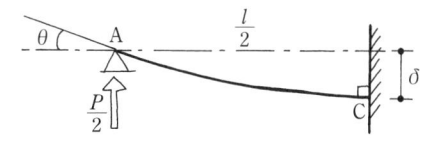

図4・6　単純梁の変形から片持ち梁の変形を取り出す

> **単純梁のたわみ式の算定（中央に集中荷重を受ける場合）**
>
> $$\delta = \left[基本式 \frac{Pl^3}{3EI} \right] = \frac{\frac{P}{2}\left(\frac{l}{2}\right)^3}{3EI} = \frac{Pl^3}{48EI} \qquad \cdots\cdots 式 4\cdot 2a$$

> **単純梁のたわみ角式の算定（中央に集中荷重を受ける場合）**
>
> $$\theta = \left[基本式 \frac{Pl^2}{2EI} \right] = \frac{\frac{P}{2}\left(\frac{l}{2}\right)^2}{2EI} = \frac{Pl^2}{16EI} \qquad \cdots\cdots 式 4\cdot 2b$$

3）分布荷重を受ける場合

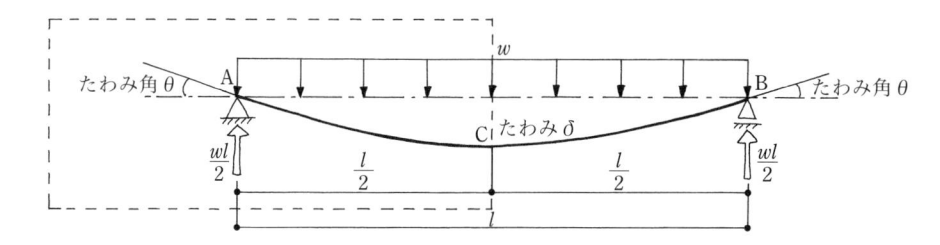

図4・7　分布荷重を受ける単純梁

　同様に、分布荷重を受ける場合について考えてみましょう。単純梁の変形の中に片持ち梁の変形を見出してみます。図4・7の点線枠内のように単純梁を中央で分け、片側に注目してみます。すると、図4・8のように梁先端に集中荷重（反力）を受け、梁全体に分布荷重を受ける片持ち梁が現れます。

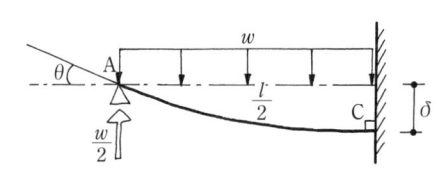

図4・8　単純梁の変形から片持ち梁の変形を取り出す

　図4・9のように反力を集中荷重と考え、集中荷重によるたわみ δ_1、たわみ角 θ_1、分布荷重によるたわみ δ_2、たわみ角 θ_2 を求めます。最後にそれぞれのたわみ、たわみ角を重ね合わせることによって答えを得ます。

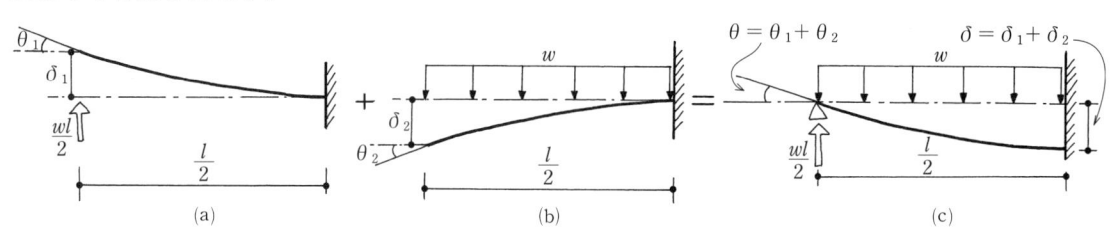

図4・9　重ね合わせの原理の利用

単純梁のたわみ式の算定（分布荷重の場合）

ここでは、たわみは上向きを＋として計算しています。

(c) $\delta = \delta_1 + \delta_2$

$= \dfrac{wl^4}{48EI} - \dfrac{wl^4}{128EI}$

$= \dfrac{5wl^4}{384EI}$

………式 4・3a

⇐ (a) $\delta_1 = \left[\text{基本式} \dfrac{Pl^3}{3EI}\right] = \dfrac{\frac{wl}{2}\left(\frac{l}{2}\right)^3}{3EI} = \dfrac{wl^4}{48EI}$ ………式 4・4a

(b) $\delta_2 = \left[\text{基本式} \dfrac{wl^4}{8EI}\right] = -\dfrac{w\left(\frac{l}{2}\right)^4}{8EI} = -\dfrac{wl^4}{128EI}$ ………式 4・5a

単純梁のたわみ角式の算定（分布荷重の場合）

ここでは、たわみ角は時計回りを＋として計算しています。

(c) $\theta = \theta_1 + \theta_2$

$= \dfrac{wl^3}{16EI} - \dfrac{wl^3}{48EI}$

$= \dfrac{wl^3}{24EI}$

………式 4・3b

⇐ (a) $\theta_1 = \left[\text{基本式} \dfrac{Pl^2}{2EI}\right] = \dfrac{\frac{wl}{2}\left(\frac{l}{2}\right)^2}{2EI} = \dfrac{wl^3}{16EI}$ ………式 4・4b

(b) $\theta_2 = \left[\text{基本式} \dfrac{wl^3}{6EI}\right] = -\dfrac{w\left(\frac{l}{2}\right)^3}{6EI} = -\dfrac{wl^3}{48EI}$ ………式 4・5b

演習問題 4・1 下図のような両端に時計回りのモーメント荷重 M を受ける単純梁(a)のたわみ角 θ_1 と片側に時計回りのモーメント荷重 M を受ける単純梁(b)のたわみ角 θ_2、θ_3 を求めなさい。

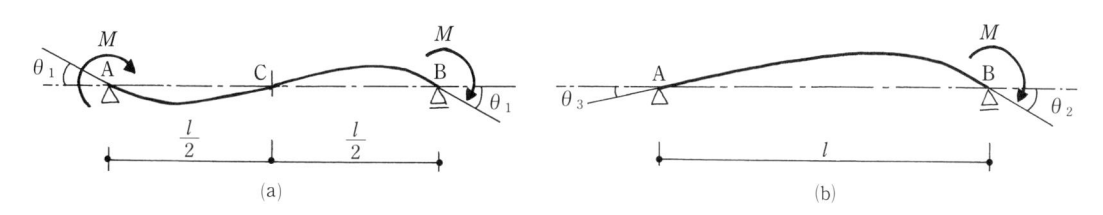

(**解 答**) 下図のように梁(a)、梁(b)の変形を比較すると、梁(a)点線枠内の変形と梁(b)の変形が同じ形であることがわかります。

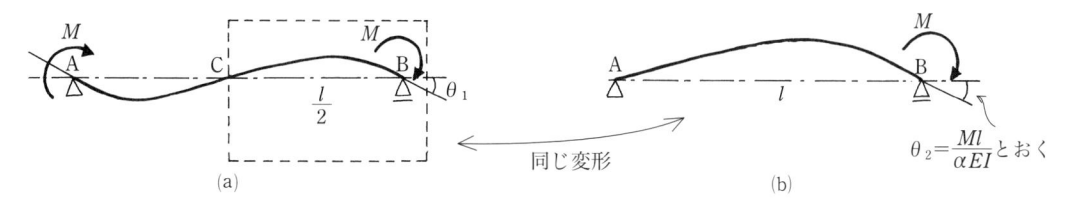

$\theta_2 = \dfrac{Ml}{\alpha EI}$ とおく

梁の変形比較

そこで $\theta_2 = \dfrac{Ml}{\alpha EI}$ （αは未知の定数）とおいて、θ_1 に適用すると、

$$\theta_1 = \dfrac{M\left(\dfrac{l}{2}\right)}{\alpha EI} = \dfrac{1}{2} \cdot \dfrac{Ml}{\alpha EI} = \dfrac{1}{2}\theta_2 \quad \cdots\cdots(\mathrm{i})$$

θ_1 は θ_2 の $\dfrac{1}{2}$ という関係を導くことができます。

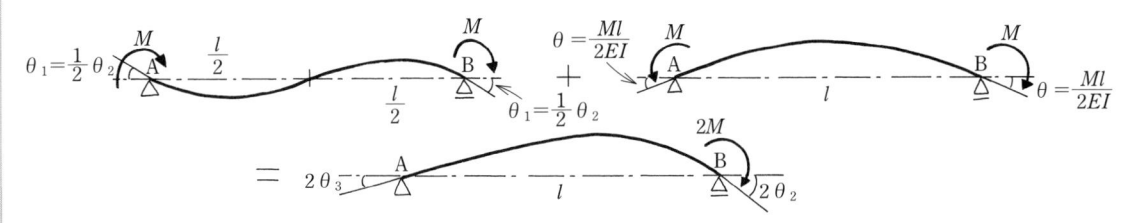

重ね合わせの原理を利用

次に上図のように梁(a)と両端にモーメント荷重を受ける単純梁を重ね合わせてみます。この重ね合わせによって、片側（点B）にモーメント荷重 $2M$ を受ける単純梁が現れます。このたわみ角はモーメント荷重 M の場合のたわみ角 θ_2、θ_3 の2倍（$2\theta_2$、$2\theta_3$）にあたることより、次のように点A、点Bに関する式をたてることができます。2つの式を連立して解くと θ_2、θ_3 が得られます。

$$\begin{cases} 点Aについて \quad -\dfrac{1}{2}\theta_2 + \dfrac{Ml}{2EI} = 2\theta_3 \\ 点Bについて \quad \dfrac{1}{2}\theta_2 + \dfrac{Ml}{2EI} = 2\theta_2 \end{cases} \Rightarrow \begin{cases} \theta_2 = \dfrac{Ml}{3EI} \quad （答え）\\ \theta_3 = \dfrac{Ml}{6EI} \quad （答え） \end{cases}$$

式（i）より　$\theta_1 = \dfrac{\theta_2}{2} = \dfrac{Ml}{6EI}$ （答え）

以上、算出した単純梁のたわみ・たわみ角式を図4・10にまとめておきます。

(a) $\delta = \dfrac{Ml^2}{8EI}$, $\theta = \dfrac{Ml}{2EI}$

(b) $\delta = \dfrac{Pl^3}{48EI}$, $\theta = \dfrac{Pl^2}{16EI}$

(c) $\delta = \dfrac{5wl^4}{384EI}$, $\theta = \dfrac{wl^3}{24EI}$

(d) $\theta = \dfrac{Ml}{6EI}$

(e) $\theta_A = \dfrac{1}{2}\theta_B = \dfrac{Ml}{6EI}$, $\theta_B = \dfrac{Ml}{3EI}$

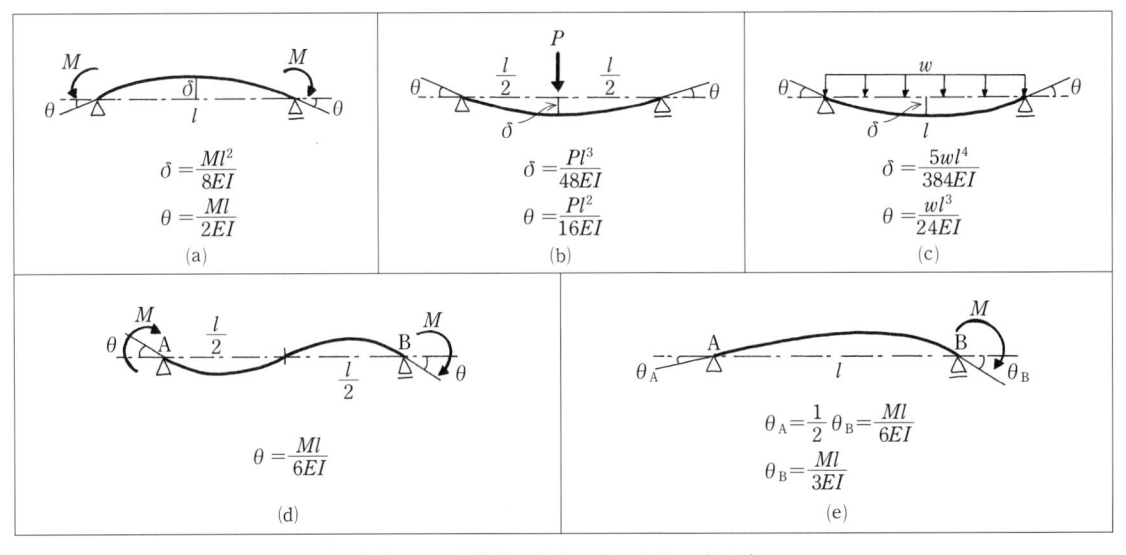

図4・10　単純梁のたわみ δ・たわみ角 θ 式

2 傾斜によるたわみ

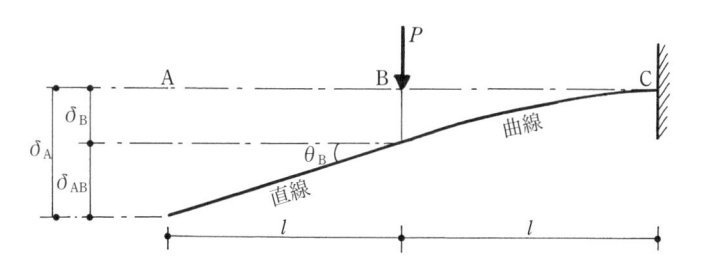

図4・11 中央に集中荷重を受ける片持ち梁のたわみ

図4・11のように片持ち梁の中央に集中荷重をかけた場合の自由端Aにおけるたわみδ_Aを求めてみましょう。B－C間は曲げによって変形していますが、A－B間は変形しておらず、直線的に傾斜してたわみをつくっています。点Aでのたわみδ_Aを求めるためには点Bにおけるたわみδ_BにA－B間の傾斜によるたわみδ_{AB}を足し合わせなくてはなりません。

B－C間のたわみδ_Bは図4・2(b)の片持ち梁のたわみ式をそのまま使うことができます。

$$\delta_B = \frac{Pl^3}{3EI} \qquad \text{………… 式4・6a}$$

A－B間の傾斜によるたわみδ_{AB}は図4・12のように直角三角形を取り出して考えます。

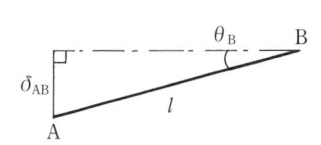

$$\sin\theta_B = \frac{\delta_{AB}}{l} \quad \Rightarrow \quad \theta_B \fallingdotseq \frac{\delta_{AB}}{l}$$

図4・12 傾斜によるたわみの求め方

図4・12は上式左のようにsinを使って表すことができますが、建築物の実際の変形ではたわみ角θは非常に小さい値になるので、近似的にsinをはずして上式右のようにすることができます。したがって傾斜部のたわみδ_{AB}は、点Bでのたわみ角θ_BとA－B間の長さlの積によって、

$$\boxed{\delta_{AB} \fallingdotseq l \cdot \theta_B \qquad \text{………… 式4・7}}$$

で求めることができます。

図4・2(b)片持ち梁のたわみ角式より$\theta_B = \frac{Pl^2}{2EI}$であるから、式4・7を使って、

$$\delta_{AB} = l \cdot \theta_B = l \cdot \frac{Pl^2}{2EI} = \frac{Pl^3}{2EI} \qquad \text{………… 式4・6b}$$

$\delta_A = \delta_B + \delta_{AB}$ であるから式4・6a、式4・6bをこの式に代入して、δ_Aを得ます。

$$\delta_A = \frac{Pl^3}{3EI} + \frac{Pl^3}{2EI} = \frac{5Pl^3}{6EI} \qquad \text{………… 式4・6c}$$

演習問題 4・2 次の構造物について点Aにおけるたわみ δ_A を求めよ。ヤング係数 E、断面2次モーメント I とします。

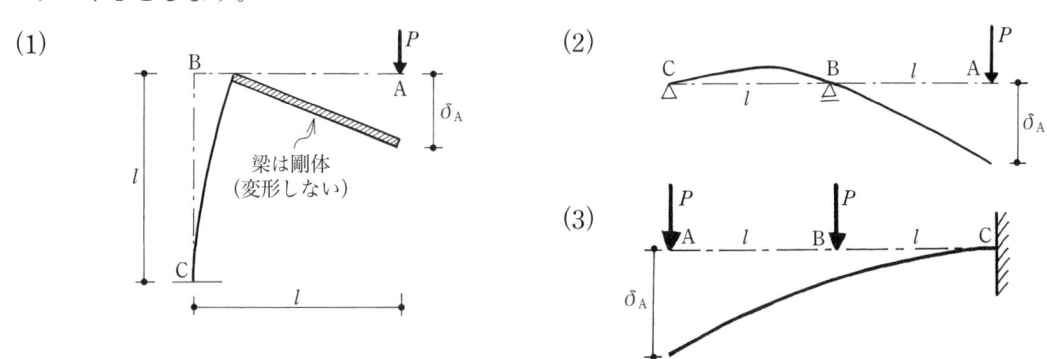

(1)

(2)

(3)

(解答)

(1)

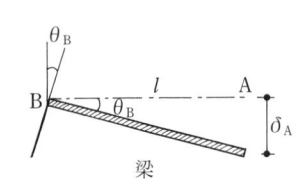

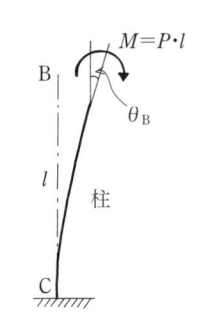

梁と柱に分けて考察する

梁ABは剛体なので傾斜してたわみ δ_A が生じます。したがって、式4・7より

$$\delta_A = l \cdot \theta_B \qquad \cdots\cdots\cdots\cdots\text{(i)}$$

によって求めることができます。式(i)中 θ_B は柱頭でのたわみ角に相当します。

柱頭にはモーメント $P \cdot l$（時計回り）が生じていることから、図4・2(a)片持ち梁のたわみ角式を用いて、

$$\theta_B = \left[\text{基本式}\frac{Ml}{EI}\right] = \frac{(P \cdot l)l}{EI} = \frac{Pl^2}{EI} \qquad \cdots\cdots\cdots\cdots\text{(ii)}$$

式(ii)を式(i)に代入して、

$$\delta_A = l \cdot \frac{Pl^2}{EI} = \frac{Pl^3}{EI} \quad \text{(答え)}$$

(2)

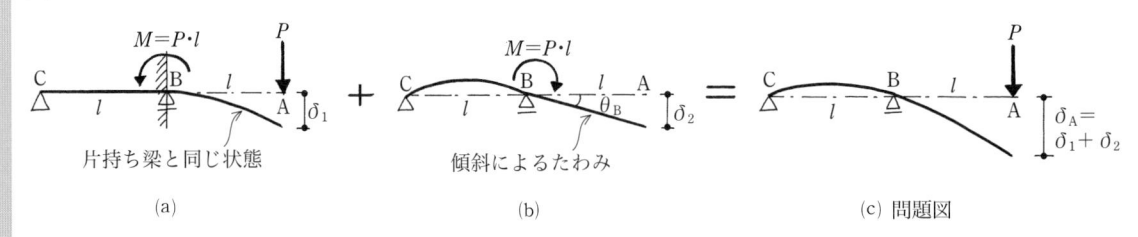

(a) 片持ち梁と同じ状態　　(b) 傾斜によるたわみ　　(c) 問題図

重ね合わせの原理を利用

上図(a)のように点 B にモーメント荷重 $M = P \cdot l$（反時計回り）をかけ、BC 間が真直ぐになるまで変形を戻します。このような操作をすることによって AB 間は点 B を固定端とする片持ち梁と同等になり、このときのたわみ δ_1 は図 4・2(b)片持ち梁のたわみ式と同じ次式となります。

$$\delta_1 = \frac{Pl^3}{3EI} \qquad \cdots\cdots\cdots (\text{i})$$

次に上図(b)のようにモーメント荷重 $M = P \cdot l$（時計回り）を点 B にかけて点 A におけるたわみ δ_2 を求めます。θ_B は図 4・10(e)単純梁のたわみ角式を利用し、式 4・7 より δ_2 を求めます。

$$\theta_B = \left[\text{基本式}\ \frac{Ml}{3EI}\right] = \frac{P \cdot l \cdot l}{3EI} = \frac{Pl^2}{3EI} \quad \Rightarrow \quad \delta_2 = l \cdot \theta_B = l\frac{Pl^2}{3EI} = \frac{Pl^3}{3EI} \qquad \cdots\cdots\cdots (\text{ii})$$

最後に(a)の状態と(b)の状態を重ね合わせると点 B のモーメント荷重は相殺され元の問題(c)に戻ります。したがって、たわみ δ_A は式（ i ）と式（ ii ）の和によって求めることができます。

$$\delta_A = \delta_1 + \delta_2 = \frac{Pl^3}{3EI} + \frac{Pl^3}{3EI} = \frac{2Pl^3}{3EI} \quad （答え）$$

(3)

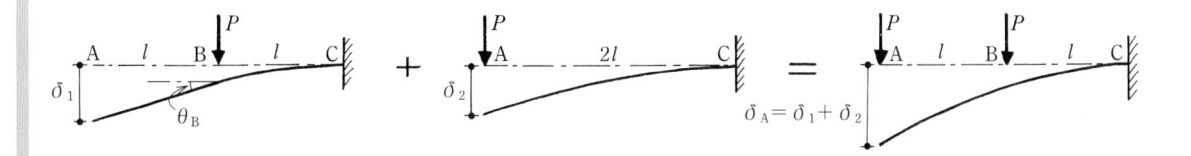

上図のようにそれぞれの荷重に対する点 A でのたわみ δ_1、δ_2 を求め、重ね合わせることによって δ_A を求めます。

δ_1 については p.91 と同じ問題であり、次のようになります。

$$\delta_1 = \frac{5Pl^3}{6EI}$$

δ_2 については図 4・2(b)のたわみ式を使って、

$$\delta_2 = \left[\text{基本式}\ \frac{Pl^3}{3EI}\right] = \frac{P(2l)^3}{3EI} = \frac{8Pl^3}{3EI}$$

δ_1 と δ_2 の和が δ_A になります。

$$\delta_A = \delta_1 + \delta_2 = \frac{5Pl^3}{6EI} + \frac{8Pl^3}{3EI} = \frac{7Pl^3}{2EI} \quad （答え）$$

4・2 ◉たわみ・たわみ角式を利用した不静定梁の解法

ここまでの知識を利用して不静定構造の解法へと歩を進めていきます。不静定構造を解くためには力の釣り合い式に加えて、変形の適合条件式が必要となります。前節で準備したたわみ・たわみ角式を利用して、まずは最も基本的な不静定梁を解いてみましょう。

■1 ローラー－固定梁の解法

図4・13のような片持ち梁の先端Aにローラー支点が付いた梁を考えてみましょう。この梁は不静定構造であり、もはや力の釣り合い式だけでは解けません。この梁について反力を求め、曲げモーメント図を描いてみましょう。

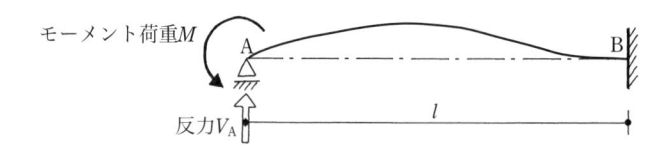

図4・13　ローラー－固定梁

図4・13のように点Aの反力をV_Aとします。V_Aを外力と考え、図4・14のようにモーメント荷重のみによる点Aでのたわみδ_{A1}と集中荷重（外力とみなした反力V_A）による点Aでのたわみδ_{A2}を図4・2(a)(b)のたわみ式をもとに、それぞれ求めます。

たわみは下向きを＋として計算しています。

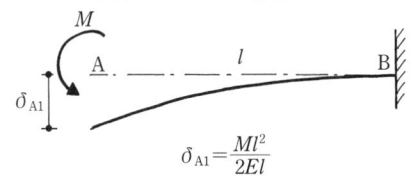

$$\delta_{A1} = \frac{Ml^2}{2EI}$$

$$\delta_{A2} = -\frac{V_A l^3}{3EI}$$

(a) モーメント荷重Mによるたわみ　　　　(b) 集中荷重（反力V_A）によるたわみ

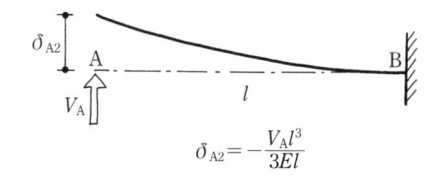

図4・14　たわみの計算

次に変形の適合条件式を導入します。モーメント荷重、集中荷重それぞれについてたわみを求めましたが、もとの問題である図4・13では、ローラー支点Aでのたわみは0でなくてはなりません。すなわち、モーメント荷重によるたわみδ_{A1}と集中荷重によるたわみδ_{A2}の和はお互いに打ち消しあって0にならなくてはならず、式4・8が得られます。

変形の適合条件式：　　$\delta_{A1} + \delta_{A2} = 0$　　　　……………　式4・8

式4・8にそれぞれのたわみを代入し、反力V_Aを求めます。

$$\frac{Ml^2}{2EI} - \frac{V_A l^3}{3EI} = 0 \quad \Rightarrow \quad V_A = \frac{3M}{2l} \quad \cdots\cdots\cdots\cdots 式4\cdot 9$$

反力 $V_A = \dfrac{3M}{2l}$ をもとに釣り合い式をたてて計算し、その結果から曲げモーメント図を描きます。

$\Sigma M = 0 : \dfrac{3M}{2l}x - M - M_{(x)} = 0 \Rightarrow M_{(x)} \dfrac{3M}{2l}x - M$

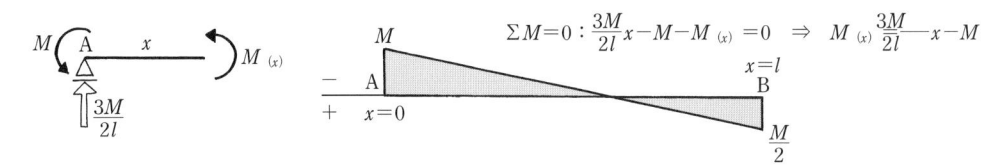

図4·15 曲げモーメント図

演習問題 4·3 次の不静定梁の反力 V_A を求め、曲げモーメント図を描きなさい。

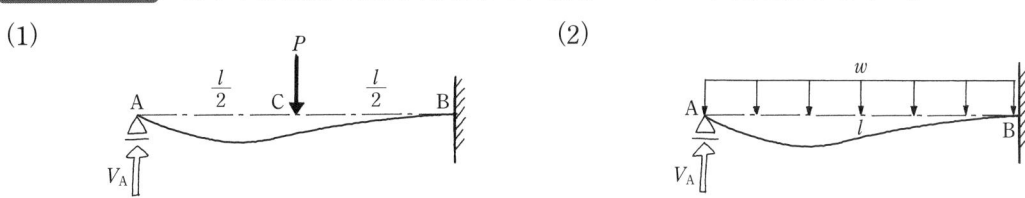

(1) (2)

(解 答)

(1) P による点Aでのたわみ δ_{A1} と、V_A を外力と考え、V_A による点Aでのたわみ δ_{A2} を求めます。

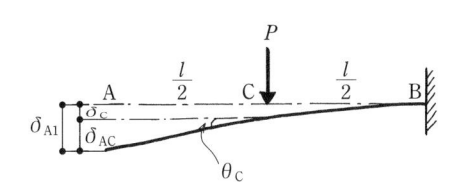

P によるたわみ

$$\delta_C = \frac{P\left(\dfrac{l}{2}\right)^3}{3EI} = \frac{Pl^3}{24EI} \quad (図4\cdot 2(b) より)$$

$$\delta_{AC} = \frac{l}{2} \cdot \theta_C = \frac{l}{2} \cdot \frac{P\left(\dfrac{l}{2}\right)^2}{2EI} = \frac{Pl^3}{16EI} \quad (図4\cdot 2(b)、式4\cdot 7 より)$$

$$\delta_{A1} = \delta_C + \delta_{AC} = \frac{Pl^3}{24EI} + \frac{Pl^3}{16EI} = \frac{5Pl^3}{48EI}$$

V_A によるたわみ

$$\delta_{A2} = -\frac{V_A \cdot l^3}{3EI} \quad (図4\cdot 2(b) より)$$

変形の適合条件式： $\delta_{A1} + \delta_{A2} = 0$ より、

$$\frac{5Pl^3}{48EI} - \frac{V_A \cdot l^3}{3EI} = 0 \quad \Rightarrow \quad V_A = \frac{5P}{16} \quad (答え)$$

力の釣り合い式を使って曲げモーメント図を次のように描きます。

[A−C間] ($0 \leqq x \leqq \frac{l}{2}$)

$\Sigma M = 0 : \quad \frac{5P}{16}x - M(x) = 0$

$M(x) = \frac{5P}{16}x \quad (0 \leqq x \leqq \frac{l}{2})$

[C−B間] ($\frac{l}{2} \leqq x \leqq l$)

$\Sigma M = 0 : \quad \frac{5P}{16}x - P(x - \frac{l}{2}) - M(x) = 0$

$M(x) = -\frac{11P}{16}x + \frac{Pl}{2} \quad (\frac{l}{2} \leqq x \leqq l)$

曲げモーメント図　（答え）

(2) 分布荷重 w による点 A でのたわみ δ_{A1} と、V_A を外力と考え、V_A による点 A でのたわみ δ_{A2} を求めます。

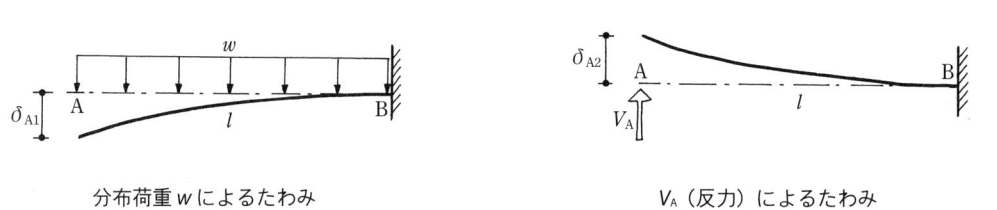

分布荷重 w によるたわみ

$\delta_{A1} = \frac{wl^4}{8EI}$ （図 4・2 (c) より）

V_A（反力）によるたわみ

$\delta_{A2} = \frac{-V_A \cdot l^3}{3EI}$ （図 4・2 (b) より）

変形の適合条件式：$\delta_{A1} + \delta_{A2} = 0$ より

$\frac{wl^4}{8EI} - \frac{V_A \cdot l^3}{3EI} = 0 \quad \Rightarrow \quad V_A = \frac{3wl}{8}$ （答え）

力の釣り合い式を使って曲げモーメント図を次のように描きます。

[A−B間]（$0 \leq x \leq l$）

$\Sigma M = 0$: $\dfrac{3wl}{8} x - wx \cdot \dfrac{x}{2} - M(x) = 0$

$M(x) = -\dfrac{w}{2} x^2 + \dfrac{3wl}{8} x$

$= -\dfrac{w}{2} \left(x - \dfrac{3l}{8} \right)^2 + \dfrac{9wl^2}{128}$

曲げモーメント図　（答え）

以上から得られたローラー−固定梁の曲げモーメント図を図 4·16 にまとめておきます。

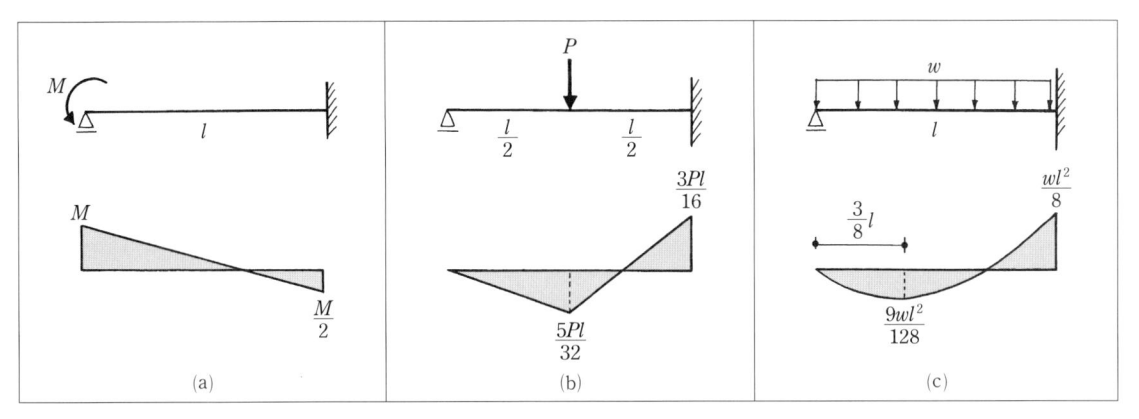

図 4·16　ローラー−固定梁の曲げモーメント図

2 両端固定梁の解法

次に図 4·17 のような両端固定梁について曲げモーメント図を描いてみます。また、中央でのたわみ δ_C も求めてみましょう。

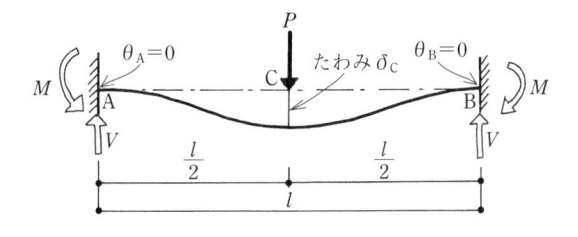

図 4·17　両端固定梁

図 4·17 のように両端固定梁は反力として鉛直方向の力 V およびモーメント M を両端に持ちます。この状況を図 4·18 のように両端にモーメント荷重 M を受ける単純梁に置き換えて考えてみましょう。

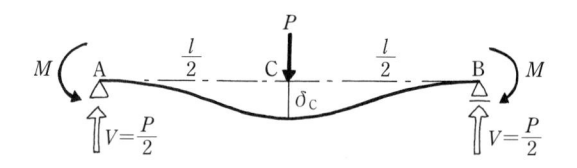

図4・18 両端固定梁を単純梁に置き換える

さらに図4・19のように荷重を分けて考え、集中荷重Pおよびモーメント荷重Mによるそれぞれの中央でのたわみ（δ_1、δ_2）と支点でのたわみ角（θ_1、θ_2）を求めます（図4・10(a)(b)より）。さらに、それぞれの曲げモーメント図も描いておきます。

$$\delta_1 = \frac{Pl^3}{48EI} \quad \theta_1 = \frac{Pl^2}{16EI}$$

集中荷重を受ける単純梁

$$\delta_2 = -\frac{Ml^2}{8EI} \quad \theta_2 = \frac{Ml}{2EI}$$

モーメント荷重を受ける単純梁

曲げモーメント図

曲げモーメント図

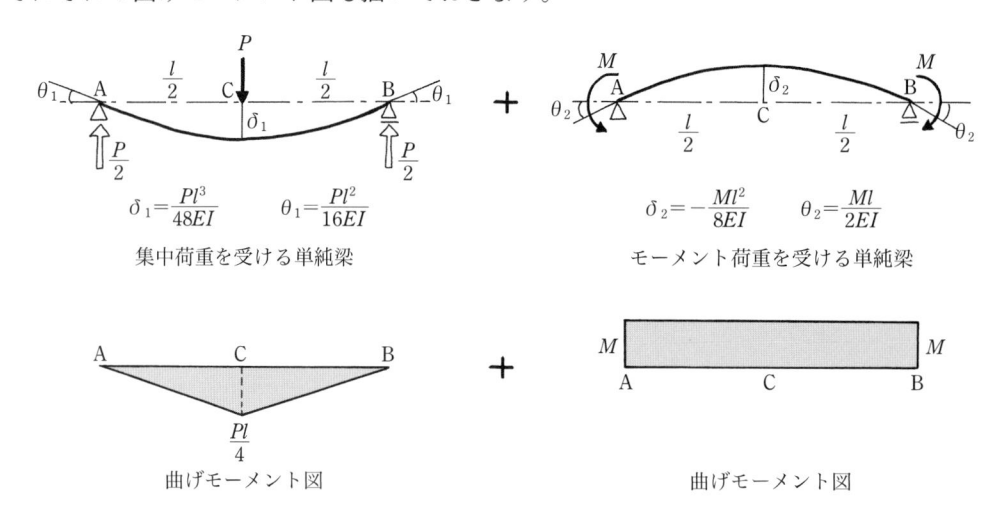

図4・19 荷重を分けて考える

両端固定梁では、両端のたわみ角が0ですから変形の適合条件式は次のようになります。

変形の適合条件式： $\theta_1 + \theta_2 = 0$ ………… 式4・10

式4・10に図4・19に示したたわみ角式を代入し、Mの値を求めます。

$$\frac{Pl^2}{16EI} - \frac{Ml}{2EI} = 0 \quad \Rightarrow \quad M = \frac{Pl}{8} \quad \text{（固定端モーメント）} \quad \text{………… 式4・11}$$

これが両端固定梁の固定端モーメントです。図4・19に示した曲げモーメント図を重ね合わせ、式4・11を代入すれば両端固定梁の曲げモーメント図は図4・20のように描けます。

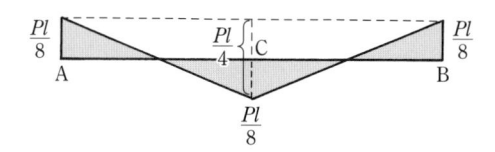

図4・20 両端固定梁の曲げモーメント図（集中荷重の場合）

中央でのたわみδ_Cは図4・19に示したたわみの重ね合わせによって、式4・12のようになります。

$$\delta_C = \delta_1 + \delta_2$$

$$\delta_C = \frac{Pl^3}{48EI} - \frac{Ml^2}{8EI} = \frac{Pl^3}{48EI} - \frac{\left(\frac{Pl}{8}\right)l^2}{8EI} = \frac{Pl^3}{192EI} \quad \cdots\cdots\cdots\cdots 式4\cdot12$$

演習問題 4・4 分布荷重を受ける両端固定梁の曲げモーメント図を描きなさい。また中央でのたわみ δ_C を求めなさい。

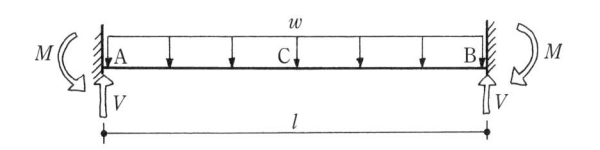

(解 答)

下図のように単純梁に置き換え、それぞれのたわみ（δ_1、δ_2）と支点でのたわみ角（θ_1、θ_2）を図4・10(a)(c)を用いて表し、曲げモーメント図も描いておきます。

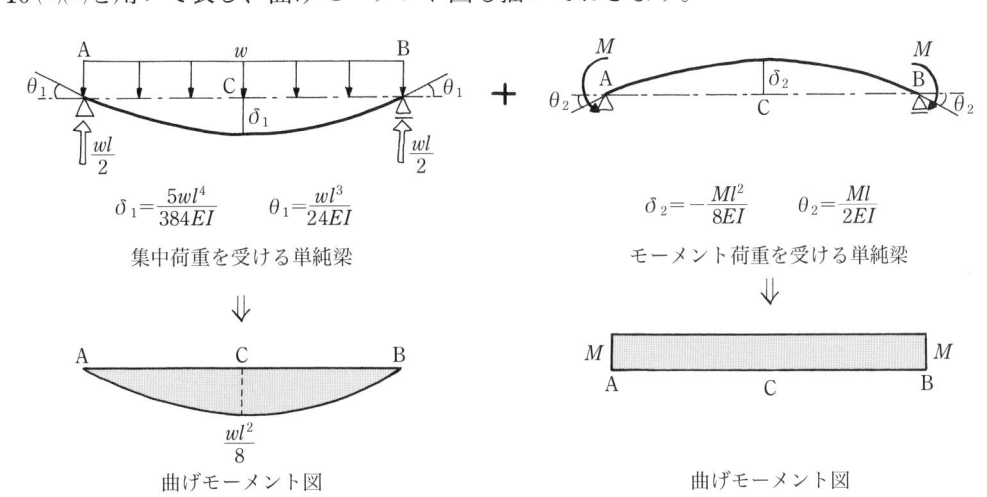

$$\delta_1 = \frac{5wl^4}{384EI} \qquad \theta_1 = \frac{wl^3}{24EI}$$

集中荷重を受ける単純梁

$$\delta_2 = -\frac{Ml^2}{8EI} \qquad \theta_2 = \frac{Ml}{2EI}$$

モーメント荷重を受ける単純梁

曲げモーメント図

曲げモーメント図

荷重を分けて考える

両端でのたわみ角が0であることから変形の適合条件式をたてます。

変形の適合条件式：　$\theta_1 + \theta_2 = 0$ 　　　$\cdots\cdots\cdots\cdots$ （ i ）

式（ i ）に上図に示したたわみ角式を代入し、M の値を求めます。

$$\frac{wl^3}{24EI} - \frac{Ml}{2EI} = 0 \quad \Rightarrow \quad M = \frac{wl^2}{12} \quad (\text{固定端モーメント})$$

上図の曲げモーメント図を重ね合わせれば両端固定梁の曲げモーメント図が次のように描けます。

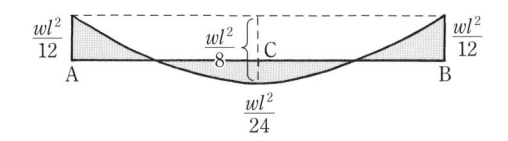

両端固定梁の曲げモーメント図（分布荷重の場合）（答え）

中央でのたわみ δ_C は上図に示したたわみの重ね合わせにより、次のように求めることができます。

$$\delta_C = \delta_1 + \delta_2$$

$$\delta_C = \frac{5wl^4}{384EI} - \frac{Ml^2}{8EI} = \frac{5wl^4}{384EI} - \frac{\left(\frac{wl^2}{12}\right)l^2}{8EI} = \frac{wl^4}{384EI} \quad (\text{答え})$$

演習問題 4・5 図のように回転を拘束したローラーを支点Bに取り付け、点Bに集中荷重Pを加えたときの曲げモーメント図と点Bでのたわみ δ_B を求めなさい。

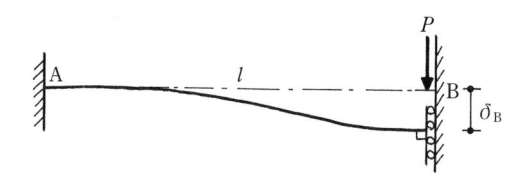

(解 答)

全体の変形は逆対称形になっていますから、両端に生じる固定端モーメントは等しく(反時計回りMとします)なります。また、点Aの鉛直反力は鉛直方向の力の釣り合いよりP(上向き)になります。

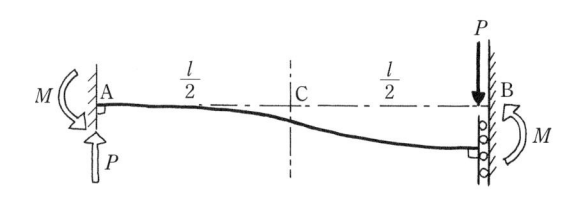

変形の特徴と反力の設定

上図で点Aを中心とするモーメントの釣り合い式をたてると、

$$\Sigma M_A = 0: \quad P \cdot l - M - M = 0 \quad \Rightarrow \quad M = \frac{Pl}{2}$$

となり、固定端モーメントMを求めることができます。したがって曲げモーメント図は下図のようになります。

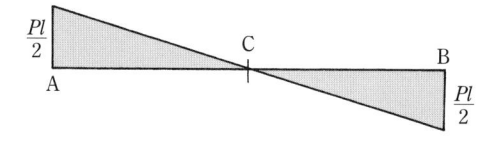

曲げモーメント図

梁の半分を取り出すと、次の図のように集中荷重を受ける片持ち梁の変形になっていることがわかります。点Cにかかる集中荷重は梁のせん断力であり、鉛直方向の力の釣り合いよりPになります。また、点Cでのたわみは δ_B の半分 $\left(\frac{\delta_B}{2}\right)$ です。

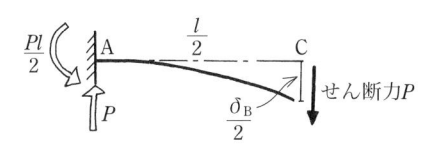

片持ち梁の変形を見出す

上図に図4・2(b)片持ち梁のたわみ式を適用し、δ_Bを求めます。

$$\frac{\delta_B}{2} = \left[基本式 \frac{Pl^3}{3EI}\right] = \frac{P\left(\frac{l}{2}\right)^3}{3EI} \quad \Rightarrow \quad \delta_B = \frac{Pl^3}{12EI} \quad (答え)$$

以上から得られた両端固定梁のたわみ、曲げモーメント図を図4・21にまとめておきます。

(a) $\delta = \dfrac{Pl^3}{192EI}$

(b) $\delta = \dfrac{wl^4}{384EI}$

(c) $\delta = \dfrac{Pl^3}{12EI}$

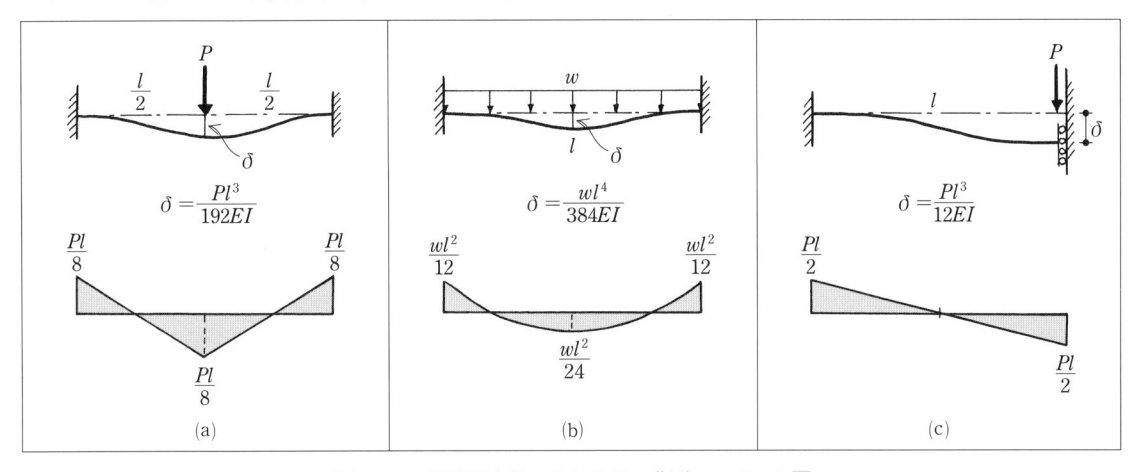

図4・21　両端固定梁のたわみδ・曲げモーメント図

▶第 4 章　不静定構造の解き方

4·3 ● 剛床仮定のラーメン

次に不静定ラーメンへと歩を進めてみましょう。図4·22のように、実際の建築物は複数のラーメン架構から構成されています。それぞれのラーメン架構は直行する梁と床によって連結されています。床板は面内の変形に対して高い剛性をもち、平行に並ぶラーメン架構を一体化させ、地震、風などの水平力に全ラーメンが協力して抵抗できるようにできているのです。

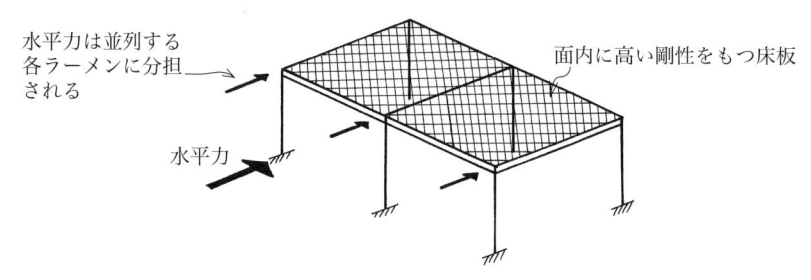

図4·22　水平力に抵抗する建築物

ここでは、床板を剛体と仮定したとき、各ラーメンがどれだけの水平力を負担するか、また水平力と水平変位との関係について解説していきます。

■1 水平剛性の算定

構造体全体を考える前に、1面のラーメンについて剛床仮定を適用して考察してみましょう。

図4·23のように剛床と仮定したラーメン構造に水平力Pをかけてみると、柱が変形し柱頭部に水平変位δが生じます。このときの水平力Pと水平変位δとの関係は、弾性範囲では比例関係にあり、式4·13のように書くことができます。

$$P = K \cdot \delta \quad \cdots\cdots\cdots 式 4\cdot13$$

図4·23　剛床仮定ラーメンの水平力と水平変位との関係

式4·13中Kは柱の**水平剛性**と呼ばれ、柱を弾性バネと考えたときの弾性定数に相当します。柱の水平剛性K(kN/mm)は片持ち梁のたわみ式から次のように求めることができます。

● 水平剛性K　柱脚ピンの場合

図4·24(a)のように、柱脚がピンの柱について水平剛性Kを求めてみます。柱の変形は反力を集中荷重とする片持ち梁の変形になっています。図4·24(a)に図4·2(b)片持ち梁のたわみ式を適用します。

$$\text{片持ち梁のたわみ}\delta = \frac{Ph^3}{3EI} \Rightarrow P = \left(\frac{3EI}{h^3}\right)\delta \quad \cdots\cdots \text{式 4・14a}$$

式 4・14a が $P = K\cdot\delta$ の形になることより、水平剛性 K は次式のようになります。

剛床仮定・ピン柱脚での柱の水平剛性

$$K = \frac{3EI}{h^3} \quad \cdots\cdots\cdots \text{公式 12a}$$

図 4・24 (a) ピン柱脚柱の変形

● 水平剛性 K　柱脚固定の場合

図 4・24 (b) のように、柱脚が固定の柱について水平剛性 K を求めてみましょう。図 4・24 (b) の点線で囲んだ部分が片持ち梁の変形になっています。この部分に図 4・2 (b) 片持ち梁のたわみ式を適用してみます。

$$\frac{\delta}{2} = \frac{P\left(\frac{h}{2}\right)^3}{3EI} \Rightarrow \delta = \frac{Ph^3}{12EI} \Rightarrow P = \left(\frac{12EI}{h^3}\right)\delta$$

$$\cdots\cdots\cdots \text{式 4・14b}$$

式 4・14b のカッコ内が水平剛性 K となります。

剛床仮定・固定柱脚での柱の水平剛性

$$K = \frac{12EI}{h^3} \quad \cdots\cdots\cdots \text{公式 12b}$$

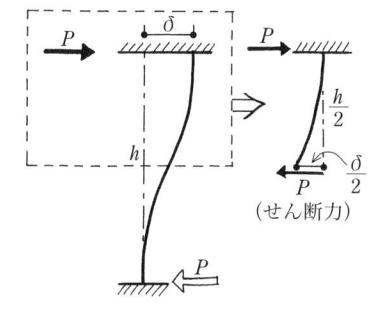

図 4・24 (b) 固定柱脚柱の変形

2 水平力の分担

図 4・25 のように水平力に抵抗する剛床仮定ラーメンを考えてみましょう。ただし、柱は等質等断面とします。

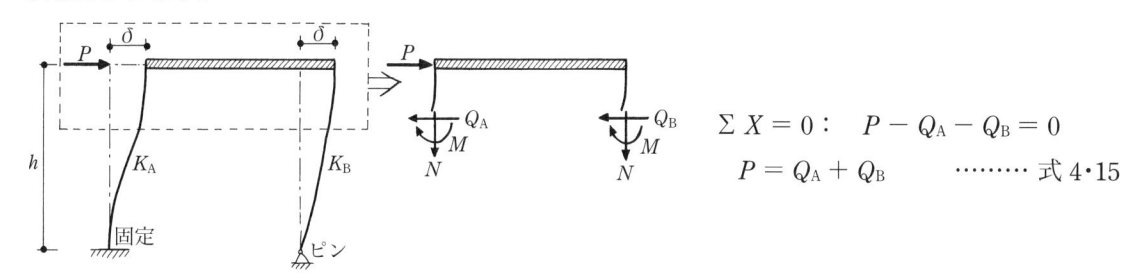

$$\Sigma X = 0: \quad P - Q_A - Q_B = 0$$
$$P = Q_A + Q_B \quad \cdots\cdots\cdots \text{式 4・15}$$

図 4・25　水平力に抵抗する剛床仮定のラーメン

図 4・25 点線枠内について、水平方向の力の釣り合いを考えると式 4・15 のようになり、各柱はせん断力によって水平力に抵抗していることがわかります。式 4・15 の右辺、同一層の柱せん断力の合計を**層せん断力**といいます。

次に Q_A、Q_B の比をとり、各柱の水平力の分担比を求めてみます。式 4・13 の関係を用いると、

$Q = K \cdot \delta$ となります。各柱の水平剛性を K_A、K_B とし、水平変位 δ が両柱とも等しいことより、

$$Q_A : Q_B = K_A \cdot \delta : K_B \cdot \delta = K_A : K_B \qquad \cdots\cdots\cdots 式 4 \cdot 16$$

式 4・16 のように δ は相殺され、水平力は各柱の水平剛性に応じて分担されることがわかります。K_A、K_B としてそれぞれ公式 12b、公式 12a を代入すると、

$$Q_A : Q_B = \frac{12EI}{h^3} : \frac{3EI}{h^3} = 4 : 1 \qquad \cdots\cdots\cdots 式 4 \cdot 17$$

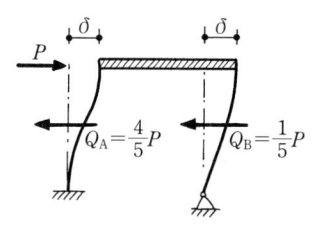

図 4・26　各柱が負担するせん断力

となり、水平剛性の比 4：1 に水平力 P は分担されます。式 4・15、式 4・17 より Q_A、Q_B は図 4・26 のように求めることができます。

演習問題 4・6　次のラーメンの柱 A、B、C（柱は等質等断面）の負担するせん断力 Q_A、Q_B、Q_C を求めなさい。

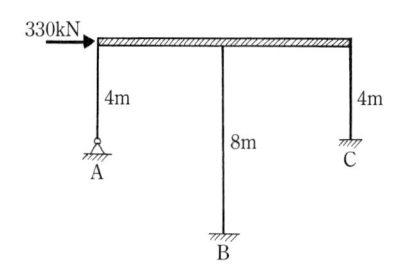

(解　答)

各柱の負担するせん断力の比を水平剛性の比で求めます。公式 12a、12b を適用し、等質等断面であることから EI が等しいことより、

$$Q_A : Q_B : Q_C = K_A : K_B : K_C = \frac{3EI}{4^3} : \frac{12EI}{8^3} : \frac{12EI}{4^3} = 2 : 1 : 8$$

水平力 330kN を 2：1：8 に分担し、Q_A、Q_B、Q_C を求めます。

$$Q_A = \frac{2}{11} \times 330 = 60\text{kN} \qquad Q_B = \frac{1}{11} \times 330 = 30\text{kN} \qquad Q_C = \frac{8}{11} \times 330 = 240\text{kN} \qquad (答え)$$

次に連結された複数のラーメンへと拡張してみましょう。図 4・27 のように剛床によって連結された左右対称 4 列のラーメンについて、各列のラーメンにどれだけの水平力が分担されるかを考えてみましょう。ただし、すべての柱は等質等断面とします。

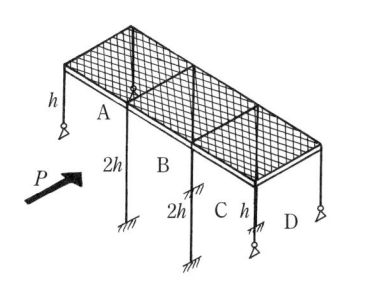

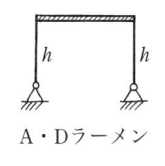

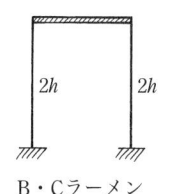

図4·27 剛床で連結されたラーメン

各ラーメンの水平剛性を求めます。

公式12aより、ラーメンAおよびDの水平剛性 $K_A = K_D = \dfrac{3EI}{h^3} \times 2 = \dfrac{6EI}{h^3}$

公式12bより、ラーメンBおよびCの水平剛性 $K_B = K_C = \dfrac{12EI}{(2h)^3} \times 2 = \dfrac{3EI}{h^3}$

各ラーメンが負担する水平力の比は各ラーメンの水平剛性の比と考えることができるから、

$$P_A : P_B : P_C : P_D = K_A : K_B : K_C : K_D = \dfrac{6EI}{h^3} : \dfrac{3EI}{h^3} : \dfrac{3EI}{h^3} : \dfrac{6EI}{h^3} = 2 : 1 : 1 : 2$$

したがって、

$$P_A = P_D = \dfrac{2}{6}P = \dfrac{1}{3}P \qquad P_B = P_C = \dfrac{1}{6}P$$

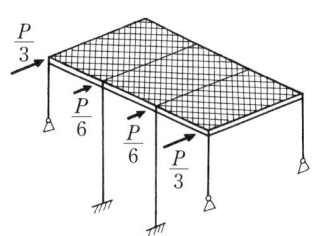

演習問題 4·7 下図のような左右対称形ラーメン構造について各ラーメンが負担する水平力を求めなさい。

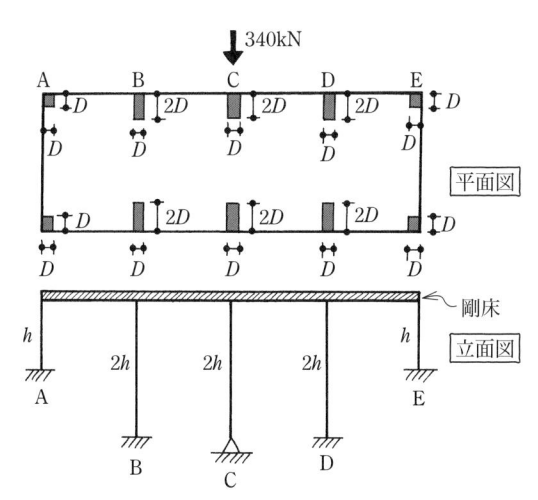

(解　答)

ラーメン A、E の柱の断面 2 次モーメント $=\dfrac{D^4}{12}=I$ とする。

ラーメン B、C、D の柱の断面 2 次モーメント $=\dfrac{D(2D)^3}{12}=\dfrac{8D^4}{12}=8I$

ラーメン A、E の水平剛性 K_A、K_E は公式 12b より、

$$K_A = K_E = \dfrac{12EI}{h^3} \times 2 = \dfrac{24EI}{h^3}$$

ラーメン B、D の水平剛性 K_B、K_D は公式 12b より、

$$K_B = K_D = \dfrac{12E \cdot 8I}{(2h)^3} \times 2 = \dfrac{24EI}{h^3}$$

ラーメン C の水平剛性 K_C は公式 12a より、

$$K_C = \dfrac{3E \cdot 8I}{(2h)^3} \times 2 = \dfrac{6EI}{h^3}$$

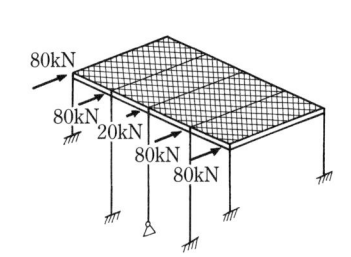

各ラーメンの水平剛性の比が水平力の分担比であるから、

$$\begin{aligned}P_A : P_B : P_C : P_D : P_E &= K_A : K_B : K_C : K_D : K_E \\ &= \dfrac{24EI}{h^3} : \dfrac{24EI}{h^3} : \dfrac{6EI}{h^3} : \dfrac{24EI}{h^3} : \dfrac{24EI}{h^3} \\ &= 4 : 4 : 1 : 4 : 4\end{aligned}$$

$P_A = P_B = P_D = P_E = \dfrac{4}{17} \times 340\text{kN} = 80\text{kN}$　（答え）

$P_C = \dfrac{1}{17} \times 340\text{kN} = 20\text{kN}$　（答え）

❸ 多層ラーメンの水平変位

次に多層ラーメン（剛床仮定）について水平力と水平変位との関係を考えてみましょう。ただし、各層の水平剛性を K_1、K_2、K_3 とします。

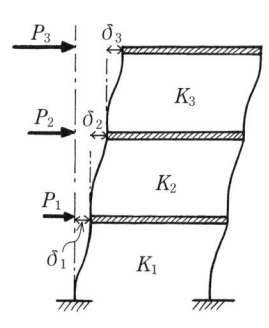

図 4・28　水平力を受ける多層ラーメンの変形

多層ラーメンは水平力を受けると図 4・28 のように変形します。このとき、各層ごとに生じる

変位（δ_1、δ_2、δ_3）を**層間変位**（mm）といいます。各層の層間変位は各層が受ける層せん断力に応じて生じます。

図4・29のように各層の層せん断力は水平方向の力の釣り合い式より求めることができます。

各層の柱の位置で水平に切断し、水平力と層せん断力との力の釣り合いを考えます。

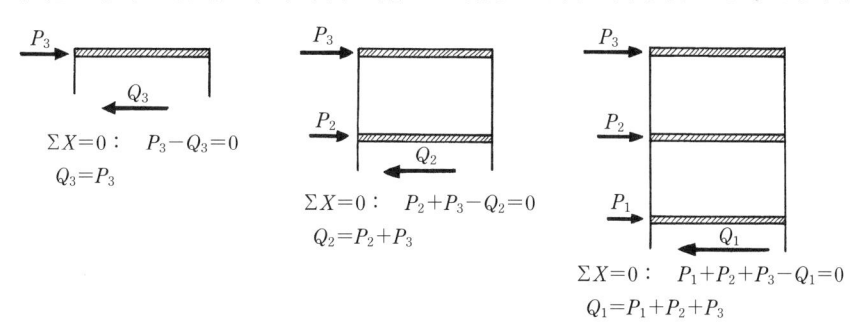

図4・29　水平力Pと層せん断力Qとの関係

図4・29のように各層の層せん断力はその層より上層が受ける水平力の合計になります。したがって、最下層の層せん断力が最も大きくなります。

式4・13（$P = K \cdot \delta$）で水平力Pを層せん断力Qに置き換え式を変形すると、$\delta = \dfrac{Q}{K}$となることから、各層の層間変位は図4・30のように求めることができます。

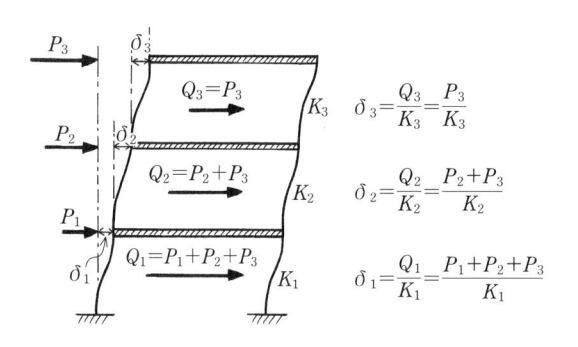

図4・30　各層の層間変位

演習問題 4・8　下図のような水平力を受ける構造物において、各層の層間変位を等しくするためには、各層の水平剛性の比$K_1 : K_2 : K_3$をどのようにすればよいか。ただし、梁は剛体とする。

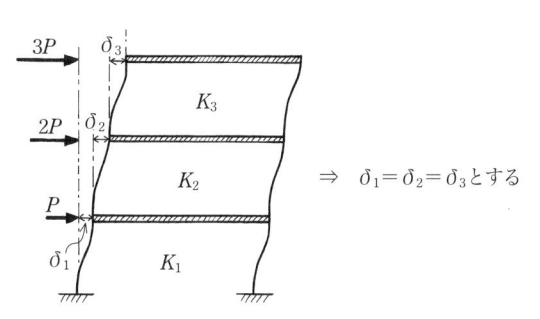

⇒ $\delta_1 = \delta_2 = \delta_3$とする

(解　答)

各層の受ける層せん断力 Q_1、Q_2、Q_3 は、

$Q_1 = 3P + 2P + P = 6P$　　$Q_2 = 3P + 2P = 5P$　　$Q_3 = 3P$

$Q = K \cdot \delta$ より、$\delta = \dfrac{Q}{K}$ で求めることができるから、各層の層間変位 δ_1、δ_2、δ_3 は、

$\delta_1 = \dfrac{Q_1}{K_1} = \dfrac{6P}{K_1}$　　$\delta_2 = \dfrac{Q_2}{K_2} = \dfrac{5P}{K_2}$　　$\delta_3 = \dfrac{Q_3}{K_3} = \dfrac{3P}{K_3}$

$\delta_1 = \delta_2 = \delta_3$ となるには、

$\dfrac{6P}{K_1} = \dfrac{5P}{K_2} = \dfrac{3P}{K_3}$　$\Rightarrow$　$K_1 : K_2 : K_3 = 6 : 5 : 3$　（答え）

演習問題 4・9　下図のような水平力を受ける構造物において、1層の層間変位 δ_1 と2層の層間変位 δ_2 との比、$\delta_1 : \delta_2$ を求めなさい。ただし、柱はすべて均質であり、1層柱の断面2次モーメントは2層柱の断面2次モーメント（I）の2倍（$2I$）とします。

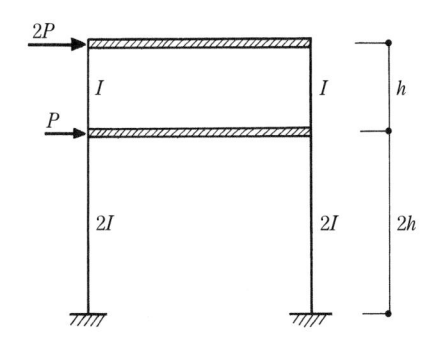

(解　答)

各層の水平剛性を公式12より求めます。

1層：$K_1 = \dfrac{12E \cdot 2I}{(2h)^3} \times 2 = \dfrac{6EI}{h^3} = K$　とおく。

2層：$K_1 = \dfrac{12EI}{h^3} \times 2 = \dfrac{24EI}{h^3} = 4K$

各層の層せん断力を求めます。

1層：$Q_1 = P + 2P = 3P$

2層：$Q_2 = 2P$

$\delta = \dfrac{Q}{K}$ より各層の層間変位を求め、比をとります。

$\delta_1 : \delta_2 = \dfrac{3P}{K} : \dfrac{2P}{4K} = 6 : 1$　　（答え）

4・4 ● たわみ角法

◼️1 不静定ラーメンの変形

4・3 では、剛床仮定のもとに並列する各ラーメンへの力の分担を考えました。力が分担された後は、個々のラーメンについて計算を進めます。床は面内には高い剛性をもちますが、面外には剛性が低く、個々のラーメンを考えるときは梁の変形も考慮しなくてはなりません。図 4・31 に不静定ラーメンの変形の一例を示します。

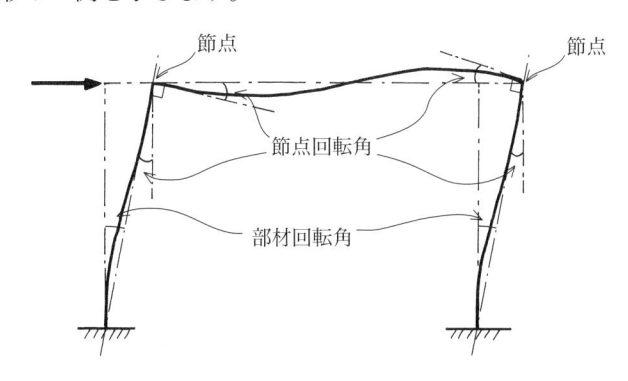

図 4・31 不静定ラーメンの変形

柱、梁はなめらかに曲がり、ラーメン全体の変形を作り出しています。この曲げ変形は曲げモーメントの存在を意味しています。曲がりの大きさによってその部分に生じている曲げモーメントの大きさを計り知ることができるのです。変形の要素として図 4・31 に示したように節点の回転角（**節点回転角**）と部材の傾き角（**部材回転角**）があります。ここで解説する**たわみ角法**はこれらの回転角を情報源とし、さらに力の釣り合い式を使って、部材端部の曲げモーメント（**材端モーメント**）を求める手法です。

◼️2 たわみ角法公式の誘導

図 4・32 に構造体中の一部材の変形状況を示します。部材には両端に節点回転角 θ_A、θ_B が生じ、また部材は傾き、部材回転角 R_{AB} が生じているものとします。このときの材端モーメント M_{AB}、M_{BA} そして材端せん断力 Q_{AB}、Q_{BA} を節点回転角 θ_A、θ_B、部材回転角 R_{AB} を使って表現してみます。

なお、たわみ角法での材端モーメント M_{AB}、M_{BA} および材端せん断力 Q_{AB}、Q_{BA} の＋の方向は図 4・32 のように定めます。材端モーメントはすべて時計まわりを＋としているところに注意をしてください。

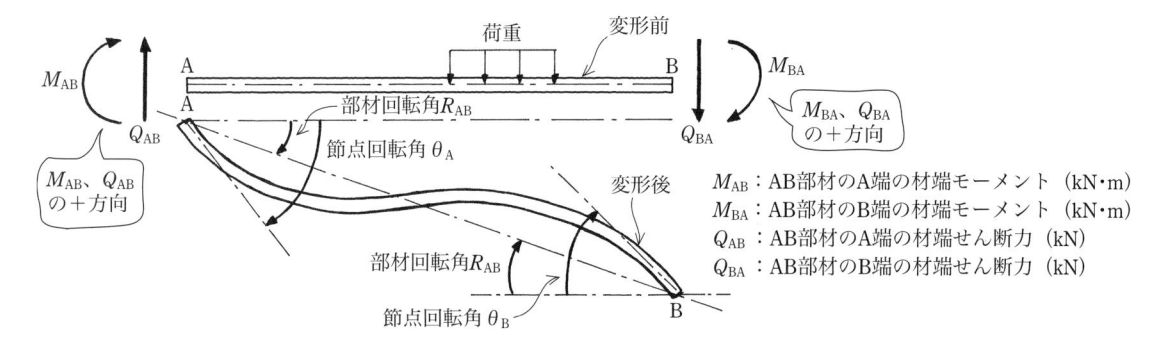

図4・32 部材の変形と材端モーメントおよびせん断力

p.53で示した重ね合わせの原理を用います。点A、点Bの節点回転角θ_A、θ_Bおよび部材回転角R_{AB}のうちひとつだけが生じる場合の材端モーメント、材端せん断力をそれぞれ求め、すべてを重ね合わせることによって図4・32の材端モーメントM_{AB}、M_{BA}、材端せん断力Q_{AB}、Q_{BA}を導くのです。

● 節点回転角θ_Aのみが生じる場合

節点回転角θ_Aのみが生じている状況を、図4・33(a)のようなローラー−固定梁に置き換えて、材端モーメント$_1M_{AB}$、$_1M_{BA}$および材端せん断力$_1Q_{AB}$、$_1Q_{BA}$を求めます。

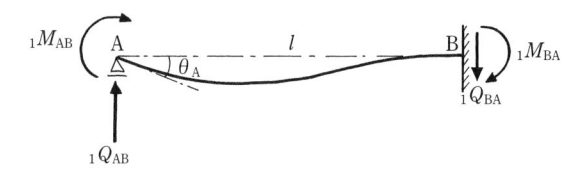

図4・33(a) 節点回転角θ_Aのみ生じる場合の材端モーメントと材端せん断力

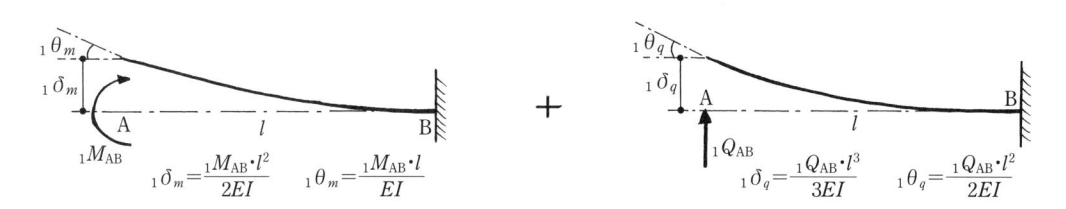

図4・33(b) 重ね合わせの原理の利用

ローラー支点Aの$_1M_{AB}$と$_1Q_{AB}$を図4・33(b)のように分けて考えます。それぞれの力による点Aでのたわみ、たわみ角を求め、変形の適合条件式に代入します。

○図4・33(a)点Aでのたわみが0であることより、図4・33(b)点Aでのそれぞれのたわみ$_1\delta_m$、$_1\delta_q$の和は0にならなくてはなりません。

変形の適合条件式： $_1\delta_m + _1\delta_q = 0$

$$\frac{_1M_{AB}\cdot l^2}{2EI}+\frac{_1Q_{AB}\cdot l^3}{3EI}=0 \quad (図4\cdot2(a)(b)を適用) \qquad \cdots\cdots 式4\cdot18a$$

○図4・33(a)点Aでのたわみ角θ_Aであることより、図4・33(b)点Aでのそれぞれのたわみ角$_1\theta_m$、$_1\theta_q$の和はθ_Aにならなくてはなりません。

変形の適合条件式：　　$_1\theta_m + {}_1\theta_q = \theta_A$

$$\frac{{}_1M_{AB} \cdot l}{EI} + \frac{{}_1Q_{AB} \cdot l^2}{2EI} = \theta_A \quad （図 4・2(a)(b)を適用）\quad \cdots\cdots\cdots 式 4・18b$$

式 4・18a、式 4・18b を $_1M_{AB}$ と $_1Q_{AB}$ について連立して解くと、

$$_1M_{AB} = \frac{4EI}{l}\theta_A \qquad {}_1Q_{AB} = -\frac{6EI}{l^2}\theta_A \qquad\cdots\cdots\cdots 式 4・19a、4・19b$$

ここで、$\dfrac{I}{l} = K_{AB}$ と置き換えます。K_{AB} は AB 材の**剛度**（mm³）といいます。

$$_1M_{AB} = 4EK_{AB}\theta_A \qquad {}_1Q_{AB} = -\frac{6EK_{AB}}{l}\theta_A \qquad\cdots\cdots\cdots 式 4・20a、4・20b$$

剛度 K について

図 4・2(a) 片持ち梁のたわみ角式を次のように変形する。

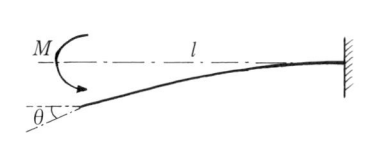

$$\theta = \frac{Ml}{EI} \quad\Rightarrow\quad M = \left(\frac{EI}{l}\right)\theta$$

となり、M と θ との関係式が得られます。$\dfrac{EI}{l}$ は曲げに対する部材の弾性定数に相当し、剛度 $K = \dfrac{I}{l}$ は部材寸法に応じた曲げに対する部材のかたさを表します。

次に、図 4・33(a) で力の釣り合い式をたて、式 4・20a、式 4・20b を代入して $_1M_{BA}$、$_1Q_{BA}$ を求めます。

$\Sigma Y = 0:\qquad {}_1Q_{AB} - {}_1Q_{BA} = 0 \ \Rightarrow\ {}_1Q_{BA} = -\dfrac{6EK_{AB}}{l}\theta_A \qquad\cdots\cdots\cdots 式 4・21a$

$\Sigma M_B = 0:\qquad {}_1M_{AB} + {}_1Q_{AB}\cdot l + {}_1M_{BA} = 0 \ \Rightarrow\ {}_1M_{BA} = 2EK_{AB}\theta_A \qquad\cdots\cdots 式 4・21b$

両端の材端モーメントの比 $_1M_{AB} : {}_1M_{BA} = 1 : 2$ であることより、点 A にかけたモーメントは点 B の固定端に半分伝わると考えることができます。この力の流れは次節で利用していきます。

● 節点回転角 θ_B のみが生じる場合

節点回転角 θ_B のみが生じている状況を、図 4・34(a) のようなローラー－固定梁に置き換えて、材端モーメント $_2M_{AB}$、$_2M_{BA}$ および材端せん断力 $_2Q_{AB}$、$_2Q_{BA}$ を求めます。

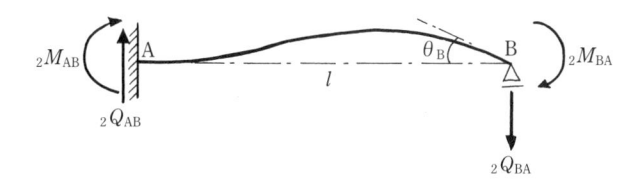

図 4・34(a)　節点回転角 θ_B のみ生じる場合の材端モーメントとせん断力

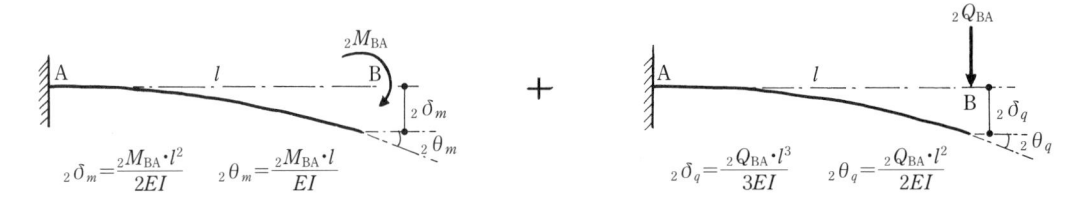

図4・34(b)　重ね合わせの原理の利用

ローラー支点Bの $_2M_{BA}$ と $_2Q_{BA}$ を図4・34(b)のように分けて考え、それぞれの力による点Bでのたわみ、たわみ角を求め、変形の適合条件式に代入します。

○図4・34(a)点Bでのたわみが0であることより、図4・34(b)点Bでのそれぞれのたわみ $_2\delta_m$、$_2\delta_q$ の和は0にならなくてはなりません。

変形の適合条件式：　$_2\delta_m + _2\delta_q = 0$

$$\frac{_2M_{BA} \cdot l^2}{2EI} + \frac{_2Q_{BA} \cdot l^3}{3EI} = 0 \quad （図4・2(a)(b)を適用） \qquad \cdots\cdots 式4・22a$$

○図4・34(a)点Bでのたわみ角が θ_B であることより、図4・34(b)点Bでのそれぞれのたわみ角 $_2\theta_m$、$_2\theta_q$ の和は θ_B にならなくてはなりません。

変形の適合条件式：　$_2\theta_m + _2\theta_q = \theta_B$

$$\frac{_2M_{BA} \cdot l}{EI} + \frac{_2Q_{BA} \cdot l^2}{2EI} = \theta_B \quad （図4・2(a)(b)を適用） \qquad \cdots\cdots 式4・22b$$

式4・22a、式4・22bを $_2M_{AB}$、$_2Q_{AB}$ について連立して解き、$\frac{I}{l} = K_{AB}$ と置き換えます。

$$_2M_{BA} = 4EK_{AB}\,\theta_B \qquad _2Q_{BA} = -\frac{6EK_{AB}}{l}\theta_B \qquad \cdots\cdots 式4・23a、4・23b$$

次に、図4・34(a)について力の釣り合い式をたて、式4・23a、式4・23bを代入して $_2M_{BA}$、$_2Q_{BA}$ を求めます。

$\Sigma Y = 0：\quad _2Q_{AB} - _2Q_{BA} = 0 \;\Rightarrow\; _2Q_{AB} = -\frac{6EK_{AB}}{l}\theta_B \qquad \cdots\cdots 式4・24a$

$\Sigma M_A = 0：\quad _2M_{AB} + _2Q_{BA}\cdot l + _2M_{BA} = 0 \;\Rightarrow\; _2M_{AB} = 2EK_{AB}\,\theta_B \qquad \cdots\cdots 式4・24b$

● 部材回転角 R_{AB} のみが生じる場合

部材回転角 R_{AB} のみが生じている状況を図4・35(a)のような両端固定梁に置き換えて、材端モーメント $_3M_{AB}$、$_3M_{BA}$ および材端せん断力 $_3Q_{AB}$、$_3Q_{BA}$ を求めます。

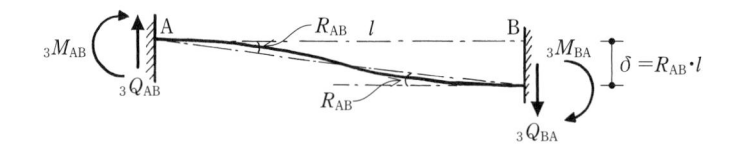

図4・35(a)　部材回転角 R_{AB} のみ生じる場合の材端モーメントと材端せん断力

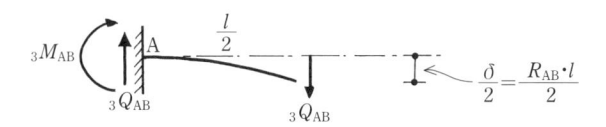

図 4·35 (b)　片持ち梁の変形を見出す

図 4·35 (b)のように、変形の半分を取り出すと集中荷重を受ける片持ち梁の変形状態になります。全体のたわみ $\delta = R_{AB} \cdot l$ の半分 $\dfrac{\delta}{2} = \dfrac{R_{AB} \cdot l}{2}$ が中央でのたわみです。

図 4·35 (b)に片持ち梁のたわみ式 $\delta = \dfrac{P \cdot l^3}{3EI}$（図 4·2 (b)参照）を適用します。

$$\dfrac{\delta}{2} = \dfrac{R_{AB} \cdot l}{2} = \dfrac{{}_3Q_{AB} \left(\dfrac{l}{2}\right)^3}{3EI} \Rightarrow {}_3Q_{AB} = \dfrac{12EI}{l^2} R_{AB} = \dfrac{12EK_{AB}}{l} R_{AB}$$ ……………… 式 4·25a

また、図 4·35 (b)において点 A でのモーメントの釣り合いを考えると、${}_3M_{AB} = -{}_3Q_{AB}\left(\dfrac{l}{2}\right)$ であるから、この式に式 4·25a を代入して、

$$_3M_{AB} = -\dfrac{12EK_{AB}}{l} R_{AB} \cdot \dfrac{l}{2} = -6EK_{AB} R_{AB}$$ ……………… 式 4·25b

次に、図 4·35 (a)において力の釣り合い式をたて、式 4·25a、式 4·25b を代入して ${}_3M_{BA}$、${}_3Q_{BA}$ を求めます。

$$\Sigma Y = 0:\quad {}_3Q_{AB} - {}_3Q_{BA} = 0 \Rightarrow {}_3Q_{BA} = \dfrac{12EK_{AB}}{l} R_{AB}$$ ……………… 式 4·26a

$$\Sigma M_A = 0:\quad {}_3M_{AB} + {}_3Q_{BA} \cdot l + {}_3M_{BA} = 0 \Rightarrow {}_3M_{BA} = -6EK_{AB} R_{AB}$$ ……… 式 4·26b

● 中間荷重による材端モーメントおよび材端せん断力

両端固定梁に中間荷重がかかる場合の材端モーメントを C_{AB}、C_{BA}、材端せん断力を D_{AB}、D_{BA} とします。

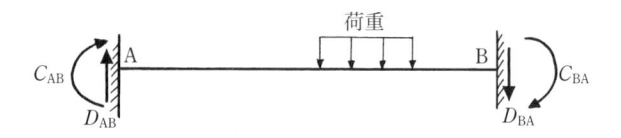

図 4·36　中間荷重による材端モーメントと材端せん断力

● 重ね合わせの原理でたわみ角法公式を求める

最後に図 4·37 のように、以上の結果を重ね合わせることによって、材端モーメント M_{AB}、M_{BA} を求めます。

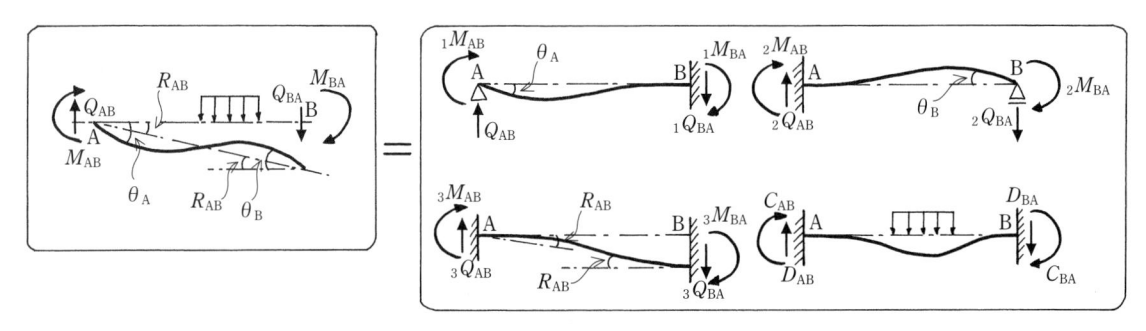

図4・37 重ね合わせで M_{AB}、M_{BA} を得る

$$M_{AB} = {}_1M_{AB} + {}_2M_{AB} + {}_3M_{AB} + C_{AB}$$
$$= 4EK_{AB}\theta_A + 2EK_{AB}\theta_B - 6EK_{AB}R_{AB} + C_{AB}$$
$$= 2EK_{AB}(2\theta_A + \theta_B - 3R_{AB}) + C_{AB} \quad \cdots\cdots\cdots 式4\cdot27a$$

$$M_{BA} = {}_1M_{BA} + {}_2M_{BA} + {}_3M_{BA} + C_{BA}$$
$$= 2EK_{AB}\theta_A + 4EK_{AB}\theta_B - 6EK_{AB}R_{AB} + C_{BA}$$
$$= 2EK_{AB}(\theta_A + 2\theta_B - 3R_{AB}) + C_{BA} \quad \cdots\cdots\cdots 式4\cdot27b$$

式4・27a、式4・27bがたわみ角法の基礎公式になります。

式4・27a、式4・27bについて、次のような書き換えを行ってみましょう。

構造体中任意の部材の剛度を基準（**基準剛度**K_0）とし、$\dfrac{K_{AB}}{K_0} = k_{AB}$とします。$k_{AB}$をAB部材の**剛比**といいます。

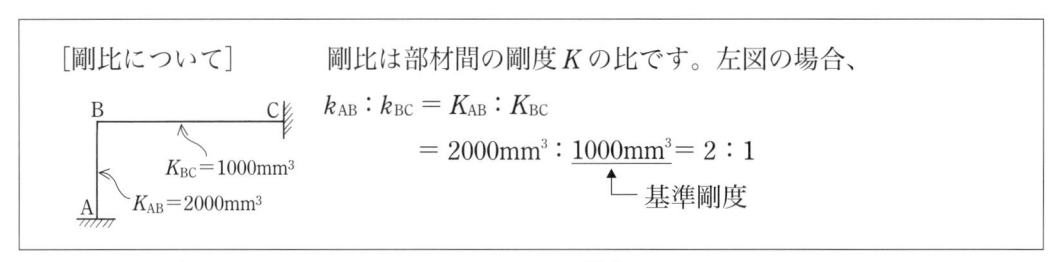

[剛比について]　　剛比は部材間の剛度 K の比です。左図の場合、
$$k_{AB} : k_{BC} = K_{AB} : K_{BC}$$
$$= 2000mm^3 : \underline{1000mm^3} = 2 : 1$$
　　　　　　　　　　　　　└─ 基準剛度

$K_{BC} = 1000mm^3$
$K_{AB} = 2000mm^3$

さらに、　$\overset{ファイ}{\phi}_A = 2EK_0\theta_A$　　$\phi_B = 2EK_0\theta_B$　　$\overset{プサイ}{\psi}_{AB} = -6EK_0R_{AB}$

と置きます。以上の書き換えより公式13a、公式13bが得られます。これを**たわみ角法公式**といいます。

また、材端せん断力も同様に重ね合わせることによって求めることができます。

たわみ角法公式（材端モーメント）

$$M_{AB} = k_{AB}(2\phi_A + \phi_B + \psi_{AB}) + C_{AB} \quad \cdots\cdots 公式13a$$
$$M_{BA} = k_{AB}(\phi_A + 2\phi_B + \psi_{AB}) + C_{BA} \quad \cdots\cdots 公式13b$$

$$Q_{AB} = {}_1Q_{AB} + {}_2Q_{AB} + {}_3Q_{AB} + D_{AB}$$
$$= -\frac{6EK_{AB}}{l}\theta_A - \frac{6EK_{AB}}{l}\theta_B + \frac{12EK_{AB}}{l}R_{AB} + D_{AB}$$

$$= -\frac{6EK_{AB}}{l}(\theta_A + \theta_B - 2R_{AB}) + D_{AB} \qquad \cdots\cdots\cdots 式 4\cdot28a$$

$$Q_{BA} = {}_1Q_{BA} + {}_2Q_{BA} + {}_3Q_{BA} + D_{BA}$$

$$= -\frac{6EK_{AB}}{l}(\theta_A + \theta_B - 2R_{AB}) + D_{AB} \qquad \cdots\cdots\cdots 式 4\cdot28b$$

ただし、材端せん断力については材端モーメントとの関係から次式のように書くこともできます。

材端せん断力

$$Q_{AB} = Q_{0AB} - \frac{M_{AB} + M_{BA}}{l} \quad \cdots\cdots 公式 14a \qquad Q_{BA} = Q_{0BA} - \frac{M_{AB} + M_{BA}}{l} \quad \cdots\cdots 公式 14b$$

ここで Q_{0AB}、Q_{0BA} は中間荷重によるせん断力であり、次式のようになります。

$$Q_{0AB} = D_{AB} + \frac{C_{AB} + C_{BA}}{l} \quad \cdots\cdots 公式 14a' \qquad Q_{0BA} = D_{BA} + \frac{C_{AB} + C_{BA}}{l} \quad \cdots\cdots 公式 14b'$$

D_{AB}、D_{BA}：中間荷重による材端せん断力 (kN)
C_{AB}、C_{BA}：中間荷重による固定端モーメント (kN・m)

したがって、材端せん断力については式 4・28a、式 4・28b を使用せず、たわみ角法公式（公式 13a、公式 13b）で材端モーメントを求め、公式 14a、公式 14b によって求めることにします。

❸ たわみ角法公式による解法

ここでは様々な例題を通して、たわみ角法公式を利用した不静定ラーメンの解法を解説していきます。

基本例題 1 図 4・38(a) の構造物についてたわみ角法により各部材の材端モーメントを求め、曲げモーメント図を描きなさい。

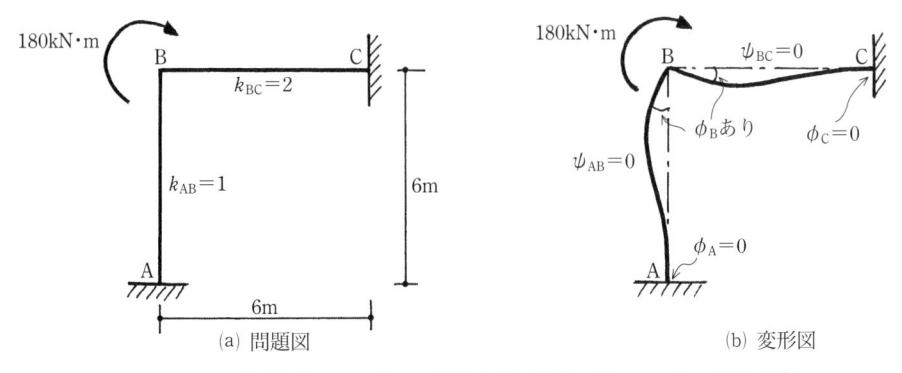

(a) 問題図

(b) 変形図

図 4・38 モーメント荷重を受ける柱－梁ラーメン（両端固定）

(解　答)

① 図4・38(b)のように変形状況を描き、各節点の節点回転角の有無、部材回転角の有無を確認します。
② たわみ角法公式によって材端モーメントを表します。

たわみ角法公式に剛比 $k_{AB}=1$、$k_{BC}=2$ を代入します。さらに変形図の情報より $\phi_A = \phi_C = 0$、$\psi_{AB} = \psi_{BC} = 0$、中間荷重がないことより C はすべて0を代入し、式を整理し式4・29a〜dを得ます。

なお、BC材についてはたわみ角公式のABをCDに置き換えて使います。

[柱AB材について]

$M_{AB} = k_{AB}(2\phi_A + \phi_B + \psi_{AB}) + C_{AB} = 1(2\times 0 + \phi_B + 0) + 0 = \phi_B$ ……… 式4・29a

$M_{BA} = k_{AB}(\phi_A + 2\phi_B + \psi_{AB}) + C_{BA} = 1(0 + 2\phi_B + 0) + 0 = 2\phi_B$ ……… 式4・29b

[梁BC材について]

$M_{BC} = k_{BC}(2\phi_B + \phi_C + \psi_{BC}) + C_{BC} = 2(2\phi_B + 0 + 0) + 0 = 4\phi_B$ ……… 式4・29c

$M_{CB} = k_{BC}(\phi_B + 2\phi_C + \psi_{BC}) + C_{CB} = 2(\phi_B + 2\times 0 + 0) + 0 = 2\phi_B$ ……… 式4・29d

③ 図4・39のように節点Bを切り出し、モーメントの釣り合い式をたてます。

これを節点方程式といいます。

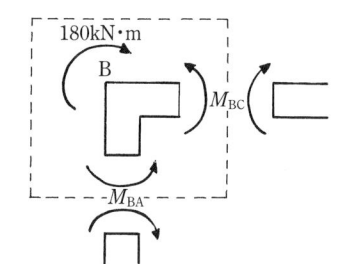

節点方程式

$\Sigma M_B = 0: \quad -M_{BA} - M_{BC} + 180 = 0$ ……… 式4・30

式4・30に式4・29b、式4・29cを代入して ϕ_B を求めます。

$-2\phi_B - 4\phi_B + 180 = 0 \Rightarrow \phi_B = 30$

図4・39　節点Bでの力の釣り合い

④ $\phi_B = 30$ を式4・29a〜dに代入し、すべての材端モーメントを求めます。

[柱]　$M_{AB} = 30\text{kN·m}$　　$M_{BA} = 60\text{kN·m}$

[梁]　$M_{BC} = 120\text{kN·m}$　　$M_{CB} = 60\text{kN·m}$

⑤ 材端モーメントをもとに曲げモーメント図を描きます。

図4・40(a)のように部材の各端部に時計まわりの矢印を描いておきます。たわみ角法では時計まわりを+の曲げモーメントとしています。時計まわりの曲げモーメントであれば矢先のない側が引張側になりますので、+の材端モーメントは矢先のない側にグラフを出します。

各材端モーメントを直線で結べば、曲げモーメント図の完成です。

(a) 問題図　　(b)【基本例題1】曲げモーメント図（答え）

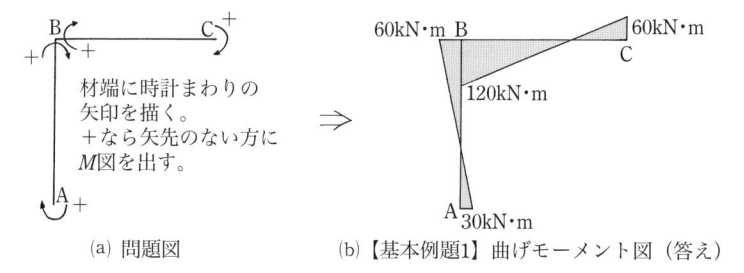

図4・40　曲げモーメント図の描き方

基本例題2 図4・41(a)の構造物について、たわみ角法により各部材の材端モーメントを求め、曲げモーメント図を描きなさい。

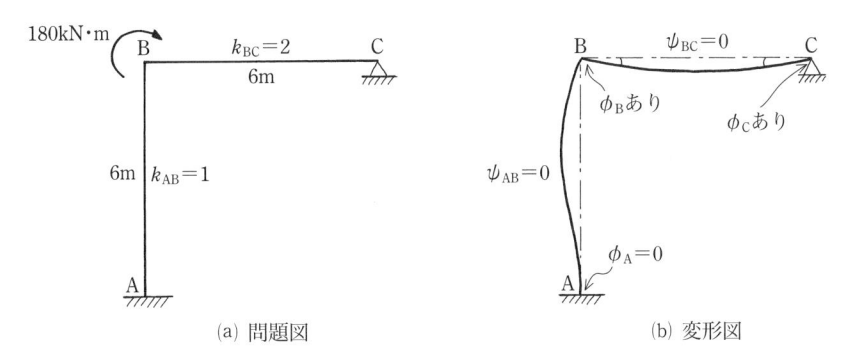

図4・41 モーメント荷重を受ける柱−梁ラーメン（固定・ピン）

(a) 問題図　(b) 変形図

(解　答)

①図4・41(b)のように変形状況を描き、各節点の節点回転角の有無、部材回転角の有無を確認します。

②たわみ角法公式に剛比 $k_{AB}=1$、$k_{BC}=2$、さらに変形図の情報より $\phi_A=0$、$\psi_{AB}=\psi_{BC}=0$、中間荷重がないことより C はすべて 0 を代入し、式を整理し式4・31a〜d を得ます。

[柱 AB 材について]

$$M_{AB} = k_{AB}(2\phi_A + \phi_B + \psi_{AB}) + C_{AB} = 1(2\times 0 + \phi_B + 0) + 0 = \phi_B \quad \cdots\cdots 式4\cdot31a$$

$$M_{BA} = k_{AB}(\phi_A + 2\phi_B + \psi_{AB}) + C_{BA} = 1(0 + 2\phi_B + 0) + 0 = 2\phi_B \quad \cdots\cdots 式4\cdot31b$$

[梁 BC 材について]

$$M_{BC} = k_{BC}(2\phi_B + \phi_C + \psi_{BC}) + C_{BC} = 2(2\phi_B + \phi_C + 0) + 0 = 4\phi_B + 2\phi_C \quad \cdots 式4\cdot31c$$

$$M_{CB} = k_{BC}(\phi_B + 2\phi_C + \psi_{BC}) + C_{CB} = 2(\phi_B + 2\phi_C + 0) + 0 = 2\phi_B + 4\phi_C \quad \cdots 式4\cdot31d$$

③図4・42のように切り出し、節点 B について節点方程式をたてます。

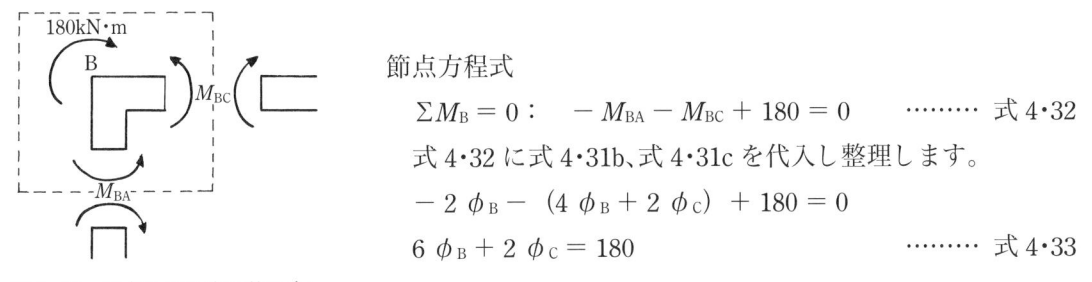

図4・42　節点 B での力の釣り合い

節点方程式

$$\Sigma M_B = 0: \quad -M_{BA} - M_{BC} + 180 = 0 \quad \cdots\cdots 式4\cdot32$$

式4・32 に式4・31b、式4・31c を代入し整理します。

$$-2\phi_B - (4\phi_B + 2\phi_C) + 180 = 0$$

$$6\phi_B + 2\phi_C = 180 \quad \cdots\cdots 式4\cdot33$$

④ピン支点では曲げモーメント 0 であることより、ピン支点 C での材端モーメント $M_{CB}=0$ の式をたてます。式4・31d より、

$$M_{CB} = 2\phi_B + 4\phi_C = 0 \quad \Rightarrow \quad \phi_B + 2\phi_C = 0 \quad \cdots\cdots 式4\cdot34$$

式4・33 と式4・34 を連立して ϕ_B、ϕ_C を求めます。

$$\phi_B = 36 \quad \phi_C = -18$$

⑤$\phi_B = 36$、$\phi_C = -18$ を式4・31a〜d に代入し、すべての材端モーメントを求めます。

[柱]　$M_{AB} = 36\text{kN·m}$　　$M_{BA} = 72\text{kN·m}$
[梁]　$M_{BC} = 108\text{kN·m}$　　$M_{CB} = 0\text{kN·m}$

⑥材端モーメントをもとに曲げモーメント図を描きます。

下図のように部材の各端部に時計まわりの矢先を描いておき、＋の材端モーメントは矢先のない側にグラフを出します。

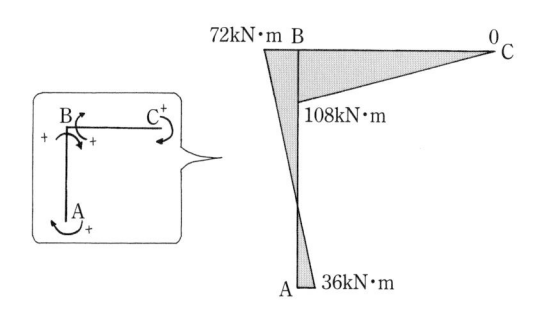

図4・43 【基本例題2】曲げモーメント図（答え）

(応用例題1)　図4・44(a)の構造物について、たわみ角法により各部材の材端モーメントを求め、曲げモーメント図を描きなさい。

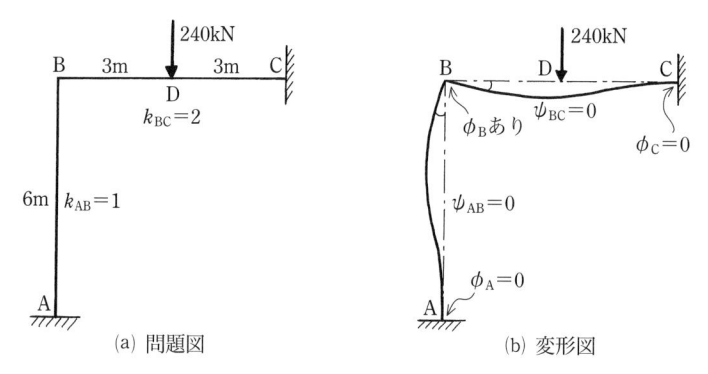

(a) 問題図　　(b) 変形図

図4・44　梁中央に集中荷重を受ける柱－梁ラーメン（両端固定）

(解　答)

①図4・44(b)のように変形状況を描き、各節点の節点回転角の有無、部材回転角の有無を確認します。

②たわみ角法公式に剛比 $k_{AB} = 1$、$k_{BC} = 2$、変形図の情報より $\phi_A = \phi_C = 0$、$\psi_{AB} = \psi_{BC} = 0$ を代入します。AB間には中間荷重がないので C_{AB}、C_{BA} は0となります。

さらに、図4・20(a)両端固定梁の固定端モーメントをもとに C_{BC}、C_{CB} を求めます。

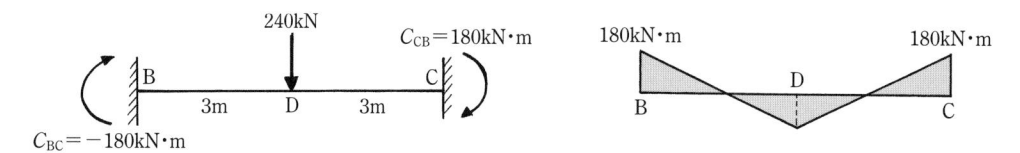

図4・45　固定端モーメント

$$C_{BC} = -\frac{P \cdot l}{8} = -\frac{240\text{kN} \times 6\text{m}}{8} = -180\text{kN·m}$$

$C_{CB} = +180\text{kN·m}$

$C_{BC} = -180\text{kN·m}$、$C_{CB} = +180\text{kN·m}$ を代入し、式を整理し式 4·35a〜d を得ます。

[柱 AB 材について]

$M_{AB} = k_{AB} (2\phi_A + \phi_B + \psi_{AB}) + C_{AB} = 1 (2 \times 0 + \phi_B + 0) + 0 = \phi_B$ ……… 式 4·35a

$M_{BA} = k_{AB} (\phi_A + 2\phi_B + \psi_{AB}) + C_{BA} = 1 (0 + 2\phi_B + 0) + 0 = 2\phi_B$ ……… 式 4·35b

[梁 BC 材について]

$M_{BC} = k_{BC} (2\phi_B + \phi_C + \psi_{BC}) + C_{BC} = 2 (2\phi_B + 0 + 0) - 180 = 4\phi_B - 180$ … 式 4·35c

$M_{CB} = k_{BC} (\phi_B + 2\phi_C + \psi_{BC}) + C_{CB} = 2 (\phi_B + 0 + 0) + 180 = 2\phi_B + 180$ … 式 4·35d

③図 4·46 のように切り出し、節点 B について節点方程式をたてます。

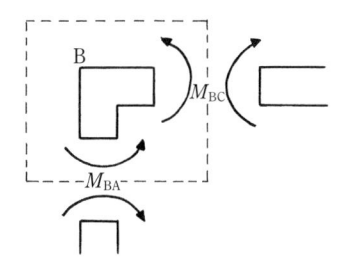

節点方程式

$\Sigma M_B = 0：\quad -M_{BA} - M_{BC} = 0$ ……… 式 4·36

式 4·36 に式 4·35b、式 4·35c を代入して ϕ_B を求めます。

$-2\phi_B - (4\phi_B - 180) = 0$

$\phi_B = 30$

図 4·46 節点 B での力の釣り合い

④$\phi_B = 30$ を式 4·35a〜d に代入し、すべての材端モーメントを求めます。

[柱]　$M_{AB} = 30\text{kN·m}$　　$M_{BA} = 60\text{kN·m}$

[梁]　$M_{BC} = -60\text{kN·m}$　　$M_{CB} = 240\text{kN·m}$

⑤材端モーメントをもとに曲げモーメント図を描きます。

　図 4·48 のように部材の各端部に時計まわりの矢印を描いておき、＋の材端モーメントは矢先のない側にグラフを出します。逆に－の材端モーメントは矢先のある側にグラフを出します。

　梁を単純梁として中間荷重による曲げモーメント図を図 4·47 のように描きます。

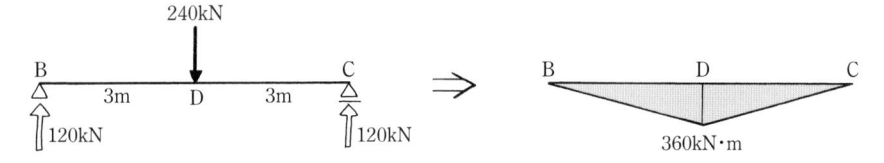

図 4·47 単純梁の曲げモーメント図

図4·48中、梁の材端モーメント $M_{BC} = -60\text{kN·m}$ と $M_{CB} = 240\text{kN·m}$ を点線でつなぎ、単純梁の曲げモーメント図（図4·47）を重ね合わせ、荷重点Dにおける曲げモーメント値を算出します。

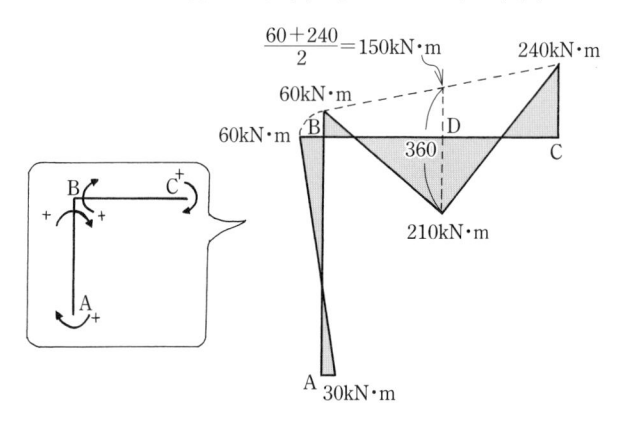

図4·48 【応用例題1】曲げモーメント図（答え）

応用例題2　図4·49(a)の構造物について、たわみ角法により各部材の材端モーメントを求め、曲げモーメント図を描きなさい。

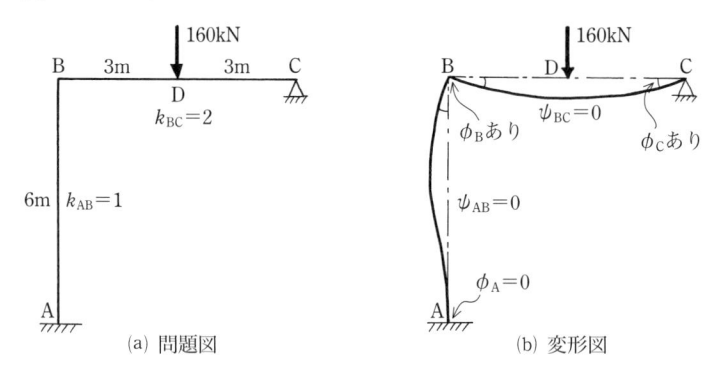

図4·49　梁中央に集中荷重を受ける柱－梁ラーメン（固定・ピン）

（解　答）

① 図4·49(b)のように変形状況を描き、各節点の節点回転角の有無、部材回転角の有無を確認します。

② たわみ角法公式に剛比 $k_{AB} = 1$、$k_{BC} = 2$、変形図の情報より $\phi_A = 0$、$\psi_{AB} = \psi_{BC} = 0$ を代入します。

さらに、図4·16(b)ローラー－固定梁の固定端モーメントをもとに図4·50のように C_{BC}、C_{CB} を求めます。AB間には中間荷重がないので C_{AB}、C_{BA} は0となります。

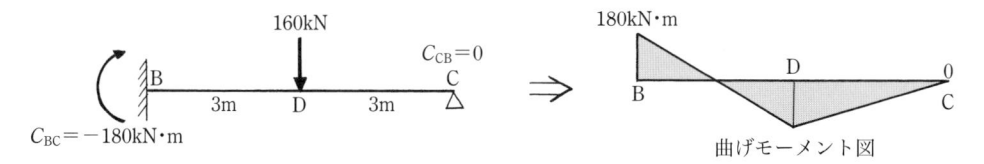

図4·50　固定端モーメント

$$C_{BC} = -\frac{3P \cdot l}{16} = -\frac{3 \times 160 \text{kN} \times 6\text{m}}{16} = -180 \text{kN·m}$$

$C_{CB} = 0 \text{kN·m}$

$C_{BC} = -180 \text{kN·m}$、$C_{CB} = 0 \text{kN·m}$ を代入、整理し式 4·37a～d を得ます。

[柱 AB 材について]

$M_{AB} = k_{AB}(2\phi_A + \phi_B + \psi_{AB}) + C_{AB} = 1(2 \times 0 + \phi_B + 0) + 0 = \phi_B$ ……… 式 4·37a

$M_{BA} = k_{AB}(\phi_A + 2\phi_B + \psi_{AB}) + C_{BA} = 1(0 + 2\phi_B + 0) + 0 = 2\phi_B$ ……… 式 4·37b

[梁 BC 材について]

$M_{BC} = k_{BC}(2\phi_B + \phi_C + \psi_{BC}) + C_{BC} = 2(2\phi_B + \phi_C + 0) - 180 = 4\phi_B + 2\phi_C - 180$
……… 式 4·37c

$M_{CB} = k_{BC}(\phi_B + 2\phi_C + \psi_{BC}) + C_{CB} = 2(\phi_B + 2\phi_C + 0) + 0 = 2\phi_B + 4\phi_C$
……… 式 4·37d

③図 4·51 のように節点 B を切り出し、節点方程式をたてます。

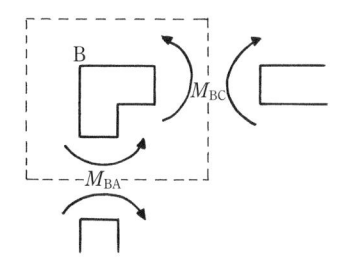

節点方程式

$\sum M_B = 0$: $-M_{BA} - M_{BC} = 0$ ……… 式 4·38

式 4·38 に式 4·37b、式 4·37c を代入します。

$-2\phi_B - (4\phi_B + 2\phi_C - 180) = 0$

$6\phi_B + 2\phi_C = 180$ ……… 式 4·39

図 4·51 節点 B での力の釣り合い

④ピン支点 C での材端モーメント $M_{CB} = 0$ の式をたてます。式 4·37d より、

$M_{CB} = 2\phi_B + 4\phi_C = 0 \Rightarrow \phi_B + 2\phi_C = 0$ ……… 式 4·40

式 4·39 と式 4·40 を連立して ϕ_B、ϕ_C を求めます。

$\phi_B = 36$　　$\phi_C = -18$

⑤$\phi_B = 36$、$\phi_C = -18$ を式 4·37a～d に代入し、すべての材端モーメントを求めます。

[柱]　$M_{AB} = 36 \text{kN·m}$　　$M_{BA} = 72 \text{kN·m}$

[梁]　$M_{BC} = -72 \text{kN·m}$　　$M_{CB} = 0 \text{kN·m}$

⑥材端モーメントをもとに曲げモーメント図を描きます。

図 4·52 のように部材の各端部に時計まわりの矢印を描いておき、＋の材端モーメントは矢先のない側にグラフを出します。逆に－の材端モーメントは矢先のある側にグラフを出します。

梁を単純梁として中間荷重による曲げモーメント図を図 4·52 のように描きます。

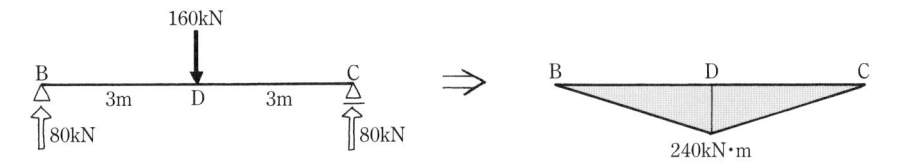

図 4·52 単純梁の曲げモーメント図

図4·53中、梁の材端モーメント $M_{BC} = -72\text{kN·m}$ と $M_{CD} = 0$ を点線でつなぎ、単純梁の曲げモーメント図（図4·52）を重ね合わせ、荷重点Dにおける曲げモーメント値を算出します。

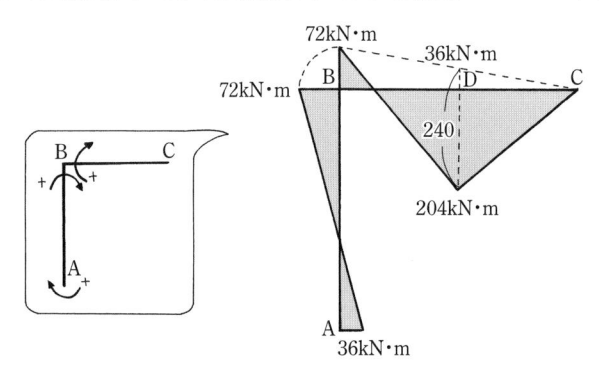

図4·53 【応用例題2】曲げモーメント図（答え）

応用例題3　図4·54(a)の構造物について、たわみ角法により各部材の材端モーメントを求め、曲げモーメント図を描きなさい。

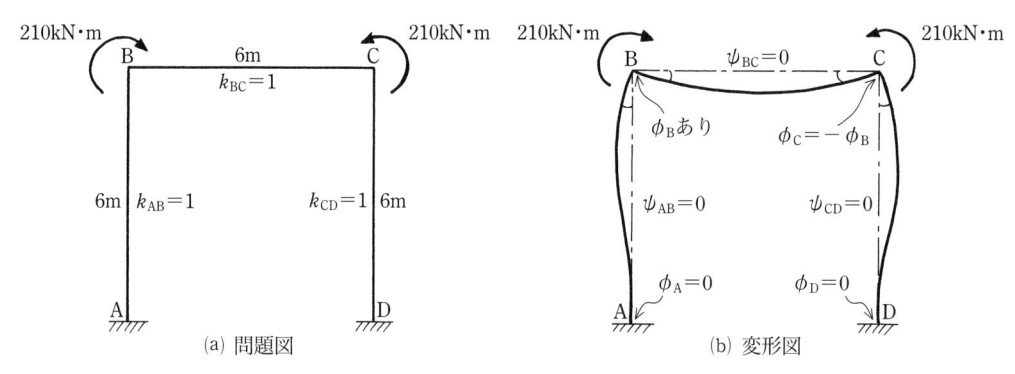

図4·54　モーメント荷重を受ける対称形ラーメン（その1）

(解　答)

① 図4·54(b)のように変形状況を描き、各節点の節点回転角の有無、部材回転角の有無を確認します。荷重、構造体とも左右対称形なので、

　　柱の部材回転角は生じない　⇒　$\psi_{AB} = \psi_{CD} = 0$
　　梁の部材回転角は生じない　⇒　$\psi_{BC} = 0$
　　梁は対称変形である　　　　⇒　$\phi_C = -\phi_B$
　　固定端より　　　　　　　　⇒　$\phi_A = \phi_D = 0$

② たわみ角法公式に剛比はすべて1を代入します。中間荷重がないのでCにはすべて0を代入し、式を整理し式4·41a～fを得ます。

[左柱AB材について]

$M_{AB} = k_{AB}(2\phi_A + \phi_B + \psi_{AB}) + C_{AB} = 1(2\times 0 + \phi_B + 0) + 0 = \phi_B$ ……… 式4·41a

$M_{BA} = k_{AB}(\phi_A + 2\phi_B + \psi_{AB}) + C_{BA} = 1(0 + 2\phi_B + 0) + 0 = 2\phi_B$ ……… 式4·41b

［梁BC材について］

$M_{BC} = k_{BC}(2\phi_B + \phi_C + \psi_{BC}) + C_{BC} = 1(2\phi_B - \phi_B + 0) + 0 = \phi_B$ ……… 式4・41c

$M_{CB} = k_{BC}(\phi_B + 2\phi_C + \psi_{BC}) + C_{CB} = 1(\phi_B - 2\phi_B + 0) + 0 = -\phi_B = -M_{BC}$

……… 式4・41d

［右柱CD材について］

$M_{CD} = k_{CD}(2\phi_C + \phi_D + \psi_{CD}) + C_{CD} = 1(-2\phi_B + 0 + 0) + 0 = -2\phi_B = -M_{BA}$

……… 式4・41e

$M_{DC} = k_{CD}(\phi_C + 2\phi_D + \psi_{CD}) + C_{DC} = 1(-\phi_B + 2\times 0 + 0) + 0 = -\phi_B = -M_{AB}$

……… 式4・41f

③図4・55のように節点Bを切り出し、節点方程式をたてます。

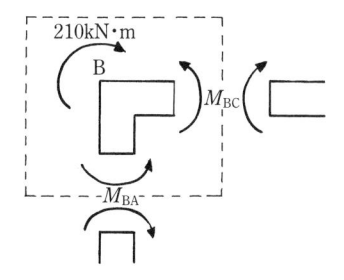

節点方程式

$\Sigma M_B = 0: \quad -M_{BA} - M_{BC} + 210 = 0$ ……… 式4・42

式4・42に式4・41b、式4・41cを代入しϕ_Bを求めます。

$-2\phi_B - \phi_B + 210 = 0$

$\phi_B = 70$

図4・55　節点Bでの力の釣り合い

$\phi_B = 70$を式4・41a～fに代入し、すべての材端モーメントを求めます。

［左柱］　$M_{AB} = 70$kN・m　　$M_{BA} = 140$kN・m

［梁］　　$M_{BC} = 70$kN・m　　$M_{CB} = -M_{BC} = -70$kN・m

［右柱］　$M_{CD} = -M_{BA} = -140$kN・m　　$M_{DC} = -M_{AB} = -70$kN・m

④材端モーメントをもとに曲げモーメント図を描きます。

図4・56のように部材の各端部に時計まわりの矢印を描いて、＋の材端モーメントは矢先のない側にグラフを出します。

各材端モーメントを直線で結べば、曲げモーメント図の完成です。

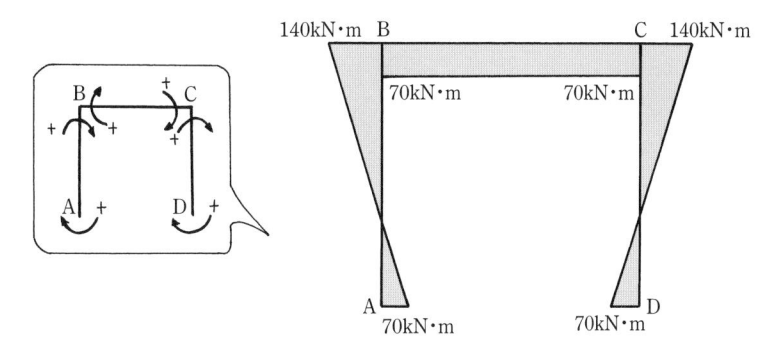

図4・56　【応用例題3】曲げモーメント図（答え）

[発展例題1] 図4·57(a)の構造物について、たわみ角法により各部材の材端モーメントを求め、曲げモーメント図を描きなさい。

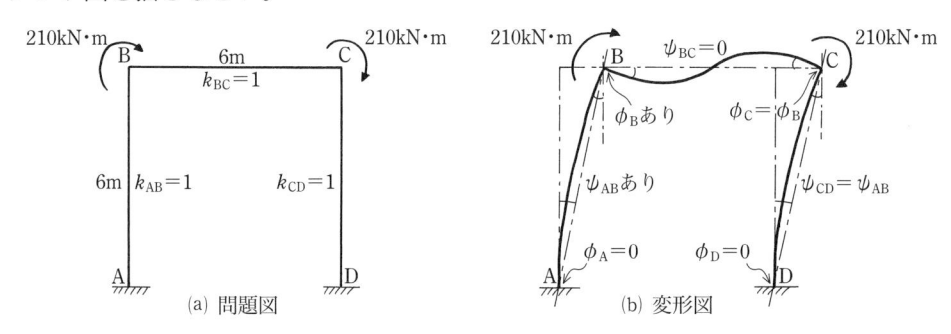

図4·57 モーメント荷重を受ける対称ラーメン(その2)

(解 答)

① 図4·57(b)のように変形状況を描き、各節点の節点回転角の有無、部材回転角の有無を確認します。また、左右対称形のラーメンであることより、

梁の変形は逆対称である   ⇒ $\phi_C = \phi_B$
柱の部材回転角の関係   ⇒ $\psi_{CD} = \psi_{AB}$
梁には部材回転角は生じない ⇒ $\psi_{BC} = 0$
固定端より   ⇒ $\phi_A = \phi_D = 0$

② たわみ角法公式に剛比はすべて1を代入します。中間荷重がないのでCにはすべて0を代入し、式を整理し式4·43a〜fを得ます。

[左柱AB材について]

$M_{AB} = k_{AB}(2\phi_A + \phi_B + \psi_{AB}) + C_{AB} = 1(2\times 0 + \phi_B + \psi_{AB}) + 0 = \phi_B + \psi_{AB}$ ……… 式4·43a

$M_{BA} = k_{AB}(\phi_A + 2\phi_B + \psi_{AB}) + C_{BA} = 1(0 + 2\phi_B + \psi_{AB}) + 0 = 2\phi_B + \psi_{AB}$ … 式4·43b

[梁BC材について]

$M_{BC} = k_{BC}(2\phi_B + \phi_C + \psi_{BC}) + C_{BC} = 1(2\phi_B + \phi_B + 0) + 0 = 3\phi_B$ ……… 式4·43c

$M_{CB} = k_{BC}(\phi_B + 2\phi_C + \psi_{BC}) + C_{CB} = 1(\phi_B + 2\phi_B + 0) + 0 = 3\phi_B = M_{BC}$ … 式4·43d

[右柱CD材について]

$M_{CD} = k_{CD}(2\phi_C + \phi_D + \psi_{CD}) + C_{CD} = 1(2\phi_B + 0 + \psi_{AB}) + 0 = 2\phi_B + \psi_{AB} = M_{BA}$
 ……… 式4·43e

$M_{DC} = k_{CD}(\phi_C + 2\phi_D + \psi_{CD}) + C_{DC} = 1(\phi_B + 2\times 0 + \psi_{AB}) + 0 = \phi_B + \psi_{AB} = M_{AB}$
 ……… 式4·43f

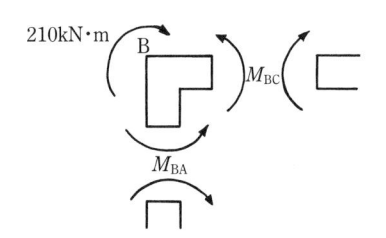

図4·58 節点Bでの力の釣り合い

③ 図4·58のように切り出し、節点Bについて節点方程式をたてます。

節点方程式

$\Sigma M_B = 0: \quad -M_{BA} - M_{BC} + 210 = 0$ ……… 式4·44

式4·44に式4·43b、式4·43cを代入します。

$-(2\phi_B + \psi_{AB}) - 3\phi_B + 210 = 0$

$5\phi_B + \psi_{AB} = 210$ ……… 式4・45

④図4・59のように水平に切断し、水平方向の力の釣り合い式をたてます。これを**層方程式**といいます。

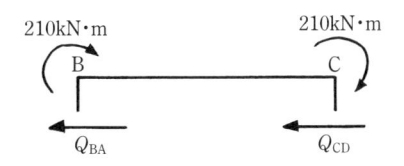

図4・59 水平力と柱のせん断力との釣り合い

層方程式　$\Sigma X = 0$：　　$Q_{BA} + Q_{CD} = 0$ ………… 式4・46

公式14a、公式14b より、材端せん断力 Q_{BA}、Q_{CD} を材端モーメントで表します。

$$-\frac{M_{AB}+M_{BA}}{6m}-\frac{M_{CD}+M_{DC}}{6m}=0$$

$M_{AB} = M_{DC}$、$M_{BA} = M_{CD}$ より、

$$\frac{2(M_{AB}+M_{BA})}{6m}=0 \Rightarrow M_{AB}+M_{BA}=0$$ ………… 式4・47

式4・43a、式4・43b を式4・47に代入します。

　$(\phi_B + \psi_{AB}) + (2\phi_B + \psi_{AB}) = 0$

　$3\phi_B + 2\psi_{AB} = 0$ ………… 式4・48

式4・45と式4・48を連立して解くと、

　$\phi_B = 60$　　$\psi_{AB} = -90$

⑤$\phi_B = 60$、$\psi_{AB} = -90$ を式4・43a～f に代入し、すべての材端モーメントを求めます。

[左柱]　$M_{AB} = -30$ kN・m　　$M_{BA} = 30$ kN・m

[梁]　　$M_{BC} = 180$ kN・m　　$M_{CB} = M_{BC} = 180$ kN・m

[右柱]　$M_{CD} = M_{BA} = 30$ kN・m　　$M_{DC} = M_{AB} = -30$ kN・m

⑥材端モーメントをもとに曲げモーメント図を描きます。

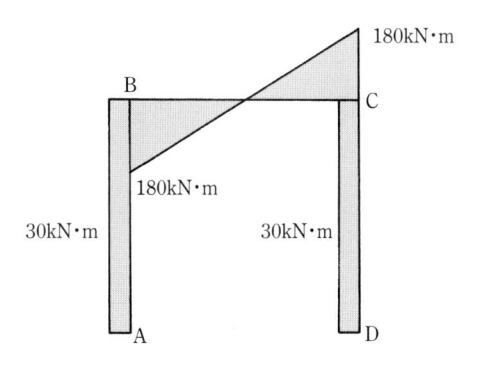

図4・60 【発展例題1】曲げモーメント図（答え）

[発展例題2] 図4・61(a)の構造物について、たわみ角法により各部材の材端モーメントを求め、曲げモーメント図を描きなさい。

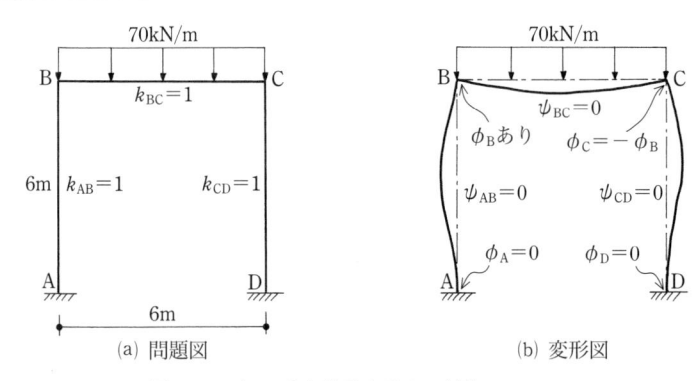

図4・61 梁に分布荷重を受ける対称ラーメン
(a) 問題図
(b) 変形図

(解　答)

① 図4・61(b)のように変形状況を描き、各節点の節点回転角の有無、部材回転角の有無を確認します。左右対称形のラーメンであることより、

部材回転角は生じない　⇒　$\psi_{AB} = \psi_{BC} = \psi_{CD} = 0$

梁は対称変形である　⇒　$\phi_C = -\phi_B$

固定端より　⇒　$\phi_A = \phi_D = 0$

② たわみ角法公式に剛比はすべて1を代入します。AB、CD間には中間荷重がないので、C_{AB}、C_{BA}、C_{CD}、C_{DC} は0となります。

図4・21(b)両端固定梁の固定端モーメントをもとに C_{BC}、C_{CB} を求めます。

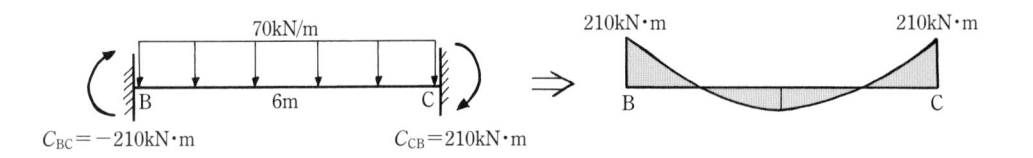

図4・62 固定端モーメント

$C_{BC} = -\dfrac{w \cdot l^2}{12} = -\dfrac{70\text{kN/m} \times (6\text{m})^2}{12} = -210\text{kN}\cdot\text{m}$

$C_{CB} = +210\text{kN}\cdot\text{m}$

$C_{BC} = -210\text{kN}\cdot\text{m}$、$C_{CB} = +210\text{kN}\cdot\text{m}$ を代入、式を整理し式4・49a～fを得ます。

[左柱 AB 材について]

$M_{AB} = k_{AB}(2\phi_A + \phi_B + \psi_{AB}) + C_{AB} = 1(2 \times 0 + \phi_B + 0) + 0 = \phi_B$　………　式4・49a

$M_{BA} = k_{AB}(\phi_A + 2\phi_B + \psi_{AB}) + C_{BA} = 1(0 + 2\phi_B + 0) + 0 = 2\phi_B$　………　式4・49b

[梁 BC 材について]

$M_{BC} = k_{BC}(2\phi_B + \phi_C + \psi_{BC}) + C_{BC} = 1(2\phi_B - \phi_B + 0) - 210 = \phi_B - 210$　……　式4・49c

$M_{CB} = k_{BC}(\phi_B + 2\phi_C + \psi_{BC}) + C_{BC} = 1(\phi_B - 2\phi_C + 0) + 210 = M_{BC}$　………　式4・49d

[右柱 CD 材について]

$M_{CD} = -M_{BA}$ …… 式 4·49e $M_{DC} = -M_{AB}$ …… 式 4·49f

③図 4·63 のように節点 B を切り出し、節点方程式をたてます。

節点方程式

$\Sigma M_B = 0$：　$-M_{BA} - M_{BC} = 0$　……… 式 4·50

式 4·50 に式 4·49b、式 4·49c を代入して ϕ_B を求めます。

$-2\phi_B - (\phi_B - 210) = 0$

$\phi_B = 70$

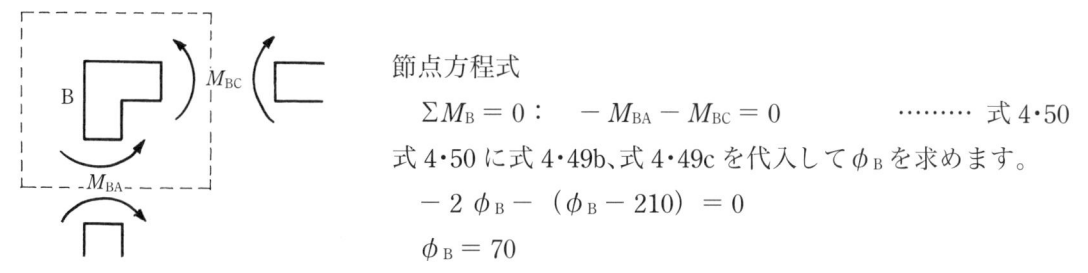

図 4·63　節点 B での力の釣り合い

④$\phi_B = 70$ を式 4·49a～f に代入し、すべての材端モーメントを求めます。

[左柱]　$M_{AB} = 70\,\text{kN·m}$　　$M_{BA} = 140\,\text{kN·m}$

[梁]　　$M_{BC} = -140\,\text{kN·m}$　　$M_{CB} = -M_{BC} = 140\,\text{kN·m}$

[右柱]　$M_{CD} = -M_{BA} = -140\,\text{kN·m}$　　$M_{DC} = -M_{AB} = -70\,\text{kN·m}$

⑤材端モーメントをもとに曲げモーメント図を描きます。

梁を単純梁として中間荷重による曲げモーメント図を図 4·64 のように描きます。

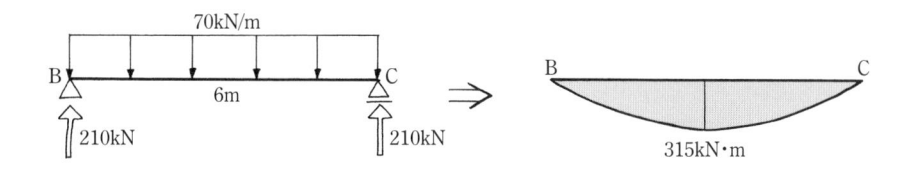

図 4·64　単純梁の曲げモーメント図

図 4·65 中、梁の材端モーメント $M_{BC} = -140\,\text{kN·m}$ と $M_{CB} = 140\,\text{kN·m}$ を点線でつなぎ、単純梁の曲げモーメント図（図 4·64）を重ね合わせ、荷重点における曲げモーメント値を算出します。

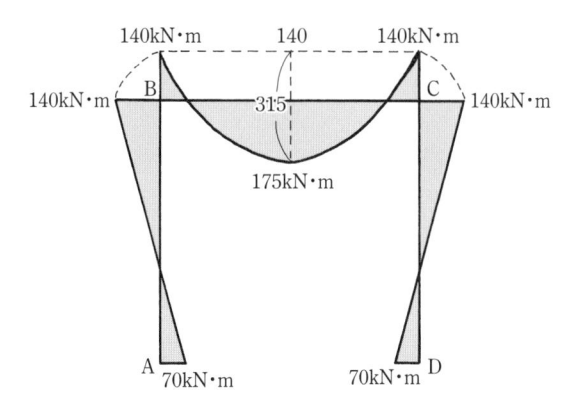

図 4·65　【発展例題 2】曲げモーメント図（答え）

発展例題3 図4・66(a)の構造物について、たわみ角法により各部材の材端モーメントを求め、曲げモーメント図を描きなさい。

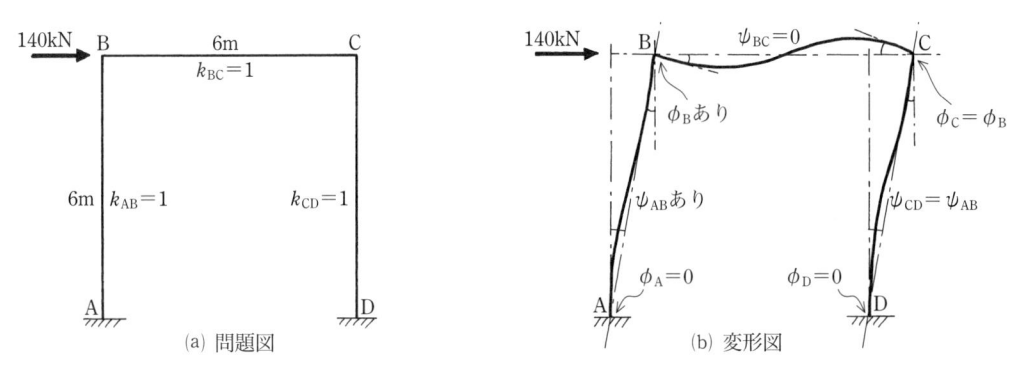

図4・66 水平力を受ける対称ラーメン

(解　答)

① 図4・66(b)のように変形状況を描き、各節点の節点回転角の有無、部材回転角の有無を確認します。左右対称形のラーメンであることより、

　　梁の変形は逆対称である　　⇒　$\phi_C = \phi_B$
　　柱の部材回転角の関係　　　⇒　$\psi_{CD} = \psi_{AB}$
　　梁に部材回転角は生じない　⇒　$\psi_{BC} = 0$
　　固定端より　　　　　　　　⇒　$\phi_A = \phi_D = 0$

② たわみ角法公式に剛比はすべて1を代入します。中間荷重がないので C はすべて0を代入し、式を整理し式4・51a～fを得ます。

[左柱 AB 材について]

$M_{AB} = k_{AB}(2\phi_A + \phi_B + \psi_{AB}) + C_{AB} = 1(2\times 0 + \phi_B + \psi_{AB}) + 0 = \phi_B + \psi_{AB}$ ……… 式4・51a

$M_{BA} = k_{AB}(\phi_A + 2\phi_B + \psi_{AB}) + C_{BA} = 1(0 + 2\phi_B + \psi_{AB}) + 0 = 2\phi_B + \psi_{AB}$ ……… 式4・51b

[梁 BC 材について]

$M_{BC} = k_{BC}(2\phi_B + \phi_C + \psi_{BC}) + C_{BC} = 1(2\phi_B + \phi_B + 0) + 0 = 3\phi_B$ ……… 式4・51c

$M_{CB} = M_{BC}$ ……… 式4・51d

[右柱 CD 材について]

$M_{CD} = M_{BA}$　…… 式4・51e　　　$M_{DC} = M_{AB}$　…… 式4・51f

③ 図4・67のように切り出し、節点Bについて節点方程式をたてます。

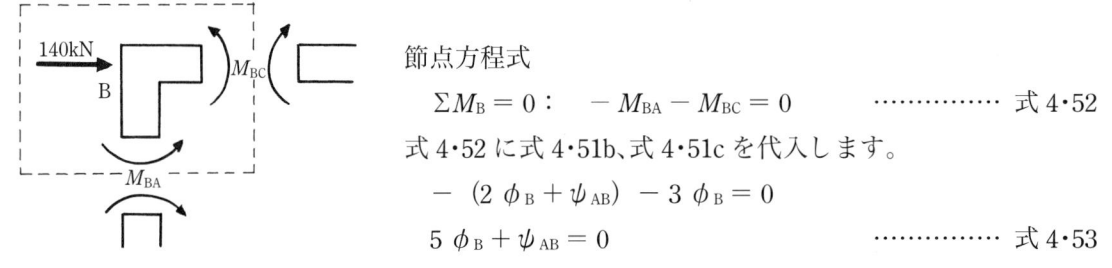

図4・67　節点Bでの力の釣り合い

節点方程式

　　$\Sigma M_B = 0 : \quad -M_{BA} - M_{BC} = 0$ ……………… 式4・52

式4・52に式4・51b、式4・51cを代入します。

　　$-(2\phi_B + \psi_{AB}) - 3\phi_B = 0$

　　$5\phi_B + \psi_{AB} = 0$ ……………… 式4・53

④図 4・68 のように水平に切断し、層方程式をたてます。

図 4・68 水平力と柱のせん断力との釣り合い

層方程式 $\Sigma X = 0$： $140 - Q_{BA} - Q_{CD} = 0$ ………… 式 4・54

公式 14a、公式 14b より、材端せん断力 Q_{BA}、Q_{CD} を材端モーメントで表します。

$$140 - \left(-\frac{M_{AB}+M_{BA}}{6\text{m}}\right) - \left(-\frac{M_{CD}+M_{DC}}{6\text{m}}\right) = 0 \quad \cdots\cdots 式 4・55$$

$M_{AB} = M_{DC}$、$M_{BA} = M_{CD}$ より、

$$\frac{2(M_{AB}+M_{BA})}{6\text{m}} = -140 \Rightarrow M_{AB}+M_{BA} = -420 \quad \cdots\cdots 式 4・56$$

式 4・56 に式 4・51a、式 4・51b を代入します。

$(\phi_B + \psi_{AB}) + (2\phi_B + \psi_{AB}) = -420$

$3\phi_B + 2\psi_{AB} = -420$ ………… 式 4・57

式 4・53 と式 4・57 を連立して解くと、

$\phi_B = 60$　　$\psi_{AB} = -300$

$\phi_B = 60$、$\psi_{AB} = -300$ を式 4・51a 〜 f に代入し、すべての材端モーメントを求めます。

[左柱]　$M_{AB} = -240\text{kN·m}$　　$M_{BA} = -180\text{kN·m}$

[梁]　　$M_{BC} = 180\text{kN·m}$　　$M_{CB} = M_{BC} = 180\text{kN·m}$

[右柱]　$M_{CD} = M_{BA} = -180\text{kN·m}$　　$M_{DC} = M_{AB} = -240\text{kN·m}$

⑤材端モーメントをもとに曲げモーメント図を描きます。

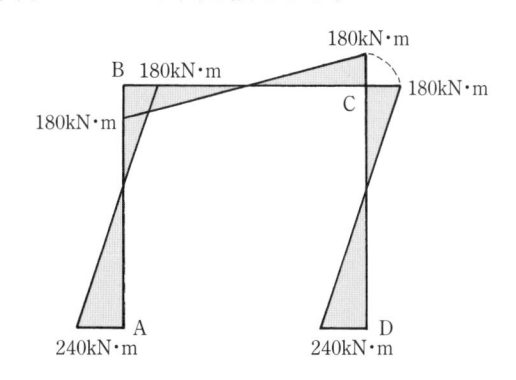

図 4・69【発展例題 3】曲げモーメント図（答え）

実践例題 1 図 4・70(a)の構造物について、たわみ角法により各部材の材端モーメントを求め、曲げモーメント図を描きなさい。

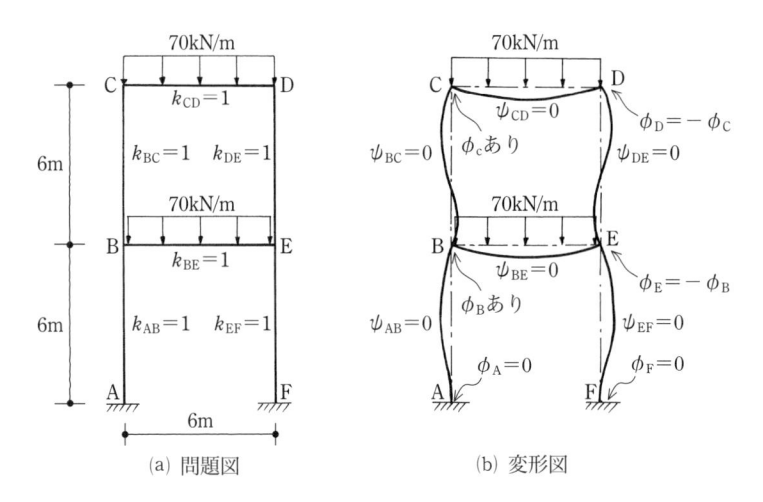

図 4・70 梁に分布荷重を受ける 2 層対称ラーメン
(a) 問題図　(b) 変形図

(解　答)

① 図 4・70(b)のように変形状況を描き、各節点の節点回転角の有無、部材回転角の有無を確認します。また、左右対称形のラーメンであることより、変形の対称性を勘案して、

　梁は対称変形である　　⇒　$\phi_E = -\phi_B$　　$\phi_D = -\phi_C$
　部材回転角は生じない　⇒　$\psi_{AB} = \psi_{BC} = \psi_{CD} = \psi_{DE} = \psi_{EF} = \psi_{BE} = 0$
　固定端より　　　　　　⇒　$\phi_A = \phi_F = 0$

② たわみ角法公式に剛比はすべて 1 を代入します。

図 4・20(b)両端固定梁の固定端モーメントをもとに C_{CD}、C_{DC} および C_{BE}、C_{EB} を求めます。

$$C_{CD} = C_{BE} = -\frac{w \cdot l^2}{12} = -\frac{70\text{kN/m} \times (6\text{m})^2}{12} = -210\text{kN·m}$$

$$C_{DC} = C_{EB} = +210\text{kN·m}$$

$C_{CD} = C_{BE} - 210$ kN·m、$C_{DC} = C_{EB} = +210$ kN·m を代入、それ以外は中間荷重がないので C は 0 を代入し、式を整理し式 4・58a〜l を得ます。

[1 層左柱 AB 材について]

$M_{AB} = k_{AB}(2\phi_A + \phi_B + \psi_{AB}) + C_{AB} = 1(2 \times 0 + \phi_B + 0) + 0 = \phi_B$ ……… 式 4・58a

$M_{BA} = k_{AB}(\phi_A + 2\phi_B + \psi_{AB}) + C_{BA} = 1(0 + 2\phi_B + 0) + 0 = 2\phi_B$ ……… 式 4・58b

[2 層左柱 BC 材について]

$M_{BC} = k_{BC}(2\phi_B + \phi_C + \psi_{BC}) + C_{BC} = 1(2\phi_B + \phi_C + 0) + 0 = 2\phi_B + \phi_C$ …… 式 4・58c

$M_{CB} = k_{BC}(\phi_B + 2\phi_C + \psi_{BC}) + C_{CB} = 1(\phi_B + 2\phi_C + 0) + 0 = \phi_B + 2\phi_C$ …… 式 4・58d

[1 層梁 BE 材について]

$M_{BE} = k_{BE}(2\phi_B + \phi_E + \psi_{BE}) + C_{BE} = 1(2\phi_B - \phi_B + 0) - 210 = \phi_B - 210$ …… 式 4・58e

$M_{EB} = -M_{BE}$　　　　　　　　　　　　　　　　　　　　　　　　　　　……… 式 4・58f

[2層梁 CD 材について]

$M_{CD} = k_{CD}(2\phi_C + \phi_D + \psi_{CD}) + C_{CD} = 1(2\phi_C - \phi_C + 0) - 210 = \phi_C - 210$ ……… 式 4・58g

$M_{DC} = -M_{CD}$ ……… 式 4・58h

[2層右柱 DE 材について]

$M_{DE} = -M_{CB}$ ……… 式 4・58i　　　　　　$M_{ED} = -M_{BC}$ ……… 式 4・58j

[1層右柱 EF 材について]

$M_{EF} = -M_{BA}$ ……… 式 4・58k　　　　　　$M_{FE} = -M_{BA}$ ……… 式 4・58l

③節点 B、節点 C について節点方程式をたてます。

[節点 B] 図 4・71 のように切り出します。

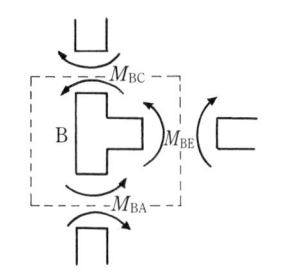

節点方程式

$\Sigma M_B = 0: \quad -M_{BA} - M_{BC} - M_{BE} = 0$ ……… 式 4・59

式 4・59 に式 4・58b、式 4・58c、式 4・58e を代入します。

$-2\phi_B - (2\phi_B + \phi_C) - (\phi_B - 210) = 0$

$5\phi_B + \phi_C = 210$ ……… 式 4・60

図 4・71　節点 B での力の釣り合い

[節点 C] 図 4・72 のように切り出します。

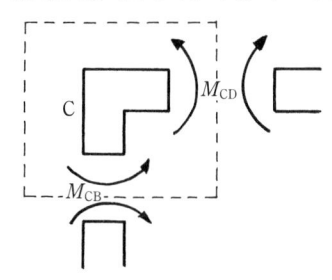

節点方程式

$\Sigma M_C = 0: \quad -M_{CB} - M_{CD} = 0$ ……… 式 4・61

式 4・61 に式 4・58d、式 4・58g を代入します。

$-(\phi_B + 2\phi_C) - (\phi_C - 210) = 0$

$\phi_B + 3\phi_C = 210$ ……… 式 4・62

図 4・72　節点 C での力の釣り合い

式 4・60 と式 4・62 を連立して解くと、

$\phi_B = 30 \quad \phi_C = 60$

④ $\phi_B = 30$、$\phi_C = 60$ を式 4・58a〜l に代入し、すべての材端モーメントを求めます。

[1層左柱]　$M_{AB} = 30\,\text{kN·m}$　　　　　$M_{BA} = 60\,\text{kN·m}$

[2層左柱]　$M_{BC} = 120\,\text{kN·m}$　　　　$M_{CB} = 150\,\text{kN·m}$

[1層　梁]　$M_{BE} = -180\,\text{kN·m}$　　　$M_{EB} = -M_{BE} = 180\,\text{kN·m}$

[2層　梁]　$M_{CD} = -150\,\text{kN·m}$　　　$M_{DC} = -M_{CD} = 150\,\text{kN·m}$

[1層右柱]　$M_{EF} = -M_{BA} = -60\,\text{kN·m}$　　$M_{FE} = -M_{AB} = -30\,\text{kN·m}$

[2層右柱]　$M_{DE} = -M_{CB} = -150\,\text{kN·m}$　$M_{ED} = -M_{BC} = -120\,\text{kN·m}$

⑤材端モーメントをもとに曲げモーメント図を描きます。

梁の材端モーメントを点線でつなぎ、単純梁の曲げモーメント図を重ね合わせ、梁中央における曲げモーメント値を算出します。

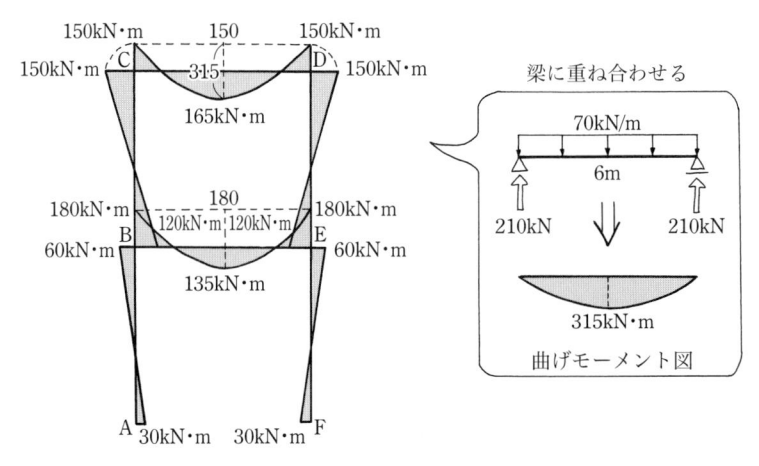

図4・73 【実践例題1】曲げモーメント図

実践例題2 図4・74(a)の構造物について、たわみ角法により各部材の材端モーメントを求め、曲げモーメント図を描きなさい。

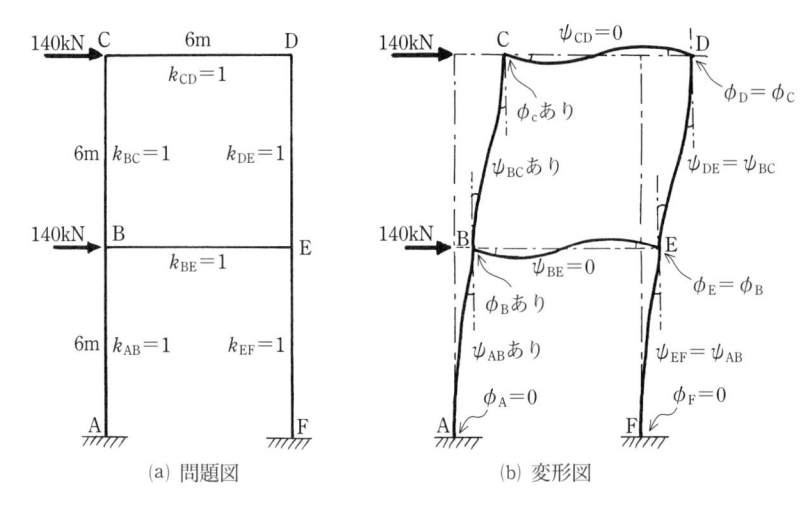

(a) 問題図　　(b) 変形図

図4・74　水平力を受ける2層対称ラーメン

（解　答）

①図4・74(b)のように変形状況を描き、各節点の節点回転角の有無、部材回転角の有無を確認します。また、左右対称形のラーメンであることより、

　梁の変形は逆対称である　⇒　$\phi_E = \phi_B$　　$\phi_D = \phi_C$
　柱の部材回転角の関係　　⇒　$\psi_{EF} = \psi_{AB}$　　$\psi_{DE} = \psi_{BC}$
　部材回転角は生じない　　⇒　$\psi_{CD} = \psi_{BE} = 0$
　固定端より　　　　　　　⇒　$\phi_A = \phi_F = 0$

②たわみ角法公式に剛比はすべて1、中間荷重がないのでCはすべて0を代入します。

［1層左柱AB材について］

　$M_{AB} = k_{AB}(2\phi_A + \phi_B + \psi_{AB}) + C_{AB} = 1(2\times 0 + \phi_B + \psi_{AB}) + 0 = \phi_B + \psi_{AB}$

$$M_{BA} = k_{AB}(\phi_A + 2\phi_B + \psi_{AB}) + C_{BA} = 1(0 + 2\phi_B + \psi_{AB}) + 0 = 2\phi_B + \psi_{AB}$$
………… 式 4·63b

[2層左柱 BC 材について]

$$M_{BC} = k_{BC}(2\phi_B + \phi_C + \psi_{BC}) + C_{BC} = 1(2\phi_B + \phi_C + \psi_{BC}) + 0 = 2\phi_B + \phi_C + \psi_{BC}$$
………… 式 4·63c

$$M_{CB} = k_{BC}(\phi_B + 2\phi_C + \psi_{BC}) + C_{CB} = 1(\phi_B + 2\phi_C + \psi_{BC}) + 0 = \phi_B + 2\phi_C + \psi_{BC}$$
………… 式 4·63d

[1層梁 BE 材について]

$$M_{BE} = k_{BE}(2\phi_B + \phi_E + \psi_{BE}) + C_{BE} = 1(2\phi_B + \phi_B + 0) + 0 = 3\phi_B$$
………… 式 4·63e

$$M_{EB} = M_{BE}$$ ………… 式 4·63f

[2層梁 CD 材について]

$$M_{CD} = k_{CD}(2\phi_C + \phi_D + \psi_{CD}) + C_{CD} = 1(2\phi_C + \phi_C + 0) + 0 = 3\phi_C$$
………… 式 4·63g

$$M_{DC} = M_{CD}$$ ………… 式 4·63h

[2層右柱 DE 材について]

$M_{DE} = M_{CB}$ ………… 式 4·63i $M_{ED} = M_{BC}$ ………… 式 4·63j

[1層右柱 DE 材について]

$M_{EF} = M_{BA}$ ………… 式 4·63k $M_{FE} = M_{AB}$ ………… 式 4·63l

③節点 B、節点 C について節点方程式をたてます。

[節点 B] 図 4·75 のように切り出します。

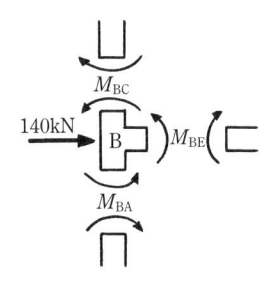

節点方程式

$\Sigma M_B = 0$: $-M_{BA} - M_{BC} - M_{BE} = 0$ ……… 式 4·64

式 4·64 に式 4·63b、式 4·63c、式 4·63e を代入します。

$-(2\phi_B + \psi_{AB}) - (2\phi_B + \phi_C + \psi_{BC}) - (3\phi_B) = 0$

$7\phi_B + \phi_C + \psi_{AB} + \psi_{BC} = 0$ ……… 式 4·65

図 4·75 節点 B での力の釣り合い

［節点C］図4・76のように切り出します。

節点方程式
$$\Sigma M_C = 0: \quad -M_{CB} - M_{CD} = 0 \qquad \cdots\cdots 式4\cdot66$$

式4・66に式4・63d、式4・63gを代入します。
$$-(\phi_B + 2\phi_C + \psi_{BC}) - (3\phi_C) = 0$$
$$\phi_B + 5\phi_C + \psi_{BC} = 0 \qquad \cdots\cdots 式4\cdot67$$

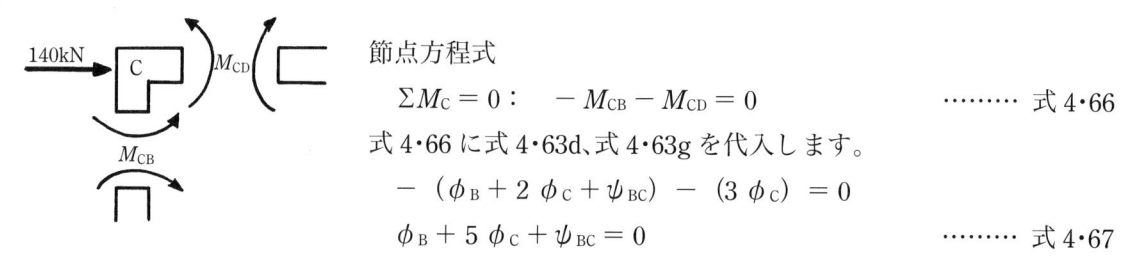

図4・76 節点Cでの力の釣り合い

④図4・77のように水平に切断し、1層、2層についての層方程式をたてます。

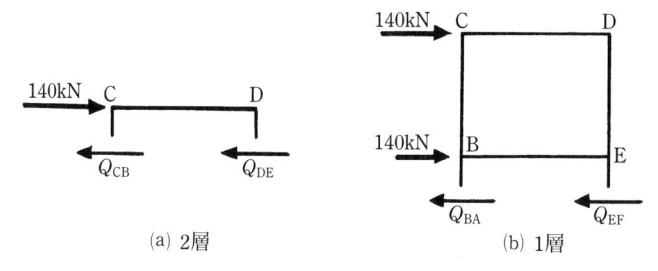

図4・77 水平力と柱のせん断力との釣り合い

[2層の層方程式 図4・77(a)]
$$\Sigma X = 0: \quad 140 - Q_{CB} - Q_{DE} = 0 \qquad \cdots\cdots 式4\cdot68$$

公式14a、公式14bより、材端せん断力を材端モーメントで表します。
$$140 - \left(-\frac{M_{BC} + M_{CB}}{6m}\right) - \left(-\frac{M_{DE} + M_{ED}}{6m}\right) = 0 \qquad \cdots\cdots 式4\cdot69$$

$M_{BC} = M_{ED}$、$M_{CB} = M_{DE}$ より、
$$\frac{2(M_{BC} + M_{CB})}{6m} = -140 \quad \Rightarrow \quad M_{BC} + M_{CB} = -420 \qquad \cdots\cdots 式4\cdot70$$

式4・70に式4・63c、式4・63dを代入します。
$$(2\phi_B + \phi_C + \psi_{BC}) + (\phi_B + 2\phi_C + \psi_{BC}) = -420$$
$$3\phi_B + 3\phi_C + 2\psi_{BC} = -420 \qquad \cdots\cdots 式4\cdot71$$

[1層の層方程式 図4・77(b)]
$$\Sigma X = 0: \quad 140 + 140 - Q_{BA} - Q_{EF} = 0 \qquad \cdots\cdots 式4\cdot72$$

公式14a、公式14bより、材端せん断力を材端モーメントで表します。
$$280 - \left(-\frac{M_{AB} + M_{BA}}{6m}\right) - \left(-\frac{M_{EF} + M_{FE}}{6m}\right) = 0 \qquad \cdots\cdots 式4\cdot73$$

$M_{AB} = M_{FE}$、$M_{BA} = M_{EF}$ より、
$$\frac{2(M_{AB} + M_{BA})}{6m} = -280 \quad \Rightarrow \quad M_{AB} + M_{BA} = -840 \qquad \cdots\cdots 式4\cdot74$$

式4・74に式4・63a、式4・63bを代入します。

$(\phi_B + \psi_{AB}) + (2\phi_B + \psi_{AB}) = -840$

$3\phi_B + 2\psi_{AB} = -840$ ……… 式4・75

式4・65、式4・67、式4・71、式4・75を連立して解くと、

$\phi_B = 168 \quad \phi_C = 84 \quad \psi_{AB} = -672 \quad \psi_{BC} = -588$

⑤この結果を式4・63a～lに代入し、すべての材端モーメントを求めます。

[1層左柱]　$M_{AB} = -504\,\text{kN·m}$　　　　$M_{BA} = -336\,\text{kN·m}$

[2層左柱]　$M_{BC} = -168\,\text{kN·m}$　　　　$M_{CB} = -252\,\text{kN·m}$

[1層　梁]　$M_{BE} = 504\,\text{kN·m}$　　　　　$M_{EB} = M_{BE} = 504\,\text{kN·m}$

[2層　梁]　$M_{CD} = 252\,\text{kN·m}$　　　　　$M_{DC} = M_{CD} = 252\,\text{kN·m}$

[2層右柱]　$M_{DE} = M_{CB} = -252\,\text{kN·m}$　$M_{ED} = M_{BC} = -168\,\text{kN·m}$

[1層右柱]　$M_{EF} = M_{BA} = -336\,\text{kN·m}$　$M_{FE} = M_{AB} = -504\,\text{kN·m}$

⑥材端モーメントをもとに曲げモーメント図を描きます。

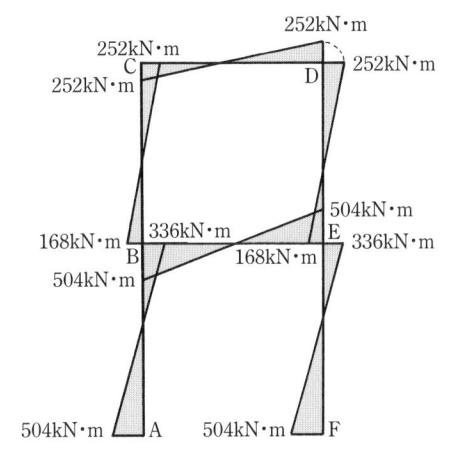

図4・78【実践例題2】曲げモーメント図（答え）

演習問題 4・10　次に示す問題図(a)の門形ラーメンをたわみ角法で解き、曲げモーメント図を描きなさい。

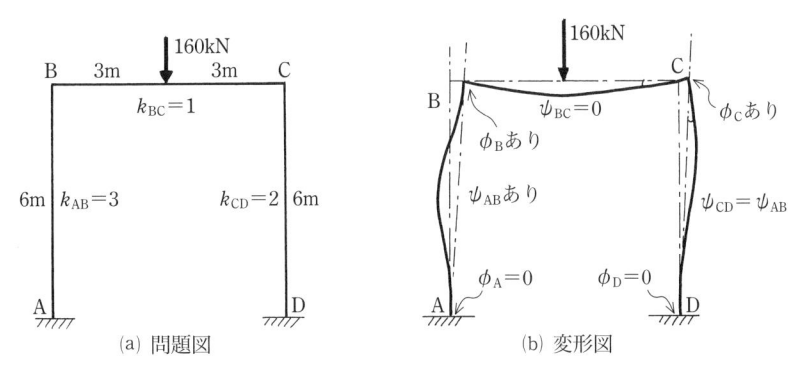

梁に集中荷重を受ける非対称ラーメン

(解 答)

①左右の柱の剛比が異なるラーメンでは柱に部材回転角が生じます。変形状況は上図(b)のようになります。したがって、変形図から判明することは、

　　梁は部材回転角が生じない　⇒　$\psi_{BC} = 0$
　　柱の部材回転角の関係　　　⇒　$\psi_{CD} = \psi_{AB}$
　　固定端より　　　　　　　　⇒　$\phi_A = \phi_D = 0$

②たわみ角法公式に剛比は $k_{AB} = 3$、$k_{BC} = 1$、$k_{CD} = 2$ を代入します。

さらに、図4・21(a)両端固定梁の固定端モーメントをもとに C_{BC}、C_{CB} を求めます。

$$C_{BC} = -\frac{P \cdot l}{8} = -\frac{160\text{kN} \times 6\text{m}}{8} = -120\text{kN} \cdot \text{m} \qquad C_{CB} = +120\text{kN} \cdot \text{m}$$

$C_{BC} = -120\text{kN} \cdot \text{m}$、$C_{CB} = +120\text{kN} \cdot \text{m}$ をたわみ角公式に代入、式を整理し式(ia)～式(if)を得ます。

[左柱AB材について]

$M_{AB} = k_{AB}(2\phi_A + \phi_B + \psi_{AB}) + C_{AB} = 3(2 \times 0 + \phi_B + \psi_{AB}) + 0 = 3\phi_B + 3\psi_{AB}$ ……(ia)

$M_{BA} = k_{AB}(\phi_A + 2\phi_B + \psi_{AB}) + C_{BA} = 3(0 + 2\phi_B + \psi_{AB}) + 0 = 6\phi_B + 3\psi_{AB}$ ……(ib)

[梁BC材について]

$M_{BC} = k_{BC}(2\phi_B + \phi_C + \psi_{BC}) + C_{BC} = 1(2\phi_B + \phi_C + 0) - 120 = 2\phi_B + \phi_C - 120$ ……(ic)

$M_{CB} = k_{BC}(\phi_B + 2\phi_C + \psi_{BC}) + C_{CB} = 1(\phi_B + 2\phi_C + 0) + 120 = \phi_B + 2\phi_C + 120$ ……(id)

[右柱CD材について]

$M_{CD} = k_{CD}(2\phi_C + \phi_D + \psi_{CD}) + C_{CD} = 2(2\phi_C + 0 + \psi_{AB}) + 0 = 4\phi_C + 2\psi_{AB}$ ……(ie)

[梁BC材について]

$M_{DC} = k_{CD}(2\phi_C + \phi_D + \psi_{CD}) + C_{DC} = 2(\phi_C + 2 \times 0 + \psi_{AB}) + 0 = 2\phi_C + 2\psi_{AB}$ ……(if)

[梁BC材について]

③点B、点Cについて節点方程式をたてます。

[節点Bについて]

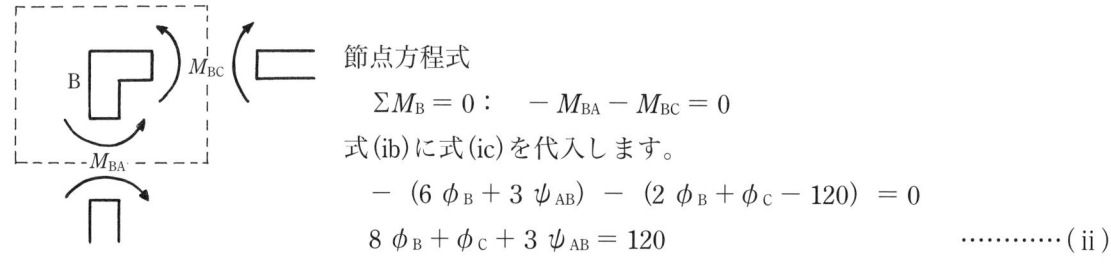

節点方程式
　　$\Sigma M_B = 0$：　$-M_{BA} - M_{BC} = 0$

式(ib)に式(ic)を代入します。

　　$-(6\phi_B + 3\psi_{AB}) - (2\phi_B + \phi_C - 120) = 0$

　　$8\phi_B + \phi_C + 3\psi_{AB} = 120$　　　　　　　　　…………(ii)

節点Bでの力の釣り合い

[節点Cについて]

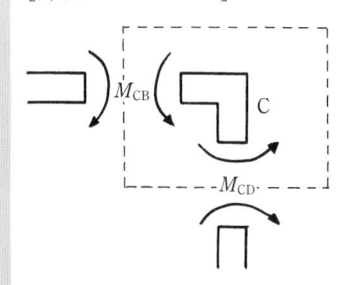

節点方程式
$\Sigma M_C = 0: \quad -M_{CB} - M_{CD} = 0$

式(id)に式(ie)を代入します。

$-(\phi_B + 2\phi_C + 120) - (4\phi_C + 2\psi_{AB}) = 0$

$\phi_B + 6\phi_C + 2\psi_{AB} = -120$ ……………(iii)

節点Cでの力の釣り合い

④下図のように水平に切断し、層方程式をたてます。

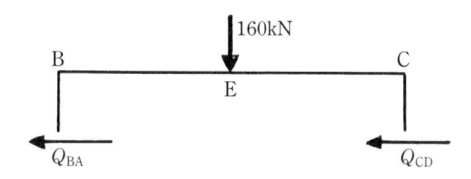

水平力と柱のせん断力との釣り合い

層方程式 $\Sigma X = 0: \quad -Q_{BA} - Q_{CD} = 0$

公式14a、公式14bより、せん断力を曲げモーメントで表します。

$-\left(-\dfrac{M_{AB}+M_{BA}}{6m}\right)-\left(-\dfrac{M_{CD}+M_{DC}}{6m}\right)=0 \quad \Rightarrow \quad M_{AB}+M_{BA}+M_{CD}+M_{DC}=0$

$(3\phi_B + 3\psi_{AB}) + (6\phi_B + 3\psi_{AB}) + (4\phi_C + 2\psi_{AB}) + (2\phi_C + 2\psi_{AB}) = 0$

$9\phi_B + 6\phi_C + 10\psi_{AB} = 0$ ……………(iv)

⑤式(ii)、式(iii)、式(iv)を連立して解き、ϕ_B、ϕ_C、ψ_{AB}を求めます。

$\phi_B \fallingdotseq 19.4 \qquad \phi_C \fallingdotseq -21.8 \qquad \psi_{AB} \fallingdotseq -4.4$

⑥この結果を式(ia)～(if)に代入し、すべての材端モーメントを求めます。

　[左柱]　$M_{AB} = 45$ kN·m　　$M_{BA} = 103$ kN·m

　[梁]　　$M_{BC} = -103$ kN·m　$M_{CB} = 96$ kN·m

　[右柱]　$M_{CD} = -96$ kN·m　$M_{DC} = -52$ kN·m

⑦材端モーメントをもとに曲げモーメント図を描きます。

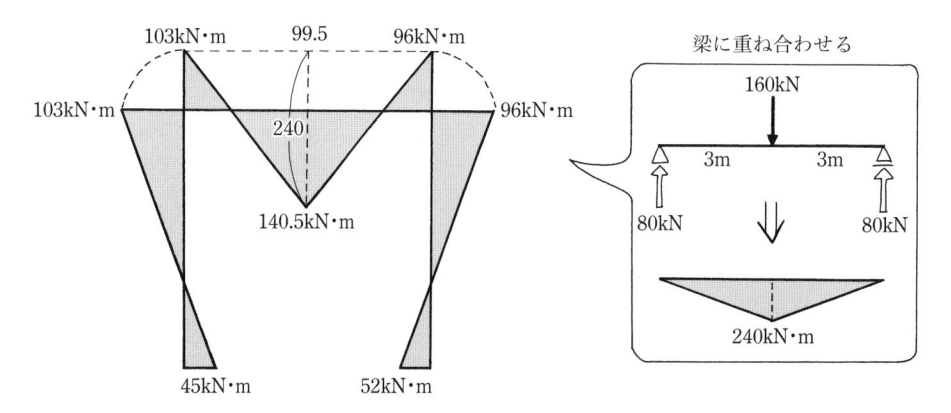

【演習問題4·10】曲げモーメント図（答え）

❹ せん断力、軸方向力、反力の計算

たわみ角法によって曲げモーメント図を描けるようになりました。次に曲げモーメント図より、材端せん断力、軸方向力を求めます。発展例題2 発展例題3について解説します。

発展例題2について

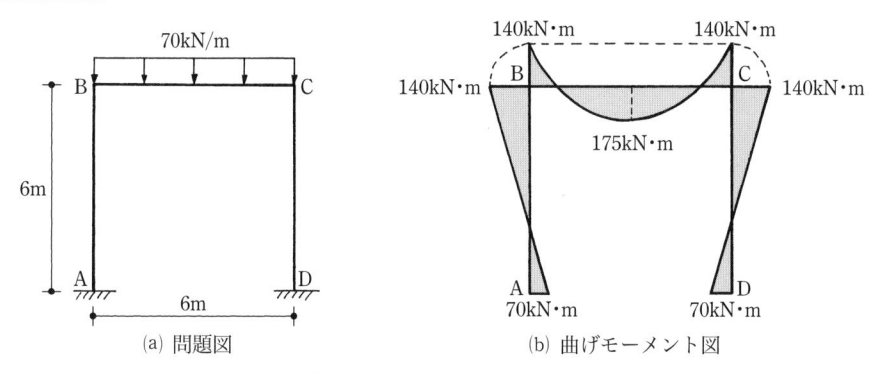

図4·79 【発展例題2】問題と曲げモーメント図

[材端せん断力 Q の計算]

材端せん断力は公式14によって求めることができます。

○左柱の材端せん断力 Q_{AB}、Q_{BA}

$$Q_{AB} = Q_{BA} = Q_0 - \frac{M_{AB}+M_{BA}}{6m} = 0 - \frac{70kN \cdot m + 140kN \cdot m}{6m} = -35kN \qquad \cdots\cdots 式4 \cdot 76a$$

○右柱の材端せん断力 Q_{CD}、Q_{DC}

$$Q_{CD} = Q_{DC} = Q_0 - \frac{M_{CD}+M_{DC}}{6m} = 0 - \frac{-140kN \cdot m + (-70kN \cdot m)}{6m} = 35kN \qquad \cdots\cdots 式4 \cdot 76b$$

柱には中間荷重がかかっていませんので $Q_0 = 0$ です。せん断力は p.51 でも示したように曲げモーメント図の傾きとして求めていることになります。

○梁の材端せん断力 Q_{BC}、Q_{CB}

梁には中間荷重（分布荷重）がかかっていますので公式 14a'、公式 14b' によって Q_0 を計算します。

(a) 単純梁の場合：
$D_{BC} = \dfrac{70 \times 6}{2} = 210\text{kN}$、$D_{CB} = -210\text{kN}$

(b) 両端固定梁の場合：
$C_{BC} = -\dfrac{70 \times 6^2}{12} = -210\text{kN·m}$、$C_{CB} = 210\text{kN·m}$

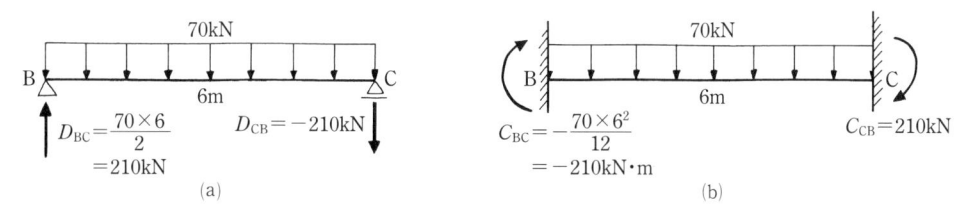

図 4·80　D、C の計算

中間荷重による材端せん断力 D_{BC}、D_{CB} は梁を単純梁としたときの中間荷重による鉛直反力として計算することができます。図 4·80(a) のように $D_{BC}\uparrow$、$D_{CB}\downarrow$ を＋の方向とするので $D_{BC}=210\text{kN}$、$D_{CB}=-210\text{kN}$ となります。C_{BC}、C_{CB} は図 4·80(b) のように固定端モーメントで時計回りが＋方向ですから $C_{BC}=-210\text{kN·m}$、$C_{CB}=210\text{kN·m}$ となります。

$$Q_{0BC} = D_{BC} + \dfrac{C_{BC}+C_{CB}}{6\text{m}} = 210\text{kN} + \dfrac{-210\text{kN·m}+210\text{kN·m}}{6\text{m}} = 210\text{kN} \quad \cdots\cdots\text{式 4·77a}$$

$$Q_{0CB} = D_{CB} + \dfrac{C_{BC}+C_{CB}}{6\text{m}} = -210\text{kN} + \dfrac{-210\text{kN·m}+210\text{kN·m}}{6\text{m}} = -210\text{kN} \quad \cdots\cdots\text{式 4·77b}$$

したがって、材端せん断力は、

$$Q_{BC} = Q_{0BC} - \dfrac{M_{BC}+M_{CB}}{6\text{m}} = 210\text{kN} - \dfrac{-140\text{kN·m}+140\text{kN·m}}{6\text{m}} = 210\text{kN} \quad \cdots\cdots\text{式 4·78a}$$

$$Q_{CB} = Q_{0CB} - \dfrac{M_{BC}+M_{CB}}{6\text{m}} = 210\text{kN} - \dfrac{-140\text{kN·m}+140\text{kN·m}}{6\text{m}} = 210\text{kN} \quad \cdots\cdots\text{式 4·78b}$$

[柱の軸方向力 N_{AB}、N_{CD} の計算]

柱の軸方向力は力の釣り合い式から求めます。

図 4·81 のように節点 B、節点 C を切り出し、鉛直方向の力の釣り合い式をたてます。軸方向力は梁のせん断力との釣り合い関係によって求めることができます。これは梁のせん断力が柱の軸方向力として伝わっていくことを意味しています。

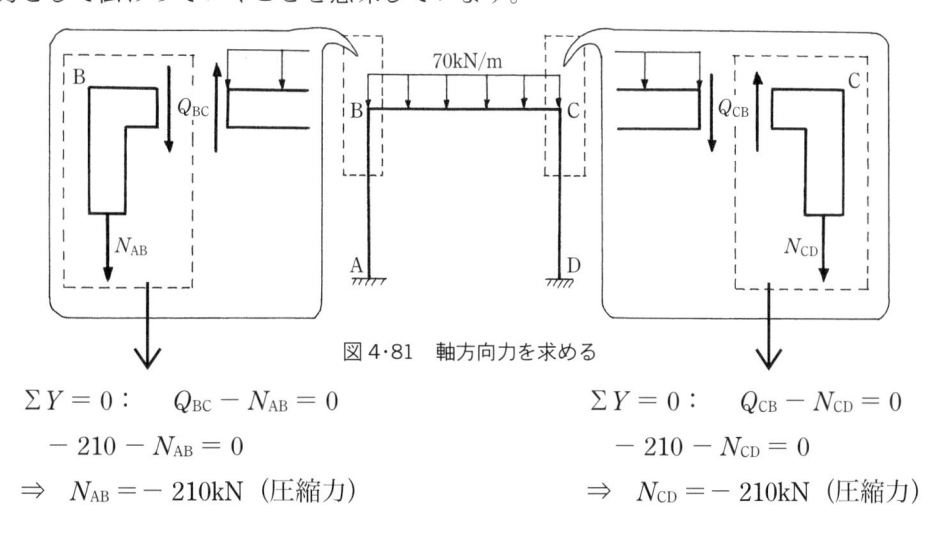

図 4·81　軸方向力を求める

$\Sigma Y = 0$：　$Q_{BC} - N_{AB} = 0$
　　$-210 - N_{AB} = 0$
　$\Rightarrow\ N_{AB} = -210\text{kN}$（圧縮力）

$\Sigma Y = 0$：　$Q_{CB} - N_{CD} = 0$
　　$-210 - N_{CD} = 0$
　$\Rightarrow\ N_{CD} = -210\text{kN}$（圧縮力）

[反力の計算]

柱脚部での力の釣り合いより、図 4・82 のように反力を求めます。

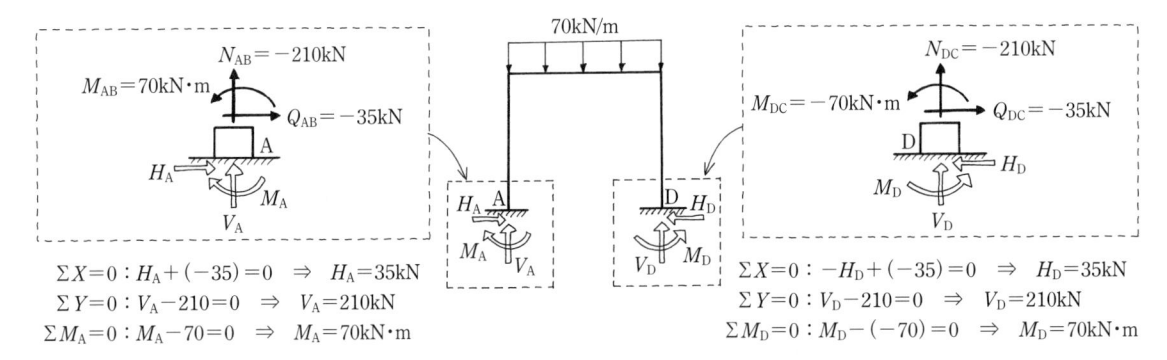

図 4・82 反力の計算

$\Sigma X = 0 : H_A + (-35) = 0 \Rightarrow H_A = 35\text{kN}$
$\Sigma Y = 0 : V_A - 210 = 0 \Rightarrow V_A = 210\text{kN}$
$\Sigma M_A = 0 : M_A - 70 = 0 \Rightarrow M_A = 70\text{kN}\cdot\text{m}$

$\Sigma X = 0 : -H_D + (-35) = 0 \Rightarrow H_D = 35\text{kN}$
$\Sigma Y = 0 : V_D - 210 = 0 \Rightarrow V_D = 210\text{kN}$
$\Sigma M_D = 0 : M_D - (-70) = 0 \Rightarrow M_D = 70\text{kN}\cdot\text{m}$

【発展例題 3 について】

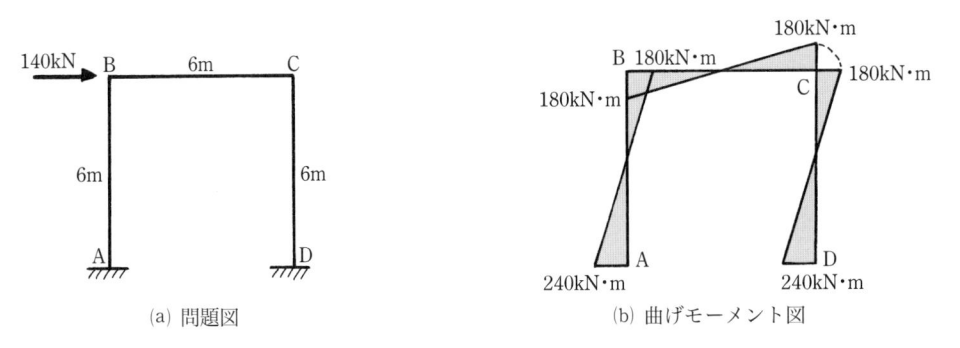

図 4・83 【発展例題 3】問題と曲げモーメント図

[材端せん断力 Q の計算]

材端せん断力は公式 14 によって求めます。

○柱の材端せん断力 Q_{AB}、Q_{BA}、Q_{CD}、Q_{DC}

柱には中間荷重がかかっていませんので $Q_0 = 0$ です。$M_{AB} = M_{DC}$、$M_{BA} = M_{CD}$ であることより、左右柱は材端せん断力が等しくなります。

$$Q_{AB} = Q_{BA} = Q_0 - \frac{M_{AB} + M_{BA}}{6\text{m}} = 0 - \frac{-240\text{kN}\cdot\text{m} - 180\text{kN}\cdot\text{m}}{6\text{m}} = 70\text{kN} \quad \cdots\cdots\text{式 4・79a}$$

$Q_{CD} = Q_{DC} = 70\text{kN}$

○梁の材端せん断力 Q_{BC}、Q_{CB}

梁にも中間荷重がかかっていませんので $Q_0 = 0$ です。

$$Q_{BC} = Q_{CB} = Q_0 - \frac{M_{BC} + M_{CB}}{6\text{m}} = 0 - \frac{180\text{kN}\cdot\text{m} + 180\text{kN}\cdot\text{m}}{6\text{m}} = -60\text{kN} \quad \cdots\cdots\text{式 4・79b}$$

[柱の軸方向力 N_{AB}、N_{CD} の計算]

図 4・84 のように節点 B、節点 C を切り出し、鉛直方向の力の釣り合い式をたて、梁のせん断力との関係から柱の軸方向力を求めます。

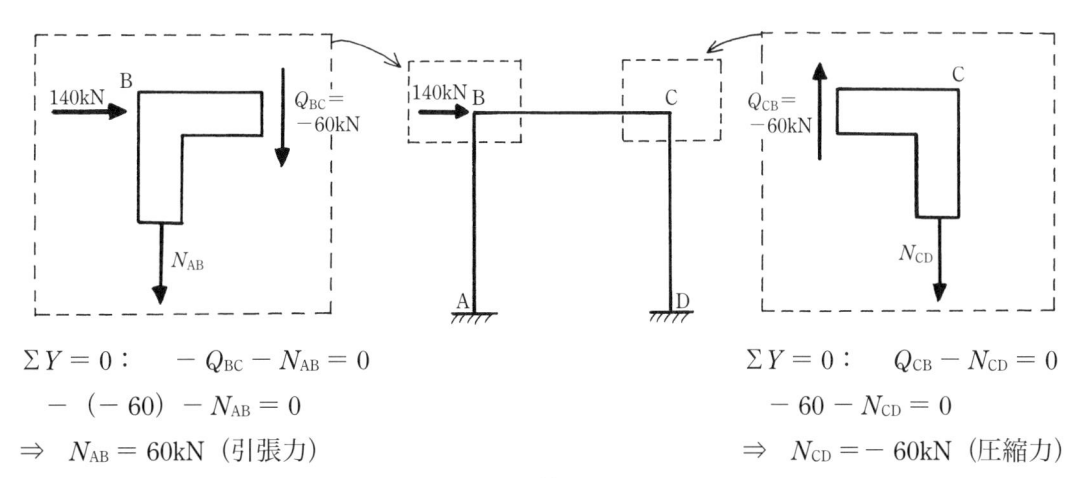

$\Sigma Y=0: \quad -Q_{BC}-N_{AB}=0$
$\quad -(-60)-N_{AB}=0$
$\Rightarrow \quad N_{AB}=60\text{kN}$（引張力）

$\Sigma Y=0: \quad Q_{CB}-N_{CD}=0$
$\quad -60-N_{CD}=0$
$\Rightarrow \quad N_{CD}=-60\text{kN}$（圧縮力）

図4・84　軸方向力を求める

[反力の計算]

柱脚部での力の釣り合いより、下図のように反力を求めます。

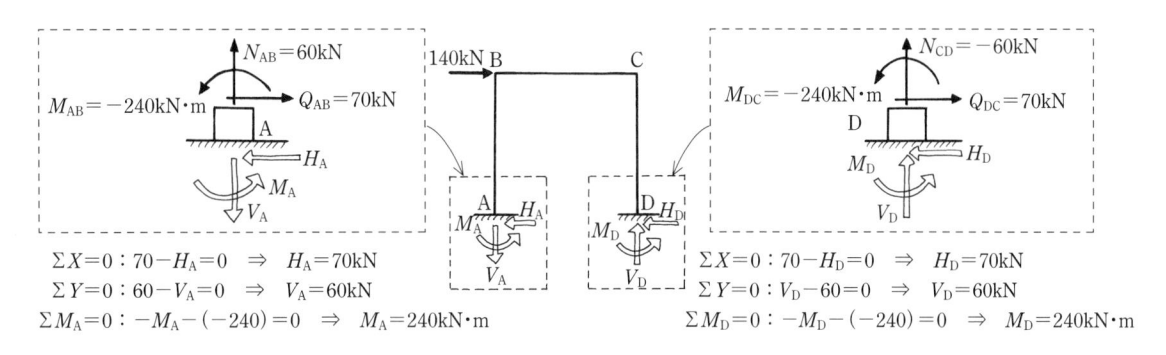

$\Sigma X=0: 70-H_A=0 \Rightarrow H_A=70\text{kN}$
$\Sigma Y=0: 60-V_A=0 \Rightarrow V_A=60\text{kN}$
$\Sigma M_A=0: -M_A-(-240)=0 \Rightarrow M_A=240\text{kN}\cdot\text{m}$

$\Sigma X=0: 70-H_D=0 \Rightarrow H_D=70\text{kN}$
$\Sigma Y=0: V_D-60=0 \Rightarrow V_D=60\text{kN}$
$\Sigma M_D=0: -M_D-(-240)=0 \Rightarrow M_D=240\text{kN}\cdot\text{m}$

図4・85　反力の計算

演習問題4・11　**実践例題1** **実践例題2** の2層ラーメンについて、各部材のせん断力、柱の軸方向力、反力を求めよ。

実践例題1

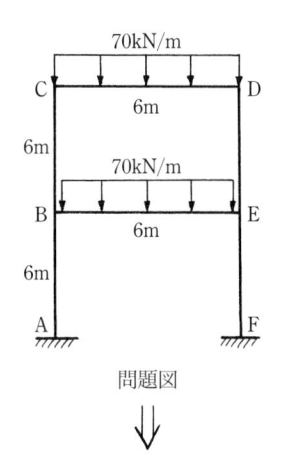

実践例題2

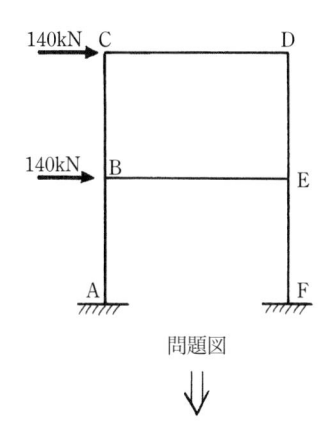

問題図

問題図

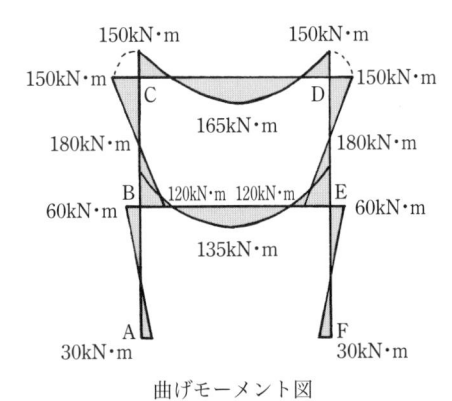

曲げモーメント図（左図）：
- 150kN·m（C上）、150kN·m（D上）
- 150kN·m（C左）、150kN·m（D右）
- 165kN·m（CD間中央）
- 180kN·m（BC間）、180kN·m（DE間）
- 120kN·m（B側）、120kN·m（E側）
- 60kN·m（B左）、60kN·m（E右）
- 135kN·m（BE間中央）
- 30kN·m（A）、30kN·m（F）

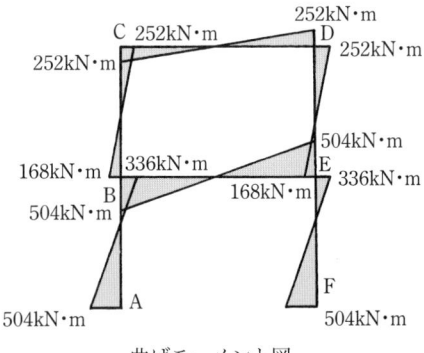

曲げモーメント図（右図）：
- 252kN·m（C上、D上、C左、D右）
- 168kN·m（B左）、168kN·m（E中）
- 336kN·m（B中）、336kN·m（E右）
- 504kN·m（B下）、504kN·m（E上）
- 504kN·m（A）、504kN·m（F）

（解　答）

実践例題1について

[材端せん断力 Q の計算]

公式14により材端せん断力を求めます。柱には中間荷重がかかっていませんので $Q_0 = 0$ です。

○ 1階左柱の材端せん断力 Q_{AB}、Q_{BA}

$$Q_{AB} = Q_{BA} = Q_0 - \frac{M_{AB} + M_{BA}}{6\mathrm{m}} = 0 - \frac{30\mathrm{kN \cdot m} + 60\mathrm{kN \cdot m}}{6\mathrm{m}} = -15\mathrm{kN}$$

○ 1階右柱の材端せん断力 Q_{EF}、Q_{FE}

$$Q_{EF} = Q_{FE} = Q_0 - \frac{M_{EF} + M_{FE}}{6\mathrm{m}} = 0 - \frac{-60\mathrm{kN \cdot m} + (-30\mathrm{kN \cdot m})}{6\mathrm{m}} = 15\mathrm{kN}$$

○ 2階左柱の材端せん断力 Q_{BC}、Q_{CB}

$$Q_{BC} = Q_{CB} = Q_0 - \frac{M_{BC} + M_{CB}}{6\mathrm{m}} = 0 - \frac{180\mathrm{kN \cdot m} + 150\mathrm{kN \cdot m}}{6\mathrm{m}} = -55\mathrm{kN}$$

○ 2階右柱の材端せん断力 Q_{DE}、Q_{ED}

$$Q_{DE} = Q_{ED} = Q_0 - \frac{M_{DE} + M_{ED}}{6\mathrm{m}} = 0 - \frac{-150\mathrm{kN \cdot m} + (-180\mathrm{kN \cdot m})}{6\mathrm{m}} = 55\mathrm{kN}$$

○ 梁の材端せん断力 Q_{BE}、Q_{EB}、Q_{CD}、Q_{DC}

梁には中間荷重（分布荷重）がかかっていますので公式14a'、公式14b'より Q_0 を計算します。

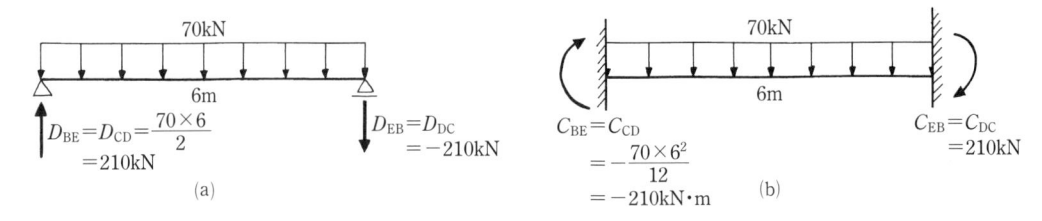

(a) 単純梁：70kN、スパン6m
$D_{BE} = D_{CD} = \frac{70 \times 6}{2} = 210\mathrm{kN}$
$D_{EB} = D_{DC} = -210\mathrm{kN}$

(b) 両端固定梁：70kN、スパン6m
$C_{BE} = C_{CD} = -\frac{70 \times 6^2}{12} = -210\mathrm{kN \cdot m}$
$C_{EB} = C_{DC} = 210\mathrm{kN \cdot m}$

梁を単純梁としたときの中間荷重による鉛直反力として計算します。$D_{BE} \uparrow$、$D_{EB} \downarrow$ および $D_{CD} \uparrow$、$D_{DC} \downarrow$ を+の方向とするので $D_{BE} = D_{CD} = 210\mathrm{kN}$、$D_{EB} = D_{DC} = -210\mathrm{kN}$ となります。上図(b)で示したように C_{BE}、C_{EB} および C_{CD}、C_{DC} は固定端モーメントで時計回りが+方向ですから $C_{BE} = C_{CD} = -210\mathrm{kN \cdot m}$、$C_{EB} = C_{DC} = 210\mathrm{kN \cdot m}$ となります。

$$Q_{0BE} = Q_{0CD} = D_{BC} + \frac{C_{BC}+C_{CB}}{6\text{m}} = 210\text{kN} + \frac{-210\text{kN·m}+210\text{kN·m}}{6\text{m}} = 210\text{kN}$$

$$Q_{0EB} = Q_{0DC} = D_{CB} + \frac{C_{BC}+C_{CB}}{6\text{m}} = -210\text{kN} + \frac{-210\text{kN·m}+210\text{kN·m}}{6\text{m}} = -210\text{kN}$$

したがって材端せん断力は、

$$Q_{BE} = Q_{0BE} - \frac{M_{BE}+M_{EB}}{6\text{m}} = 210\text{kN} - \frac{-180\text{kN·m}+180\text{kN·m}}{6\text{m}} = 210\text{kN}$$

$$Q_{CD} = Q_{0CD} - \frac{M_{CD}+M_{DC}}{6\text{m}} = 210\text{kN} - \frac{-150\text{kN·m}+150\text{kN·m}}{6\text{m}} = 210\text{kN}$$

$$Q_{EB} = Q_{0EB} - \frac{M_{BE}+M_{EB}}{6\text{m}} = -210\text{kN} - \frac{-180\text{kN·m}+180\text{kN·m}}{6\text{m}} = -210\text{kN}$$

$$Q_{DC} = Q_{0DC} - \frac{M_{CD}+M_{DC}}{6\text{m}} = -210\text{kN} - \frac{-150\text{kN·m}+150\text{kN·m}}{6\text{m}} = -210\text{kN}$$

[軸方向力 N の計算]

○1階柱の軸方向力 N_{AB}、N_{CD}

下図のように梁から柱を切断し、鉛直方向の力の釣り合い式をたてます。軸方向力は梁のせん断力との釣り合い関係によって求めます。

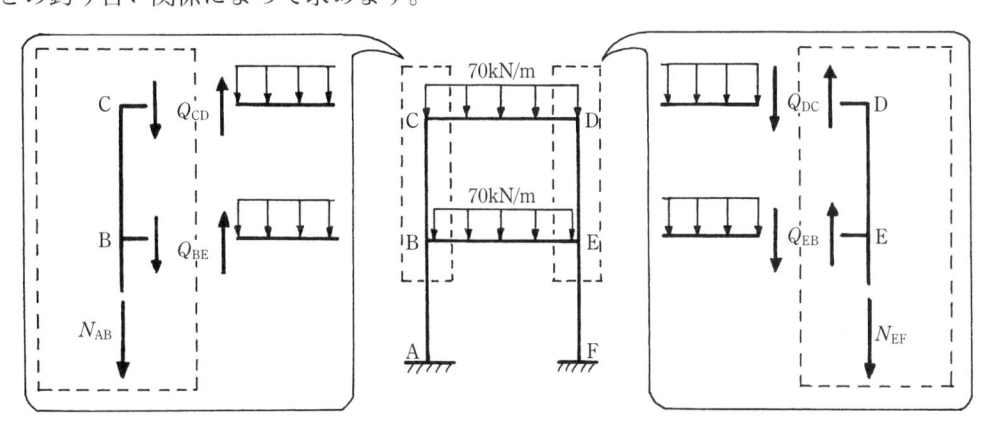

軸方向力 N_{AB}、N_{EF} を求める

$\Sigma Y = 0$: $-Q_{BE} - Q_{CD} - N_{AB} = 0$

$-210 - 210 - N_{AB} = 0$

$\Rightarrow$ $N_{AB} = -420\text{kN}$ (圧縮力)

$\Sigma Y = 0$: $Q_{EB} + Q_{DC} - N_{EF} = 0$

$-210 - 210 - N_{EF} = 0$

$\Rightarrow$ $N_{EF} = -420\text{kN}$ (圧縮力)

○2階柱の軸方向力 N_{BC}、N_{DE}

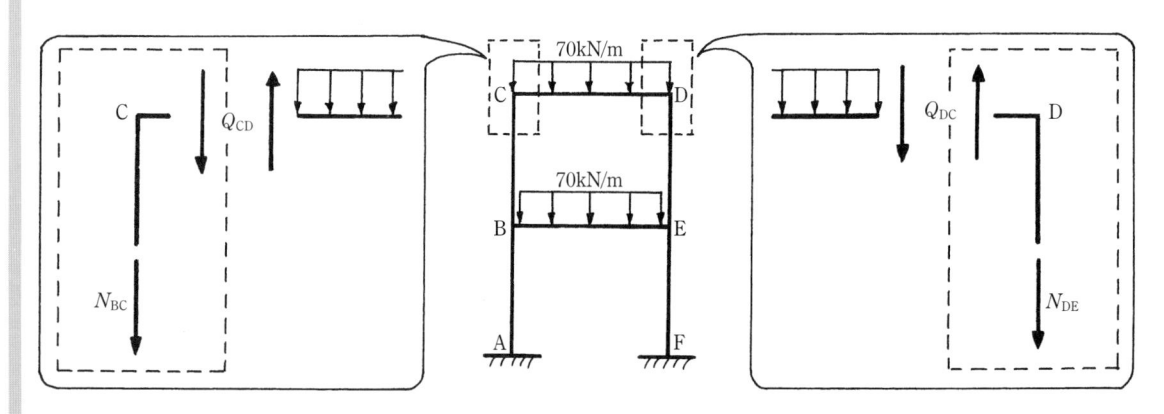

軸方向力 N_{BC}、N_{DE} を求める

$\Sigma Y = 0：\quad -Q_{CD} - N_{BC} = 0$

$\quad -210 - N_{AB} = 0$

$\Rightarrow \quad N_{AB} = -210\text{kN}（圧縮力）$

$\Sigma Y = 0：\quad Q_{DC} - N_{DE} = 0$

$\quad -210 - N_{DE} = 0$

$\Rightarrow \quad N_{DE} = -210\text{kN}（圧縮力）$

[反力の計算]

柱脚部での力の釣り合いより、下図のように反力を求めます。

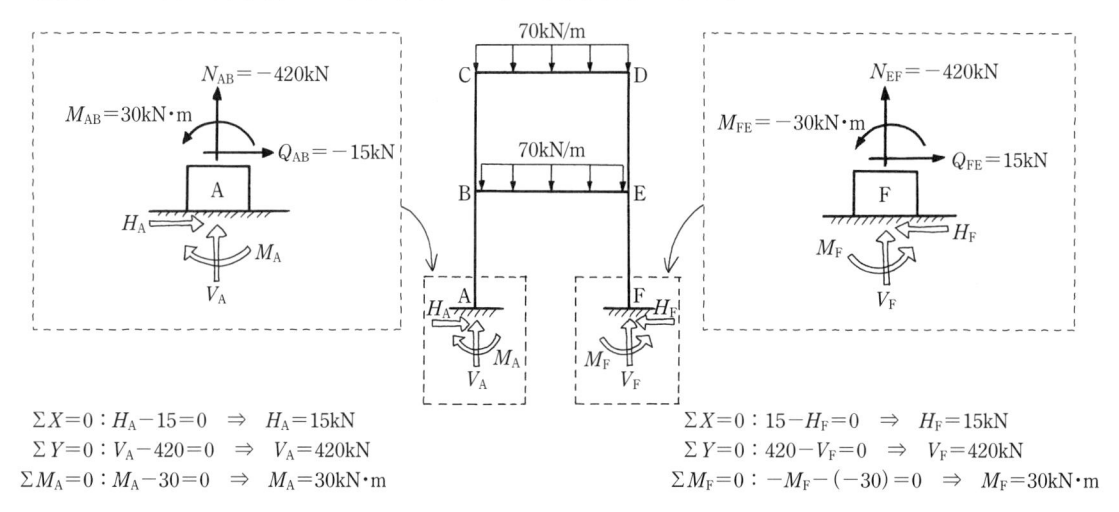

反力の計算

$\Sigma X = 0：H_A - 15 = 0 \Rightarrow H_A = 15\text{kN}$
$\Sigma Y = 0：V_A - 420 = 0 \Rightarrow V_A = 420\text{kN}$
$\Sigma M_A = 0：M_A - 30 = 0 \Rightarrow M_A = 30\text{kN·m}$

$\Sigma X = 0：15 - H_F = 0 \Rightarrow H_F = 15\text{kN}$
$\Sigma Y = 0：420 - V_F = 0 \Rightarrow V_F = 420\text{kN}$
$\Sigma M_F = 0：-M_F - (-30) = 0 \Rightarrow M_F = 30\text{kN·m}$

実践例題2について

[材端せん断力 Q の計算]

柱には中間荷重がかかっていませんので $Q_0 = 0$ です。公式14より、

○1階左柱の材端せん断力 Q_{AB}、Q_{BA}

$$Q_{AB} = Q_{BA} = Q_0 - \frac{M_{AB} + M_{BA}}{6\text{m}} = 0 - \frac{-504\text{kN·m} + (-336\text{kN·m})}{6\text{m}} = 140\text{kN}$$

○1階右柱の材端せん断力 Q_{EF}、Q_{FE}

$$Q_{EF} = Q_{FE} = Q_0 - \frac{M_{EF}+M_{FE}}{6m} = 0 - \frac{-336kN\cdot m + (-504kN\cdot m)}{6m} = 140kN$$

○2階左柱の材端せん断力 Q_{BC}、Q_{CB}

$$Q_{BC} = Q_{CB} = Q_0 - \frac{M_{BC}+M_{CB}}{6m} = 0 - \frac{-168kN\cdot m + (-252kN\cdot m)}{6m} = 70kN$$

○2階右柱の材端せん断力 Q_{DE}、Q_{ED}

$$Q_{DE} = Q_{ED} = Q_0 - \frac{M_{DE}+M_{ED}}{6m} = 0 - \frac{-252kN\cdot m + (-168kN\cdot m)}{6m} = 70kN$$

○梁の材端せん断力 Q_{BE}、Q_{EB}、Q_{CD}、Q_{DC}

梁にも中間荷重がかかっていませんので $Q_0 = 0$ です。

$$Q_{BE} = Q_{EB} = Q_0 - \frac{M_{BE}+M_{EB}}{6m} = 0 - \frac{504kN\cdot m + 504kN\cdot m}{6m} = -168kN$$

$$Q_{CD} = Q_{DC} = Q_0 - \frac{M_{CD}+M_{DC}}{6m} = 0 - \frac{252kN\cdot m + 252kN\cdot m}{6m} = -84kN$$

[軸方向力 N の計算]

○1階柱の軸方向力 N_{AB}、N_{CD}

柱の軸方向力は梁のせん断力との力の釣り合い式から求めます。

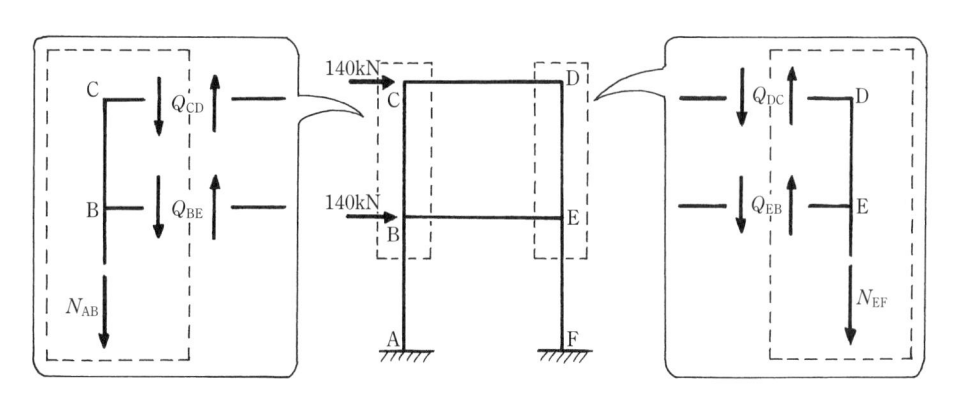

軸方向力 N_{AB}、N_{EF} を求める

$\Sigma Y = 0$： $-Q_{BE} - Q_{CD} - N_{AB} = 0$
$-(-168) - (-84) - N_{AB} = 0$
$\Rightarrow N_{AB} = 252kN$（引張力）

$\Sigma Y = 0$： $Q_{EB} + Q_{DC} - N_{EF} = 0$
$-168 - 84 - N_{EF} = 0$
$\Rightarrow N_{EF} = -252kN$（圧縮力）

○2階柱の軸方向力 N_{BC}、N_{DE}

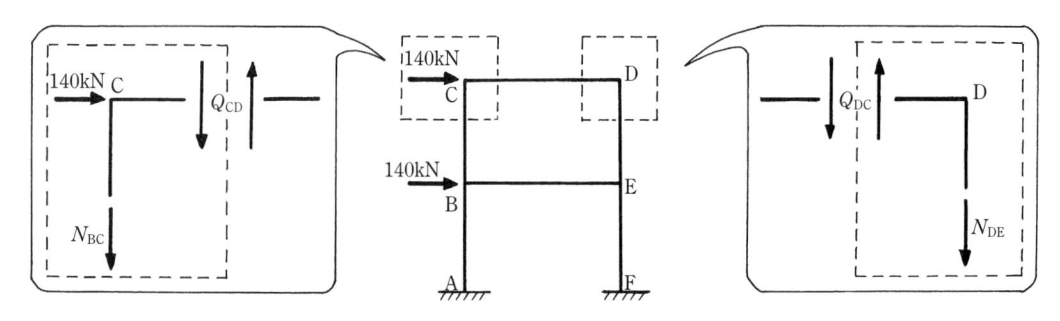

軸方向力 N_{BC}、N_{DE} を求める

$\Sigma Y = 0$： $-Q_{CD} - N_{BC} = 0$
$-(-84) - N_{BC} = 0$
$\Rightarrow N_{BC} = 84\text{kN}$（引張力）

$\Sigma Y = 0$： $Q_{DC} - N_{DE} = 0$
$-84 - N_{DE} = 0$
$\Rightarrow N_{DE} = -84\text{kN}$（圧縮力）

[反力の計算]

柱脚部での力の釣り合いより、下図のように反力を求めます。

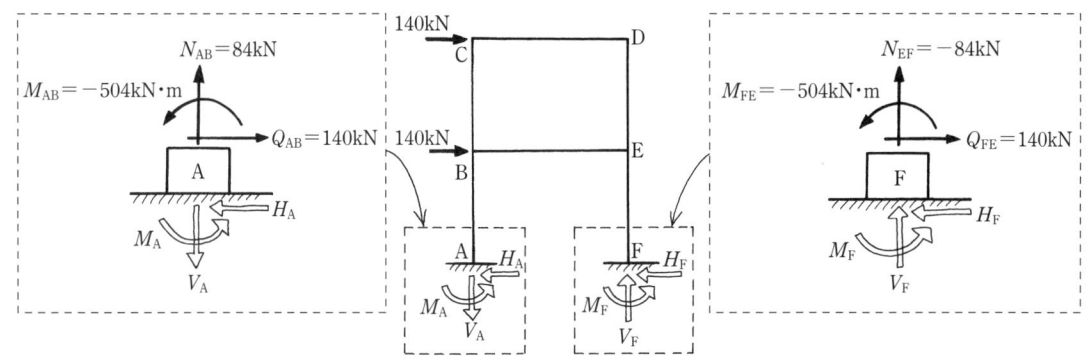

$\Sigma X = 0 : 140 - H_A = 0 \Rightarrow H_A = 140\text{kN}$
$\Sigma Y = 0 : 84 - V_A = 0 \Rightarrow V_A = 84\text{kN}$
$\Sigma M_A = 0 : -M_A - (-504) = 0 \Rightarrow M_A = 504\text{kN·m}$

$\Sigma X = 0 : 140 - H_F = 0 \Rightarrow H_F = 140\text{kN}$
$\Sigma Y = 0 : V_F - 84 = 0 \Rightarrow V_F = 84\text{kN}$
$\Sigma M_F = 0 : -M_F - (-504) = 0 \Rightarrow M_F = 504\text{kN·m}$

反力の計算

▶第 4 章　不静定構造の解き方

4・5 ● 固定モーメント法

　ここでは、**固定モーメント法**による不静定ラーメンの解法について解説していきます。固定モーメント法は、曲げモーメントの伝わり方と巧みな力の重ね合わせを使った不静定構造の解法です。その元となるのは、前節のたわみ角法なのです。たわみ角法公式を読み解けば曲げモーメントの伝わり方が見えてきます。**4・4**に示した例題についてたわみ角法公式の内容を読み解きながら、固定モーメント法へとアプローチしてみましょう。

■1 曲げモーメントの伝わり方

　前節で紹介した最も基本的なラーメン問題 基本例題1 基本例題2 を考察し、材端モーメントの伝わり方を調べてみましょう。

[基本例題1の考察と解法]

　図 4・86 に問題図と曲げモーメント図を再掲します。

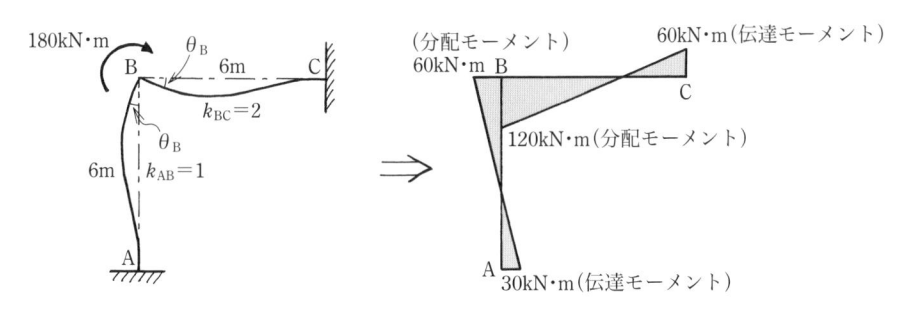

図 4・86　【基本例題1】の曲げモーメント図

● 曲げモーメントの伝わり方（両端固定、節点にモーメント荷重がかかる場合）

　節点Bにかかるモーメント荷重（180kN·m）は柱と梁の剛比（$k_{AB}:k_{BC} = 1:2$）に応じて分配されています（$M_{BA} = 60$kN·m、$M_{BC} = 120$kN·m）。これは、梁、柱で節点回転角が等しければ（両方ともθ_B）、かたい（剛比が大きい）部材ほど変形に大きな力が必要だからです。節点で分配される曲げモーメントを**分配モーメント**（あるいは分割モーメント）といいます。

　固定端AおよびCには分配モーメントの$\frac{1}{2}$の材端モーメントが生じています（$M_{AB} = 30$kN·m、$M_{CB} = 60$kN·m）。このように伝わってきた曲げモーメントを**伝達モーメント**（あるいは到達モーメント）といいます。この曲げモーメントの伝わり方はローラー－固定梁の図 4・16 (a)（p.97）で確認しています。

　これだけの曲げモーメントの伝わり方がわかっていれば、図 4・86 の曲げモーメント図は容易に描くことができます。

●曲げモーメント図の描き方（図4・87参照）

①モーメント荷重を剛比に応じて分配し、分配モーメント M_{BA}、M_{BC} を求めます。

$$M_{BA} = 180\text{kN·m} \times \frac{1}{3} = 60\text{kN·m} \quad \cdots \text{式}4\cdot80\text{a} \qquad M_{BC} = 180\text{kN·m} \times \frac{2}{3} = 120\text{kN·m} \quad \cdots \text{式}4\cdot80\text{b}$$

このときの分配の割合 $\left(\frac{1}{3}, \frac{2}{3}\right)$ を**分配率**といいます。

②分配モーメントの $\frac{1}{2}$ を伝達モーメントとして他端に伝えます。

$$M_{AB} = M_{BA} \times \frac{1}{2} = 30\text{kN·m} \quad \cdots\cdots \text{式}4\cdot81\text{a} \qquad M_{CB} = M_{BC} \times \frac{1}{2} = 60\text{kN·m} \quad \cdots\cdots \text{式}4\cdot81\text{b}$$

③ラーメンの変形を描いて、曲げによる引張側を確認します。

④引張側に材端モーメントをプロットし、それらを直線で結んで曲げモーメント図を完成させます。

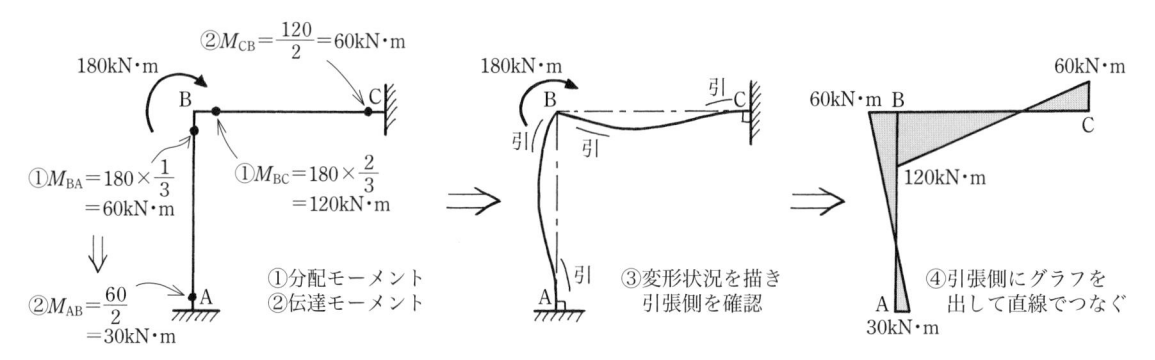

図4・87　曲げモーメント図の描き方【基本例題1】

【基本例題2の考察と解法】

図4・88に問題図と曲げモーメント図を再掲します。

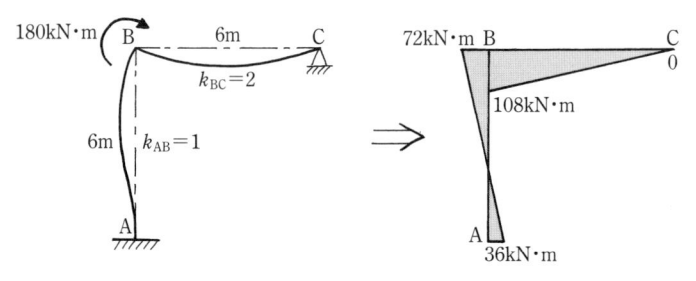

図4・88　【基本例題2】の曲げモーメント図

●曲げモーメントの伝わり方（ピン支点を有する、節点にモーメント荷重がかかる場合）

ピン支点を持つ場合、節点Bにかかるモーメント荷重（180kN·m）は柱と梁に剛比（$k_{AB} : k_{BC}$ = 1:2）のままで分配されていません。これはピン支点を持つ梁が固定の場合より変形しやすく（柔らかく）なったことに起因します。たわみ角公式を使ってピン支点の影響を考察してみます。梁BCのたわみ角法公式による、式4・31c, 式4・31d（p.117）より、

$$M_{BC} = 2(2\phi_B + \phi_C) \quad\cdots\cdots\cdots\cdots\cdots \text{式}4\cdot82\text{a}$$

$$M_{CB} = 2(\phi_B + 2\phi_C) \quad \cdots\cdots\cdots 式 4\cdot 82b$$

式 4・82b で $M_{CB} = 0$（ピン支点だから）より、

$$M_{CB} = 2(\phi_B + 2\phi_C) = 0 \Rightarrow \phi_C = -\frac{\phi_B}{2} \quad \cdots\cdots\cdots 式 4\cdot 83$$

式 4・83 を式 4・82a に代入して、

$$M_{BC} = 2\left(2\phi_B - \frac{\phi_B}{2}\right) = 2\left(\frac{3}{2}\cdot\phi_B\right) = \frac{3}{4}\cdot 2(2\phi_B) \quad \cdots\cdots\cdots 式 4\cdot 84$$

が得られます。式 4・84 のように $2\phi_B$ を（ ）内に残し、余剰分 $\frac{3}{4}$ を剛比の項に添えると剛比が $\frac{3}{4}$ 倍になったという式が得られます。このように固定支点がピン支点に変わることによって、梁のかたさに変化が生じるのです。このようなとき、調整を加えた剛比を使用します。これを**有効剛比**といいます。

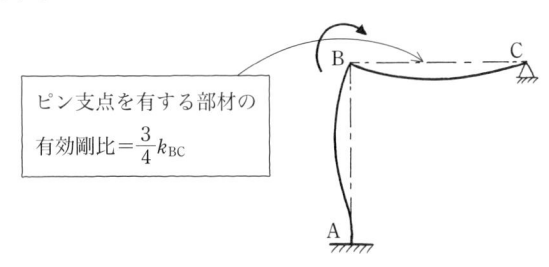

図 4・89　有効剛比（ピン支点を有する部材）

梁の有効剛比を考慮すると、$k_{AB} : \frac{3}{4}k_{BC} = 1 : \frac{3}{4}\times 2 = 2 : 3$ となり、分配モーメントは次のように求めることができます。

$$M_{BA} = 180\text{kN·m}\times\frac{2}{5} = 72\text{kN·m} \quad \cdots 式 4\cdot 85a \qquad M_{BC} = 180\text{kN·m}\times\frac{3}{5} = 108\text{kN·m} \quad \cdots 式 4\cdot 85b$$

次に固定端 A には分配モーメントの $\frac{1}{2}$ が伝達されます。点 C はピン支点なので材端モーメント 0 です。

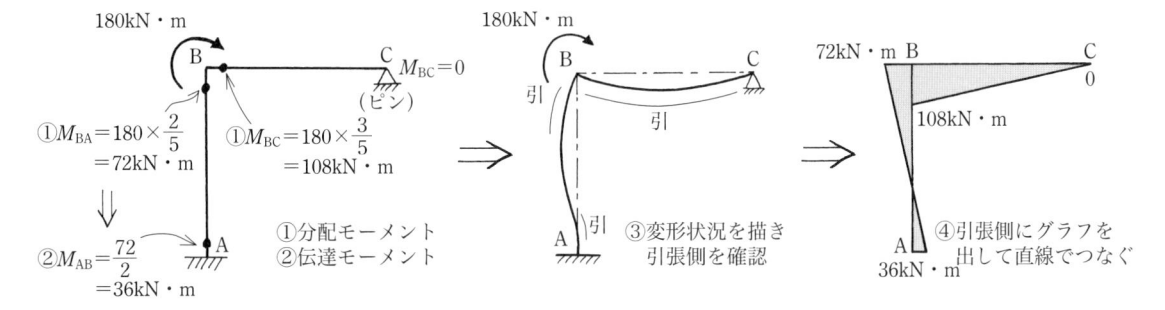

$$M_{AB} = M_{BA}\times\frac{1}{2} = 36\text{kN·m} \quad \cdots 式 4\cdot 86a \qquad M_{BC} = 0\text{kN·m}（ピン支点） \quad \cdots 式 4\cdot 86b$$

図 4・90　曲げモーメント図の描き方【基本例題 2】

2 固定モーメント法の基本的解法

梁に中間荷重を受けるラーメン問題、前節の 応用例題1 応用例題2 をもとに固定モーメント法の基本的解法を解説します。ここでは重ね合わせの原理がどのように利用されるかに注目してください。

応用例題1の解法

図4・91(c)が問題図です。この問題は次のような工夫をこらして曲げモーメント図を描きます。
● 曲げモーメント図の描き方（両端固定、中間荷重を受ける場合）
① 図4・91(a)のように節点Bにモーメント荷重をかけ、柱がまっすぐになるまで戻します。このとき、柱の曲げモーメントは0となり、梁は両端固定と同等の状態になります。このときの曲げモーメント図はM図1のように容易に描くことができます（図4・21(a)参照）。節点Bにかけたモーメント荷重を**固定モーメント**といいます。固定モーメントの値は両端固定梁の固定端モーメントと等しく180kN・m（反時計回り）となります。

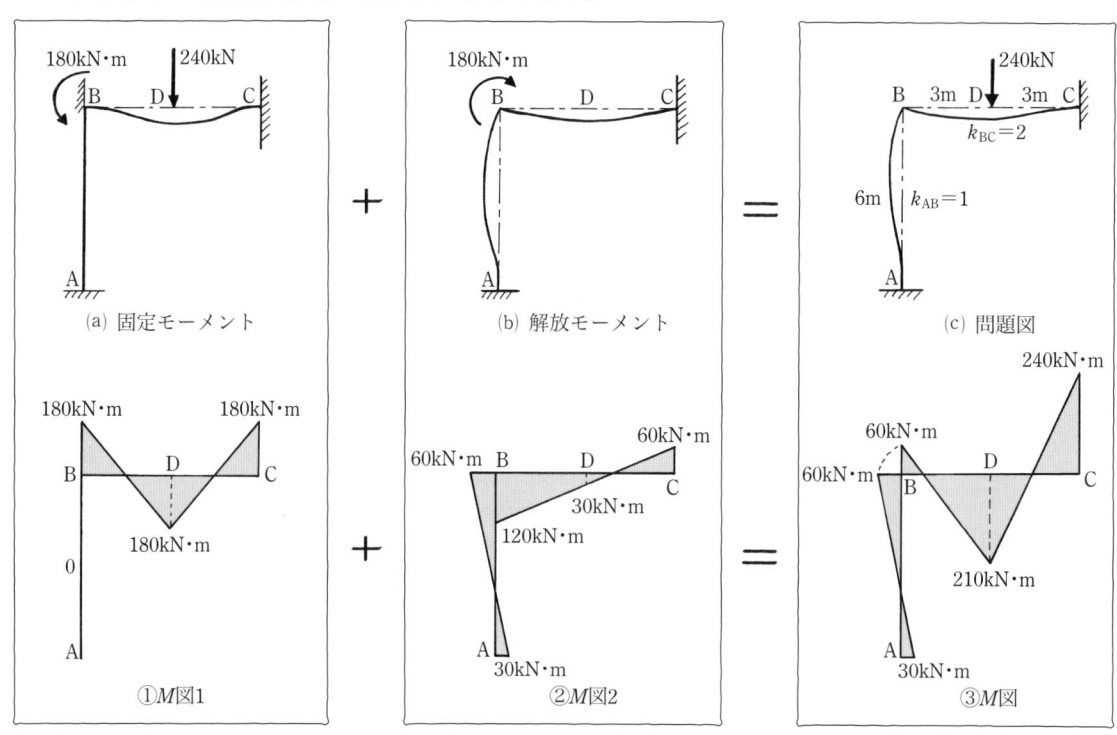

図4・91 【応用例題1】の曲げモーメント図（M図1＋M図2＝M図）

② 次に、節点Bに、固定モーメントに対して逆向きのモーメント荷重を図4・91(b)のように想定し、曲げモーメント図を描きます。これは 基本例題1 と全く同じ問題なので、図4・87に示した描き方に基づき、M図2のように容易に描くことができます。ここでかけたモーメント荷重180kN・m（時計回り）を**解放モーメント**（あるいは解除モーメント）といいます。

③ 固定モーメントをかけた状態と解放モーメントをかけた状態を重ね合わせると、固定モーメン

トと解法モーメントがお互いに打ち消し合い、元の問題に戻れます。したがって、応用例題1 の曲げモーメント図は M 図 1 と M 図 2 を重ね合わせて M 図のようになります。

実際には存在しないモーメント荷重をかけ、重ね合わせの原理を利用して解く、この手法のことを**固定モーメント法**といいます。

● 表計算を使って行う固定モーメント法

固定モーメント法の特徴は表計算によって解けることです。図 4・92 に表計算による方法を示します。

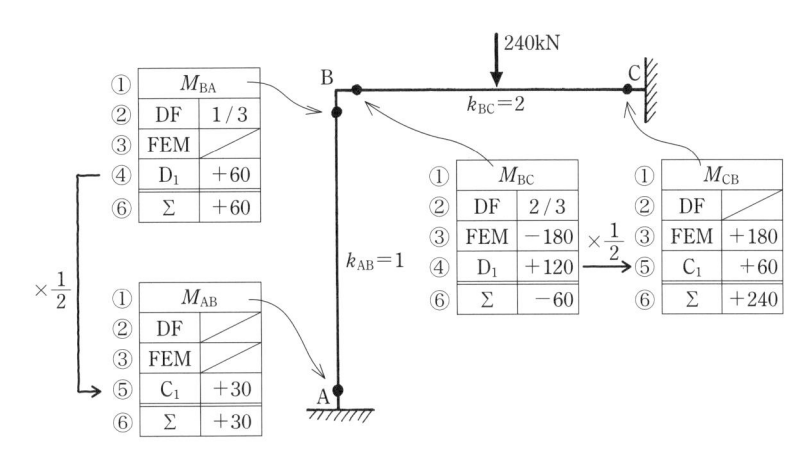

図 4・92　表計算による固定モーメント法

① 各材端モーメント M_{AB}、M_{BA}、M_{BC}、M_{CB} の表を作ります。

② 表 2 行目：DF に分配率（Distribution Factor）を記入します。支点 A、C には分配率はありませんので M_{AB}、M_{CB} の当該欄には斜線を書いておきます。

③ 表 3 行目：FEM に中間荷重による固定端モーメント（Fixed End Moment）を記入します。時計回りを＋としますので M_{BC} の当該欄は－の値、M_{CB} の当該欄は＋の値となります。この行は固定モーメントをかけた状態を表しています。柱には中間荷重がないので M_{AB}、M_{BA} の当該欄には斜線を書いておきます。

④ M_{BA}、M_{BC} 表 4 行目：節点 B について、M_{BC} の FEM（－180kN・m）の符号を逆転し（＋180kN・m）、M_{BA}、M_{BC} の D_1 欄に DF に応じた分配モーメント（Distributed moment）の値を記入します。

⑤ M_{AB}、M_{CB} 表 4 行目：分配モーメント D_1 の値に $\frac{1}{2}$ を乗じた伝達モーメント（Carry over moment）の値を M_{AB}、M_{CB} の C_1 の欄に記入します。

D_1、C_1 の欄の値は、解放モーメントによる材端モーメントを表しています。

⑥ M_{AB}、M_{BA}、M_{BC}、M_{CB} それぞれの表について FEM、D_1、C_1 の値を合計（Σ）します。これが最終的な材端モーメントの結果となります。

表計算の結果に対する曲げモーメント図の描き方は p.119 〜 120 を参照してください。

応用例題 2 の解法

応用例題1 の解法と同様に、重ね合わせの原理を利用して解いていきます。

● 曲げモーメント図の描き方（ピン支点を有する、中間荷重を受ける場合）

① 図4·93(a)のように節点Bに固定モーメントをかけ、柱がまっすぐになるまで戻します。このとき、柱の曲げモーメントは0になり、梁は固定－ピンと同等の状態になります。このときの曲げモーメント図をM図1に示します。

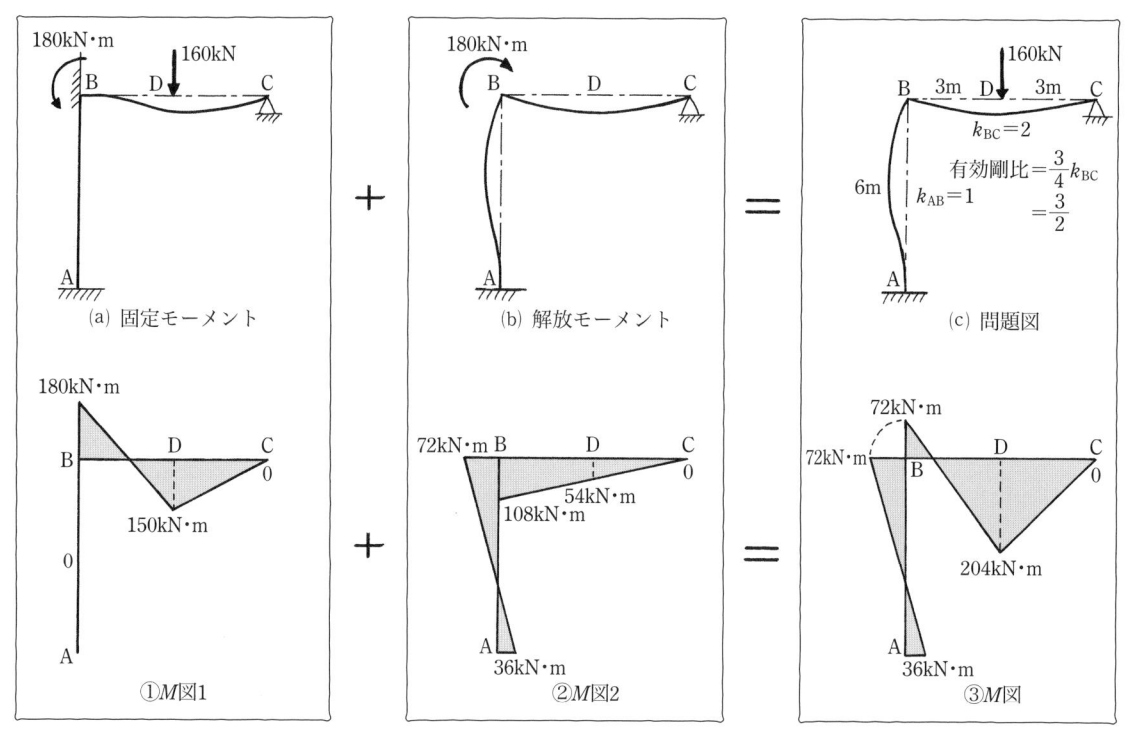

図4·93 【応用例題2】の曲げモーメント図（M図1＋M図2＝M図）

② 次に、節点Bに解放モーメント（図4·93(b)）を想定し、曲げモーメント図、M図2を描きます。これは 基本例題2 と全く同じ問題です。

③ M図1とM図2を重ね合わせてM図ができあがります。

● 表計算を使って行う固定モーメント法

応用例題2 についても、表計算によって材端モーメントを求めてみましょう。

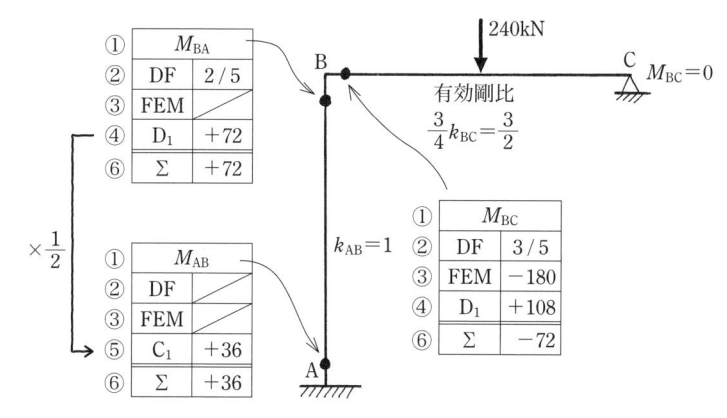

図4·94 表計算による固定モーメント法

① 各材端モーメント M_{AB}、M_{BA}、M_{BC} の表を作ります。M_{CB} はピン支点で 0 です。
② 表 2 行目：DF に分配率を記入します。分配率は有効剛比 $\frac{3}{4}k_{BC}$ を考慮して計算します。点 A には分配率はありませんので M_{AB} の当該欄には斜線を書いておきます。
③ 表 3 行目：FEM に中間荷重による固定端モーメントを記入します。柱には中間荷重がないので M_{AB}、M_{BA} の当該欄には斜線を書いておきます。
④ M_{BA}、M_{BC} 表 4 行目：節点 B について、M_{BC} の FEM（− 180kN·m）の符号を逆転し（＋ 180kN·m）、M_{BA}、M_{BC} の D_1 欄に DF に応じた分配モーメント D_1 の値を記入します。
⑤ M_{AB}、M_{CB} 表 4 行目：分配モーメント D_1 の値に $\frac{1}{2}$ を乗じた伝達モーメントの値を M_{AB} の C_1 の欄に記入します。
⑥ M_{AB}、M_{BA}、M_{BC} それぞれの表について FEM、D_1、C_1 の値を合計し、最終的な材端モーメントの結果を得ます。

3 対称門形ラーメンの解法

鉛直荷重あるいは水平力を受ける対称門形ラーメンの解法を解説していきます。

[応用例題 3]　[発展例題 1] を通して解放モーメント作用時を考察し、[発展例題 2] で鉛直荷重作用時の解法、そして [発展例題 3] で水平力作用時の解法へとつないでいきます。

[応用例題 3 の考察と解法]

図 4·95 に、問題図と得られた曲げモーメント図を再掲します。

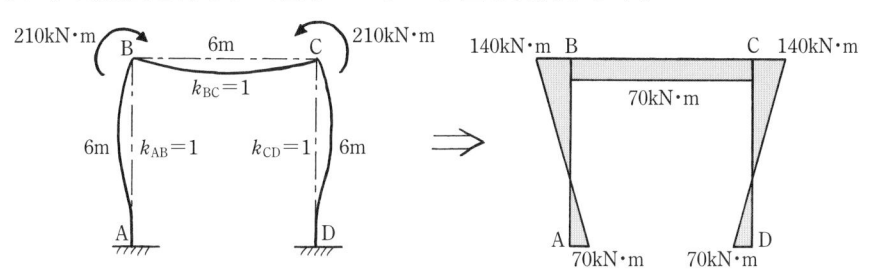

図 4·95 【応用例題 3】の問題と曲げモーメント図

● 曲げモーメントの伝わり方（柱の部材回転角なし、梁が対称変形する場合）

節点 B、節点 C にかかるモーメント荷重（210kN·m）は、柱と梁に剛比（$k_{AB}:k_{BC} = 1:1$）のままで分配されていません。これは、剛比が一端固定および部材回転角なしという条件での値であるからで、門形ラーメンの梁については有効剛比を考慮する必要があります。たわみ角法公式で対称変形する梁の有効剛比を考察してみます。たわみ角法公式による式 4·41c、式 4·41d (p.123) より、

$M_{BC} = 1\,(2\phi_B + \phi_C)$ 　　　　　　　　　　　　…… 式 4·87a
$M_{CB} = 1\,(\phi_B + 2\phi_C)$ 　　　　　　　　　　　　…… 式 4·87b

梁が対称変形していることより、$\phi_C = -\phi_B$ となり、これを式 4·87a、式 4·87b に代入すると、

$M_{BC} = 1\,(2\phi_B - \phi_B) = 1\,(\phi_B) = \frac{1}{2} \cdot 1\,(2\phi_B)$ 　　　…… 式 4·88a

$$M_{CB} = 1(\phi_B - 2\phi_B) = 1(-\phi_B) = -M_{BC} \quad \cdots\cdots\cdots 式4\cdot88b$$

が得られます。式4・88aのように$2\phi_B$を（　）内に残し、余剰分$\frac{1}{2}$を剛比の項に添えると剛比が$\frac{1}{2}$倍になったという式が得られます。よって、対称変形する部材の有効剛比は$\frac{1}{2}k_{BC}$となります。

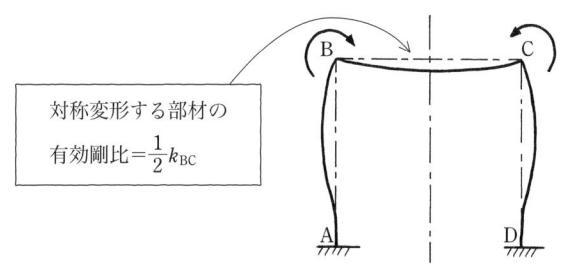

図4・96　有効剛比（対称変形する部材の場合）

梁の有効剛比を考慮すると、$k_{AB} : \frac{1}{2}k_{BC} = 1 : \frac{1}{2}\cdot 1 = 2 : 1$ となり、点Bについて分配モーメントを求めると次のようになります。

$$M_{BA} = 210\text{kN}\cdot\text{m} \times \frac{2}{3} = 140\text{kN}\cdot\text{m} \quad \cdots\cdots\cdots 式4\cdot89a$$

$$M_{BC} = 210\text{kN}\cdot\text{m} \times \frac{1}{3} = 70\text{kN}\cdot\text{m} \quad \cdots\cdots\cdots 式4\cdot89b$$

次に固定端Aには分配モーメントの$\frac{1}{2}$が伝達されます。

$$M_{AB} = M_{BA} \times \frac{1}{2} = 70\text{kN}\cdot\text{m} \quad \cdots\cdots\cdots 式4\cdot90$$

左右対称変形であることより、右半分の材端モーメントを求めます。

$$M_{CB} = -M_{BC} = -70\text{kN}\cdot\text{m} \quad \cdots\cdots\cdots 式4\cdot91a$$
$$M_{CD} = -M_{BA} = -140\text{kN}\cdot\text{m} \quad \cdots\cdots\cdots 式4\cdot91b$$
$$M_{DC} = -M_{AB} = -70\text{kN}\cdot\text{m} \quad \cdots\cdots\cdots 式4\cdot91c$$

[発展例題1の考察と解法]

図4・97に問題図と曲げモーメント図を再掲します。

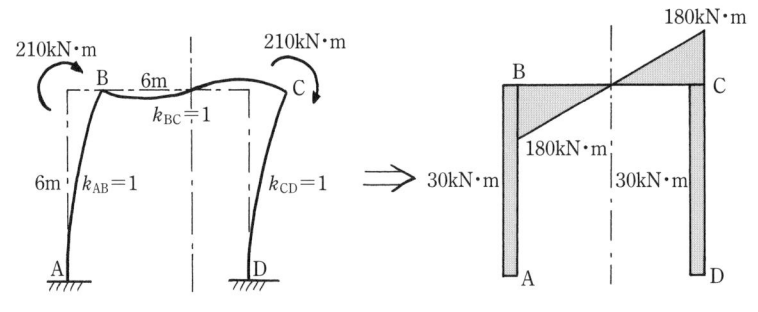

図4・97　【発展例題1】の問題と曲げモーメント図

●曲げモーメントの伝わり方（柱に部材回転角がある、梁が逆対称変形する場合）

節点にかかるモーメント荷重（210kN・m）は柱と梁に剛比（$k_{AB} : k_{BC} = 1 : 1$）のままで分配されて

いません。発展問題1では、梁が左右逆対称変形しており、この場合の有効剛比を考慮する必要があります。また、柱には部材回転角が生じており、部材回転角を考慮した有効剛比を考慮する必要があります。たわみ角法公式で梁および柱の有効剛比を考察してみます。

[梁について]

たわみ角法公式による式 4・43c、式 4・43d（p.124）より、

$M_{BC} = 1\,(2\phi_B + \phi_C)$ .... 式 4・92a

$M_{CB} = 1\,(\phi_B + 2\phi_C)$ .... 式 4・92b

左右逆対称形であることより、$\phi_C = \phi_B$ となり、これを式 4・92a、式 4・92b に代入すると、

$M_{BC} = 1\,(2\phi_B + \phi_B) = 1\,(3\phi_B) = \dfrac{3}{2}\cdot 1\,(2\phi_B)$ .... 式 4・93a

$M_{CB} = 1\,(\phi_B + 2\phi_B) = 1\,(3\phi_B) = M_{BC}$ .... 式 4・93b

が得られます。式 4・93(a) のように $2\phi_B$ を（ ）内に残し、余剰分 $\dfrac{3}{2}$ を剛比の項に添えると剛比が $\dfrac{3}{2}$ 倍になったという式が得られます。したがって、逆対称変形する部材の有効剛比は $\dfrac{3}{2}k_{BC}$ となります（図 4・98 参照）。

[柱について]

柱のたわみ角法公式による、式 4・43a、式 4・43b（p.124）より、

$M_{BA} = 1\,(2\phi_B + \psi_{AB})$　　柱頭 .... 式 4・94a

$M_{AB} = 1\,(\phi_B + \psi_{AB})$　　柱脚 .... 式 4・94b

式 4・48（p.125）の層方程式より、式 4・95 が得られます。

$3\phi_B + 2\psi_{AB} = 0 \quad \Rightarrow \quad \psi_{AB} = -\dfrac{3}{2}\phi_B$ .... 式 4・95

式 4・95 を柱の材端モーメントの式 4・94a、式 4・94b に代入すると、

$M_{BA} = 1\,(2\phi_B + (-\dfrac{3}{2})\phi_B) = 1\,(\dfrac{1}{2}\phi_B) = \dfrac{1}{4}\cdot 1\,(2\phi_B)$ .... 式 4・96a

$M_{AB} = 1\,(\phi_B + (-\dfrac{3}{2})\phi_B) = 1\,(-\dfrac{1}{2}\phi_B) = \dfrac{1}{4}\cdot 1\,(-2\phi_B)$ .... 式 4・96b

が得られます。式 4・96a のように $2\phi_B$ を（ ）内に残し、余剰分 $\dfrac{1}{4}$ を剛比の項に添えると剛比が $\dfrac{1}{4}$ 倍になったという式が得られます。したがって、モーメント荷重により部材回転角が生じた場合の部材の有効剛比は $\dfrac{1}{4}k_{AB}$ となります。

また式 4・96b 柱脚の材端モーメント M_{AB} には伝達率の情報があります。式 4・96a 柱頭の材端モーメント M_{BA} の（ ）内が $2\phi_B$ となっているのに対し、M_{AB} の（ ）内は $-2\phi_B$ となっています。両者の比 -1 が伝達率になります。

図中のラベル:
- モーメント荷重により部材回転角が生じた部材の有効剛比 $=\frac{1}{4}k_{AB}$
- モーメント荷重により部材回転角が生じた部材の伝達率 $=-1$
- 逆対称変形する部材の有効剛比 $=\frac{3}{2}k_{BC}$
- 有効剛比 $\frac{1}{4}k_{CD}$

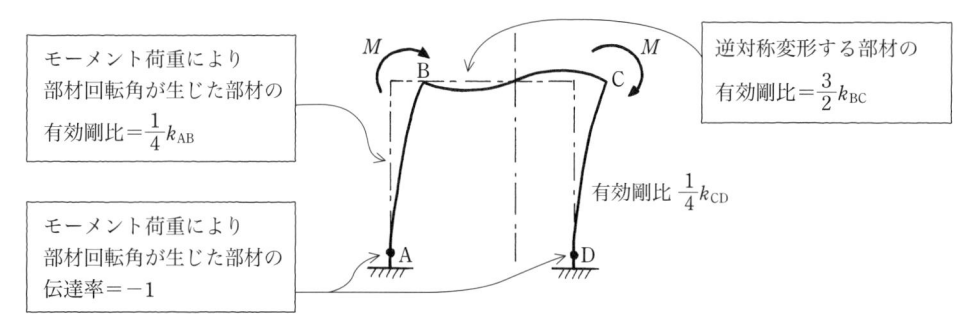

図4・98 有効剛比（逆対称変形・部材回転角あり）、伝達率（部材回転角あり）

梁および柱の有効剛比を考慮すると、

$$\frac{1}{4}k_{AB} : \frac{3}{2}k_{BC} = \frac{1}{4}\times 1 : \frac{3}{2}\times 1 = 1 : 6$$

となり、分配モーメントは次のように求めることができます。

$$M_{BA} = 210\text{kN·m} \times \frac{1}{7} = 30\text{kN·m} \quad \cdots\cdots \text{式4·97a}$$

$$M_{BC} = 210\text{kN·m} \times \frac{6}{7} = 180\text{kN·m} \quad \cdots\cdots \text{式4·97b}$$

次に固定端Aには分配モーメントの－1倍を伝達率として到達モーメントが生じます。

$$M_{AB} = M_{BA}\times(-1) = -30\text{kN·m} \quad \cdots\cdots \text{式4·98}$$

左右逆対称変形であることより、右半分の材端モーメントを求めます。

$M_{CB} = M_{BC} = 180\text{kN·m}$ ……………… 式4·99a

$M_{CD} = M_{BA} = 30\text{kN·m}$ ……………… 式4·99b

$M_{DC} = M_{AB} = -30\text{kN·m}$ ……………… 式4·99c

となります。

[発展例題2の解法]

図4・99(c)が問題図です。重ね合わせの原理を利用して解きます。
- 曲げモーメント図の描き方（梁に中間荷重を受ける対称門形ラーメンの場合）

①図4・99(a)のように節点B、節点Cに固定モーメントをかけ、柱がまっすぐになるまで戻します。このとき、柱の曲げモーメントは0になり、梁は両端固定と同等の状態になります。このときの曲げモーメント図をM図1に示します（図4・21(a)参照）。

②次に、節点B、節点Cに解法モーメントを想定し、曲げモーメント図（M図2）を描きます。
これは[応用例題3]と全く同じ問題です。

③M図1とM図2を重ね合わせてM図ができあがります。

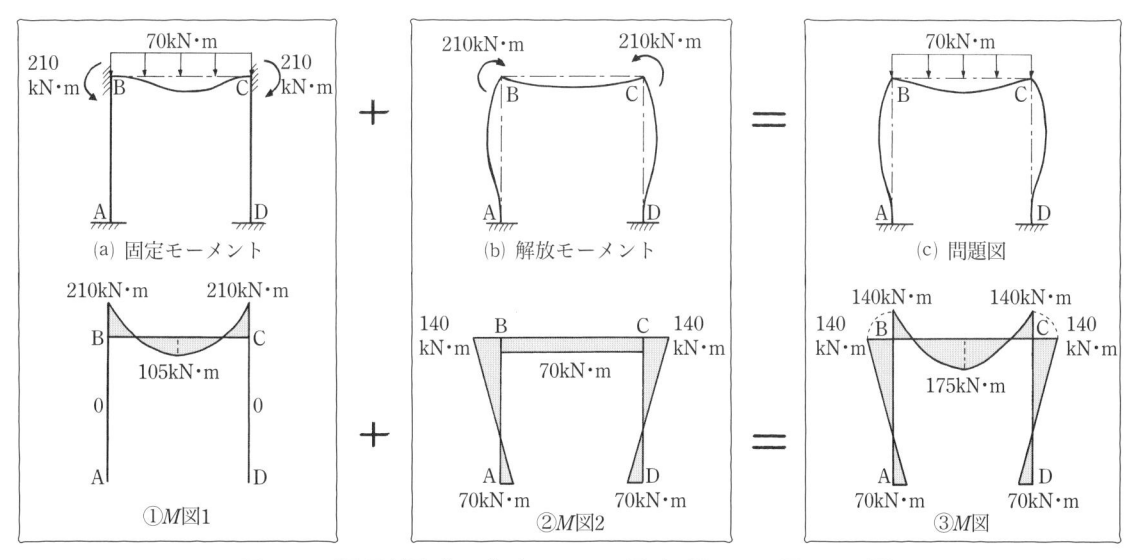

図4·99 【発展例題2】の曲げモーメント図（M図1 ＋ M図2 ＝ M図）

● 表計算を使って行う固定モーメント法

発展例題2 についても、表計算によって材端モーメントを求めてみましょう。

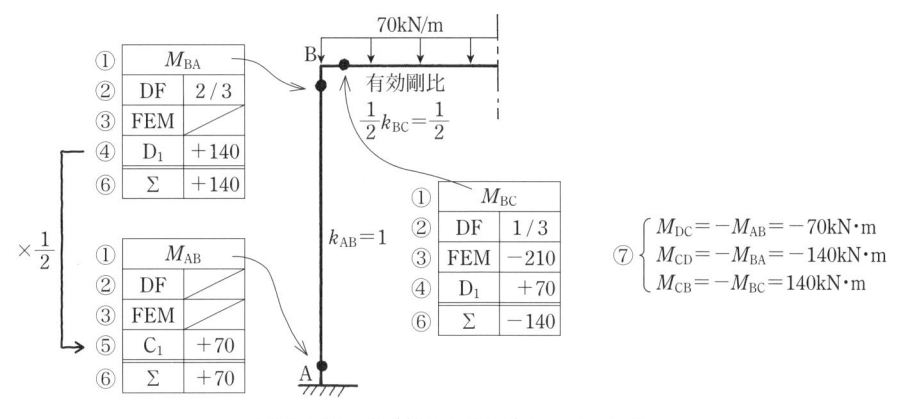

図4·100 表計算による固定モーメント法

① 各材端モーメント M_{AB}、M_{BA}、M_{BC} の表を作ります。左右対称形なので、左半分についてだけ計算します。

② 表2行目：DFに分配率を記入します。分配率は梁の有効剛比を考慮して計算します。

③ 表3行目：FEMに中間荷重による固定端モーメントを記入します。左半分について考えているので、M_{BC} の当該欄にのみ記入します。

④ M_{BA}、M_{BC} 表4行目：節点Bについて、M_{BC} のFEM（− 210kN·m）の符号を逆転し（＋ 210kN·m）、M_{BA}、M_{BC} の D_1 欄にDFに応じた分配モーメントの値を記入します。

⑤ M_{AB} 表4行目：分配モーメントの値に伝達率 $\frac{1}{2}$ を乗じた伝達モーメントの値を M_{AB} の C_1 の欄に記入します。

⑥ M_{AB}、M_{BA}、M_{BC} それぞれの表について FEM、D_1、C_1 の欄の値を合計し、最終的な材端モーメントの結果を得ます。

⑦対称性より、$M_{DC}=-M_{AB}=-70\text{kN·m}$、$M_{CD}=-M_{BA}=-140\text{kN·m}$、$M_{CB}=-M_{BC}=140\text{kN·m}$ とします。

[発展例題3の解法]

図4·101(c)が問題図です。

● 曲げモーメント図の描き方(水平力を受ける対称門形ラーメンの場合)

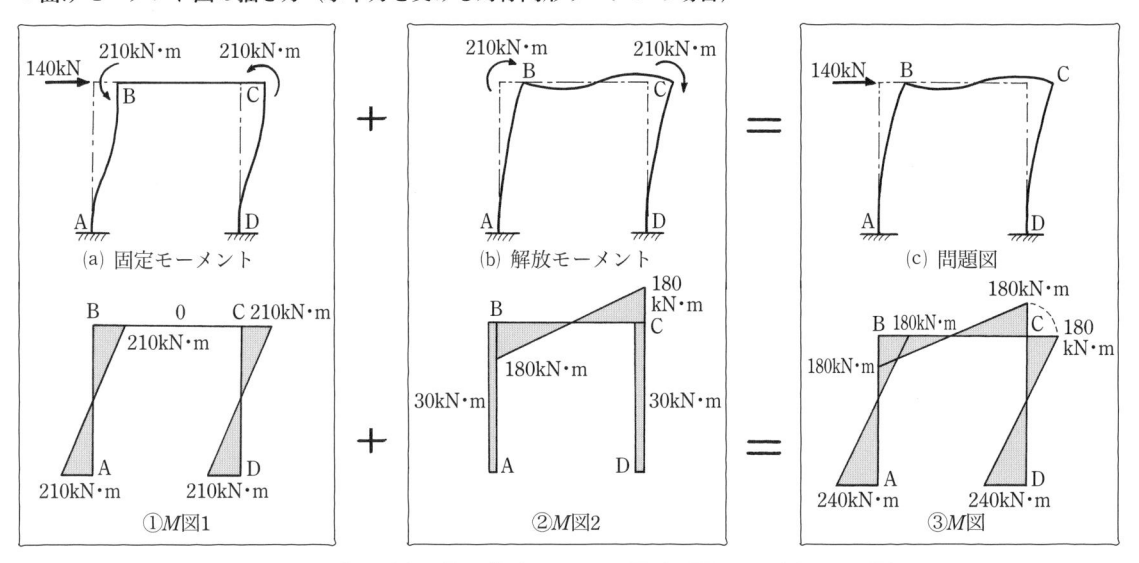

図4·101 【発展例題3】の曲げモーメント図(M図1+M図2=M図)

①図4·101(a)のように節点B、節点Cに固定モーメントをかけ、梁がまっすぐになるまで戻します。このとき、梁の曲げモーメントは0になり、柱は両端固定と同等の状態になります。このときの曲げモーメント図をM図1に示します。

[柱の固定モーメント]

図4·102(a)のように固定モーメントM_1をかけると図4·102(b)のように柱頭・柱脚に等しい材端モーメントM_1が生じ、梁の曲げモーメントは0になります。

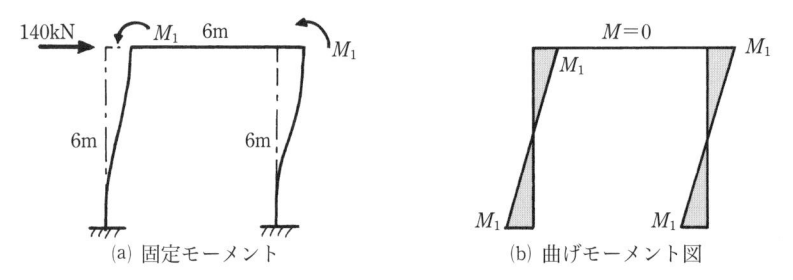

図4·102 固定モーメントをかけたときの曲げモーメント図

層方程式をたててM_1を求めます。

$\Sigma X=0 : 140-Q-Q=0$

$140-\dfrac{-M_1-M_1}{6}\times 2=0 \Rightarrow M_1=-210\text{kN·m}$

図4·103 柱脚・柱頭の固定モーメントを求める

よって、柱の固定モーメントは－210kN・m となります。

② 次に、節点 B、節点 C に解放モーメントを想定し、曲げモーメント図（M 図 2）を描きます。これは 応用例題3 と全く同じ問題です。

③ M 図 1 と M 図 2 を重ね合わせて M 図ができあがります。

● 表計算を使って行う固定モーメント法

発展例題3 についても、表計算によって材端モーメントを求めてみましょう。

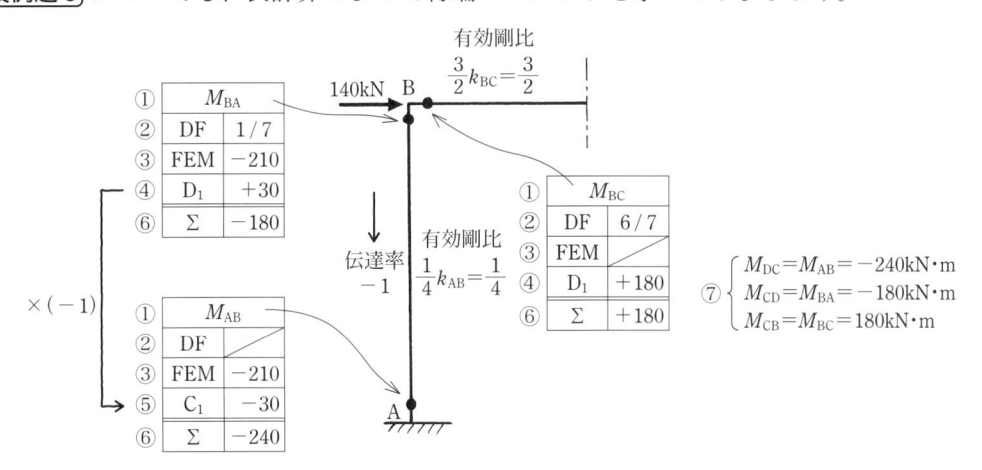

図 4・104 表計算による固定モーメント法

① 各材端モーメント M_{AB}、M_{BA}、M_{BC} の表を作ります。左右対称形なので、左半分についてだけ計算します。

② 表 2 行目：DF に分配率を記入します。分配率は梁および柱の有効剛比を考慮して計算します。

③ 表 3 行目：FEM に柱の固定端モーメントを記入します。左半分について考えているので、M_{AB}、M_{BA} の当該欄に記入します。

④ M_{BA}、M_{BC} 表 4 行目：節点 B について、M_{BA} の FEM（－210kN・m）の符号を逆転し（＋210kN・m）、M_{BA}、M_{BC} の D_1 欄に DF に応じた分配モーメントの値を記入します。

⑤ M_{AB} 表 4 行目：分配モーメントの値に部材回転角を考慮した伝達率－1 を乗じた伝達モーメントの値（－30kN・m）を M_{AB} の C_1 の欄に記入します。

⑥ M_{AB}、M_{BA}、M_{BC} それぞれの表について FEM、D_1、C_1 の欄の値を合計し、最終的な材端モーメントの結果を得ます。

⑦ 対称性より、$M_{DC} = M_{AB} = －240$kN・m、$M_{CD} = M_{BA} = －180$kN・m、$M_{CB} = M_{BC} = 180$kN・m とします。

4 2 層対称門形ラーメンの解法

発展例題2 発展例題3 1 層対称門形ラーメンで解説した解法をもとに、実践例題1 実践例題2 2 層対称門形ラーメンを表計算で解いてみます。2 層になりますと図 4・105、図 4・106 のように材端モーメントの分配・伝達を複数回行い、適度な収束をしたところで打ち切ります。したがって、結果は近似的な値として得られます。

実践例題1 を固定モーメント法・表計算で解きます。

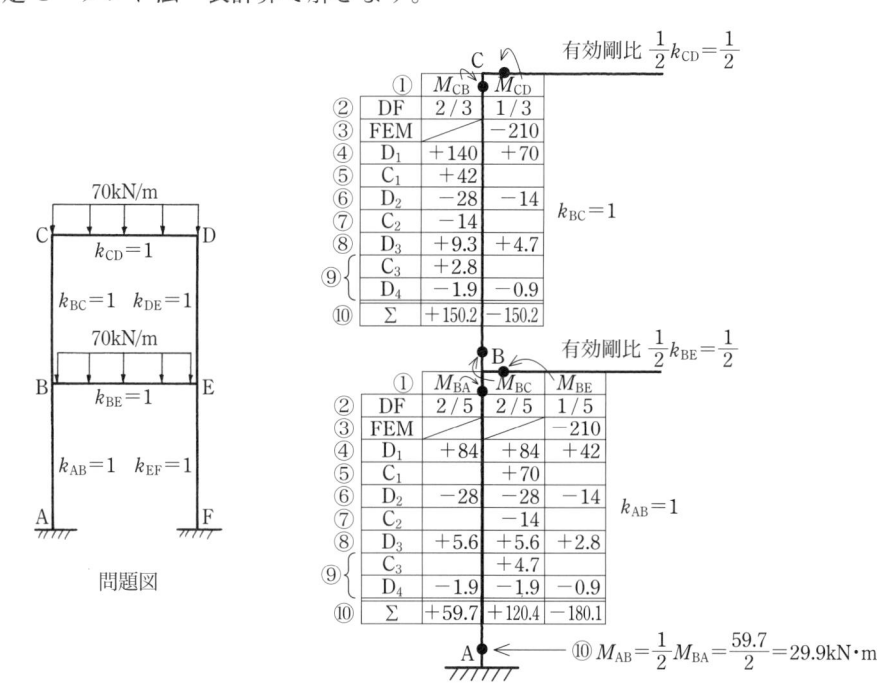

図4・105 表計算による固定モーメント法

① 各材端モーメントの表を作ります。構造体は左右対称形なので、左半分についてだけ計算します。

② 表2行目：DFに分配率を記入します。分配率は梁の有効剛比 $\frac{1}{2}k_{BE}$、$\frac{1}{2}k_{CD}$ を考慮して計算します。

③ 表3行目：FEMに中間荷重（70kN/m）による固定端モーメント（−210kN・m）を M_{CD}、M_{BE} に記入します。

④ 表4行目：節点B、節点Cについて、M_{BE}、M_{CD} のFEM（−210kN・m）の符号を逆転し（+210kN・m）、D_1 欄にDFに応じた分配モーメントの値を記入します。

⑤ 表5行目：節点B−C間で伝達モーメントを伝え合います。

節点B、M_{BC} D_1 欄の分配モーメント（+84kN・m）に伝達率 $\frac{1}{2}$ を乗じた伝達モーメントの値（+42kN・m）を M_{CB} の C_1 欄に記入します。

節点C、M_{CB} D_1 欄の分配モーメント（+140kN・m）に伝達率 $\frac{1}{2}$ を乗じた伝達モーメントの値（+70kN・m）を M_{BC} C_1 欄に記入します。

⑥ 表6行目：節点B、節点Cについて、表5行目 C_1 の値（節点B：+70kN・m、節点C：+42kN・m）についての符号を逆転し（−70kN・m、−42kN・m）、DFに応じて再分配し、D_2 欄に分配モーメント（2回目）の値を記入します。

⑦ 表7行目：節点B−C間で再度、伝達モーメントを伝え合います。

節点B、M_{BC} D_2 欄の分配モーメント（−28kN・m）に伝達率 $\frac{1}{2}$ を乗じた伝達モーメントの値（−14kN・m）を M_{CB} の C_2 の欄に記入します。

節点 C、M_{CB} D_2 欄の分配モーメント（－28kN·m）に伝達率 $\frac{1}{2}$ を乗じた伝達モーメントの値（－14kN·m）を M_{BC} の C_2 の欄に記入します。

⑧表8行目：節点 B、節点 C について、表7行目 C_2 の値（節点 B：－14kN·m、節点 C：－14kN·m）についての符号を逆転し（＋14kN·m、＋14kN·m）、DF に応じて再分配し、D_3 欄に分配モーメント（3回目）の値を記入します。

⑨表9、10行目：以上と同様の操作を繰り返し、C_3、D_4 に数値を記入します。

⑩それぞれの表について FEM、D_1、C_1、D_2、C_2、D_3、C_3、D_4 の欄の値を合計し、最終的な材端モーメントの結果を得ます。

固定柱脚 M_{AB} ついては、M_{BA} の合計値（＋59.7kN·m）に伝達率 $\frac{1}{2}$ を乗じた伝達モーメントの値（＋29.9kN·m）を M_{AB} の結果とします。

⑪対称性より、右半分の材端モーメントを求めます。

[1層右柱]　　$M_{FE} = -M_{AB} = -29.9$ kN·m　　　　$M_{EF} = -M_{BA} = -59.7$ kN·m

[1層梁右端]　$M_{EB} = -M_{BE} = +180.1$ kN·m

[2層右柱]　　$M_{ED} = -M_{BC} = -120.4$ kN·m　　　$M_{DE} = -M_{CB} = -150.2$ kN·m

[2層梁右端]　$M_{DC} = -M_{CD} = +150.2$ kN·m

実践例題2 を固定モーメント法・表計算で解きます。

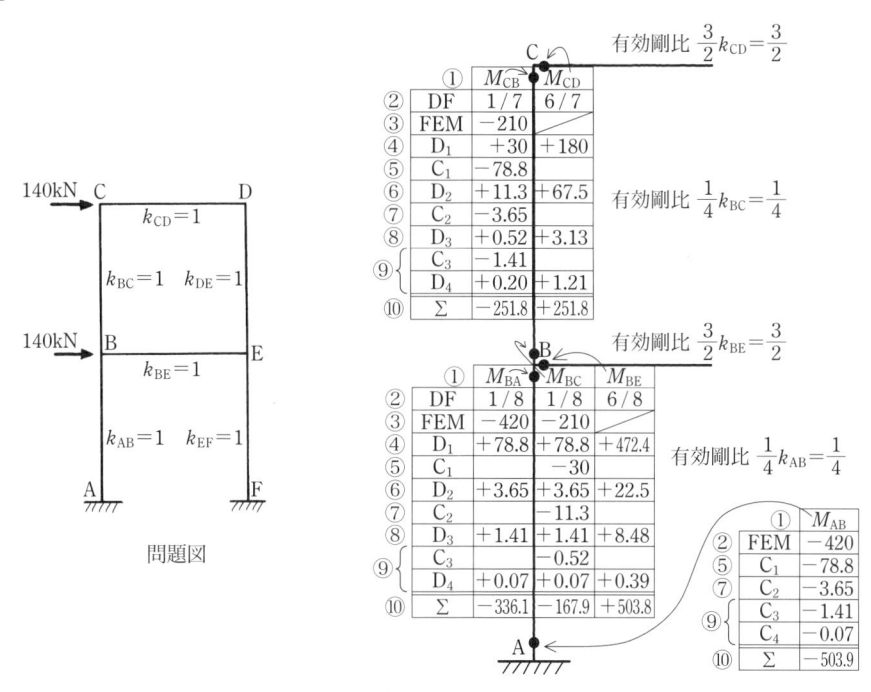

図4·106　表計算による固定モーメント法

①各材端モーメントの表を作ります。構造体は左右対称形なので、左半分についてだけ計算します。

②表2行目：DF に分配率を記入します。分配率は梁の有効剛比 $\frac{3}{2} k_{BE}$、$\frac{3}{2} k_{CD}$、柱の有効剛比 $\frac{1}{4}$

k_{AB}、$\frac{1}{4}k_{BC}$ を考慮して計算します。

③表3行目：FEMに柱部材の固定端モーメントを M_{AB}、M_{BA}、M_{BC}、M_{CB} に記入します。

[柱の固定端モーメント]

図4・107(a)のように固定モーメントをかけると図4・107(b)のように1層、2層それぞれの柱の柱頭・柱脚に等しい材端モーメント M_1、M_2 が生じ、梁の曲げモーメントは0になります。

(a) 固定モーメント　　　(b) 曲げモーメント図

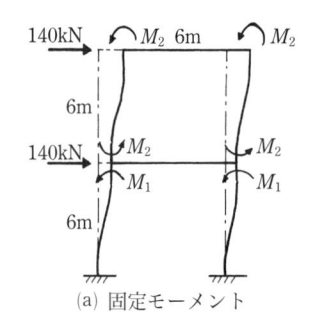

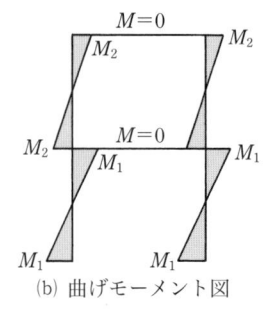

図4・107　固定モーメントをかけたときの曲げモーメント図

層方程式をたてて M_1、M_2 を求めます。

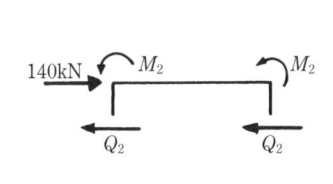

(a) 2層について　　　(b) 1層について

(a) $\Sigma X = 0 : 140 - Q_2 - Q_2 = 0$

$140 - \dfrac{-M_2 - M_2}{6} \times 2 = 0 \Rightarrow M_2 = -210 \text{kN·m}$

(b) $\Sigma X = 0 : 140 + 140 - Q_1 - Q_1 = 0$

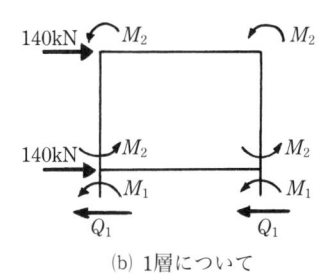

$280 - \dfrac{-M_1 - M_1}{6} \times 2 = 0 \Rightarrow M_1 = -420 \text{kN·m}$

図4・108　柱脚・柱頭の固定端モーメントを求める

よって、2階柱の固定端モーメントは柱頭・柱脚とも －210kN·m、
　　　　1階柱の固定端モーメントは柱頭・柱脚とも －420kN·m となります。

④表4行目：節点Bについて、FEM（－210－420＝－630kN·m）の符号を逆転し（＋630kN·m）、D_1欄にDFに応じた分配モーメントの値を記入します。

節点Cについても、FEM（－210kN·m）の符号を逆転し（＋210kN·m）、D_1欄にDFに応じた分配モーメントの値を記入します。

⑤表5行目：節点B－C間で伝達モーメントを伝え合います。

節点B、M_{BC} D_1欄の分配モーメント（＋78.8kN·m）に伝達率－1を乗じた伝達モーメントの値（－78.8kN·m）を M_{CB} の C_1欄に記入します。M_{BA} D_1欄（＋78.8kN·m）についても伝達率－1を乗じた伝達モーメントの値（－78.8kN·m）を M_{AB} の C_1欄に記入します。

節点C、M_{CB} D_1欄の分配モーメント（＋30kN·m）に伝達率－1を乗じた伝達モーメントの値（－

30kN·m）を M_{BC} の C_1 欄に記入します。

⑥表6行目：節点 B、節点 C について、表5行目 C_1 の値（節点 B：－30kN·m、節点 C：－78.8kN·m）についての符号を逆転し（＋30kN·m、＋78.8kN·m）、DF に応じて再分配し、D_2 欄に分配モーメント（2回目）の値を記入します。

⑦表7行目：節点 B－C 間で再度、伝達モーメントを伝え合います。

節点 B、M_{BC} D_2 欄の分配モーメント（＋3.65kN·m）に伝達率－1を乗じた伝達モーメントの値（－3.65kN·m）を M_{CB} の C_2 の欄に記入します。M_{BA} D_2 欄（＋3.65kN·m）についても伝達率－1を乗じた伝達モーメントの値（－3.65kN·m）を M_{AB} の C_2 欄に記入します。

節点 C、M_{CB} D_2 欄の分配モーメント（＋11.3kN·m）に伝達率－1を乗じた伝達モーメントの値（－11.3kN·m）を M_{BC} の C_2 の欄に記入します。

⑧表8行目：節点 B、節点 C について、表7行目 C_2 の値（節点 B：－11.3kN·m、節点 C：－3.65kN·m）についての符号を逆転し（＋11.3kN·m、＋3.65kN·m）、DF に応じて再分配し、D_3 欄に分配モーメント（3回目）の値を記入します。

⑨以上と同様の操作を繰り返し、C_3、D_4、C_4 に数値を記入します。

⑩それぞれの表について FEM、D_1、C_1、D_2、C_2、D_3、C_3、D_4、C_4 の欄の値を合計し、最終的な材端モーメントの結果を得ます。

⑪対称性より、右半分の材端モーメントを求めます。

［1層右柱］　　$M_{FE} = M_{AB} = －503.9$ kN·m　　　　$M_{EF} = M_{BA} = －336.1$ kN·m

［1層梁右端］$M_{EB} = M_{BE} = ＋503.8$ kN·m

［2層右柱］　　$M_{ED} = M_{BC} = －167.9$ kN·m　　　　$M_{DE} = M_{CB} = －251.8$ kN·m

［2層梁右端］$M_{DC} = M_{CD} = ＋251.8$ kN·m

5 座屈・構造物の崩壊

5・1 ● 座　屈

　身近にある定規などを長手方向に押してみると、弓なりに曲がってしまいます。この現象を**座屈**といいます。座屈は細長い部材ほど発生しやすい現象です。本来、大きな圧縮強度をもつ部材であっても座屈すると急激な耐力低下を招き、構造物の崩壊にむすびつきます。したがって建物を設計する際、座屈は重要な検討項目なのです。

1 弾性座屈荷重

　図5・1のように部材に圧縮力をかけてみます。圧縮力が小さいうちは座屈は起こりませんが、圧縮力を漸増させるとやがて座屈現象が起こります。このように座屈は荷重がある値に達したときに発生するのです。この荷重のことを**弾性座屈荷重** P_k といいます。弾性座屈荷重 P_k は公式15で求めることができます。

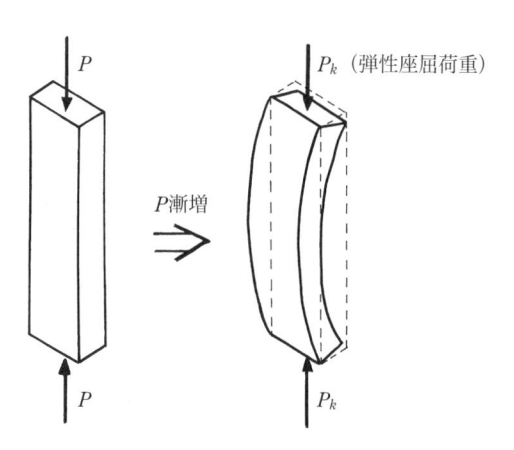

図5・1　座屈現象と弾性座屈荷重

弾性座屈荷重

$$P_k = \frac{\pi^2 EI}{l_k^2}$$ ……………公式15

P_k：弾性座屈荷重（N）
π：円周率（3.1415……）　　　　E：ヤング係数（N/mm²）
I：断面2次モーメント（mm⁴）　　l_k：座屈長さ（mm）

注）公式15の導き方については p.196 を参照してください。

● 断面2次モーメントについて

図5・2のように部材断面には、強軸と弱軸があります。強軸まわりの断面2次モーメントの値は大きく、弱軸まわりの断面2次モーメントの値は小さくなります。両軸に関する支持条件が同じであれば、断面2次モーメントの小さい（曲がりやすい）弱軸について座屈を起こします。

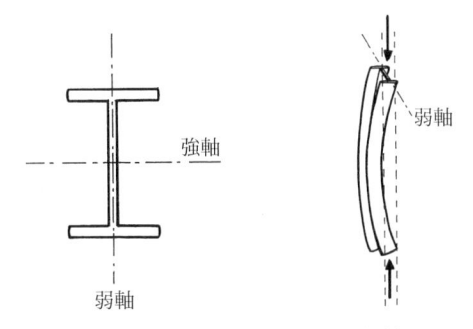

図5・2　弱軸に対して座屈する部材

● 座屈長さについて

部材両端の支点条件および水平移動の有無によって、部材は異なる座屈形状を呈します。それぞれの座屈形状に対する座屈長さ l_k は表5・1のようになります。

表5・1　座屈形状と座屈長さ

支点条件	両端ピン	ピン・固定	両端固定	両端固定	自由・固定
水平移動条件	水平移動拘束			水平移動自由	
座屈形状	(a)	(b)	(c)	(d)	(e)
座屈長さ	l	$0.7l$	$0.5l$	l	$2l$

座屈長さは表5・1(a)両端ピン・水平移動拘束を基本形とし、図5・3のように基本形と同一の形状が現れている部分の長さが、それぞれの座屈長さに相当しています。また、図5・3(b)(c)(d)に表れているように、座屈長さに相当する部分の端部は曲げによる引張側が変わる境界になっています。

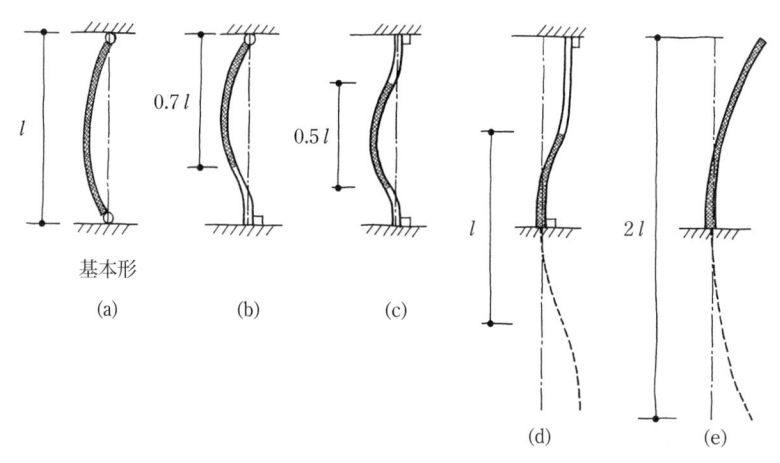

図5・3 基本形と各座屈形状における座屈長さとの関係

演習問題5・1 図のような同じ材質の柱A、B、Cについて、それぞれの弾性座屈荷重をP_A、P_B、P_Cとします。このとき、弾性座屈荷重の大きい順に並べなさい。

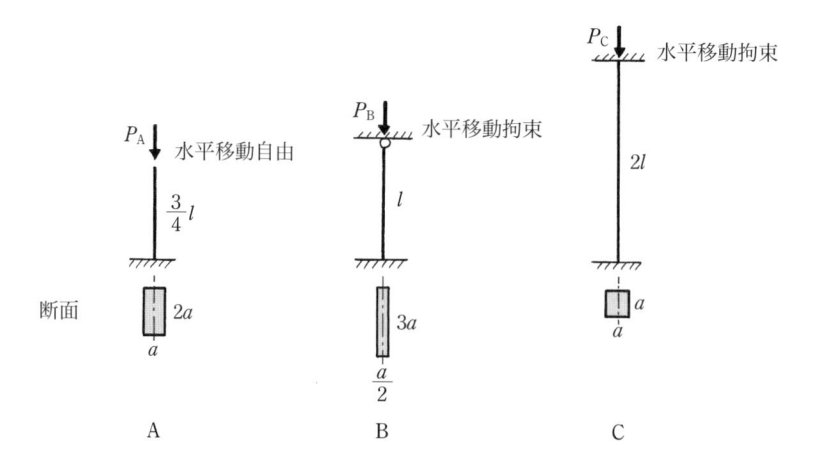

（解　答）

3つの柱は同じ材質であることより、ヤング係数Eは共通です。

断面2次モーメントを弱軸について算定します。

$$I_A = \frac{2a \cdot a^3}{12} = 2\frac{a^4}{12} = 2I \qquad I_B = \frac{3a\left(\frac{a}{2}\right)^3}{12} = \frac{3}{8} \cdot \frac{a^4}{12} = \frac{3}{8}I$$

$$I_C = \frac{a \cdot a^3}{12} = \frac{a^4}{12} = I \quad \left(I = \frac{a^4}{12} \text{とした}\right)$$

座屈形状は次の図のようになり、座屈長さl_kを表5・1によって求めます。

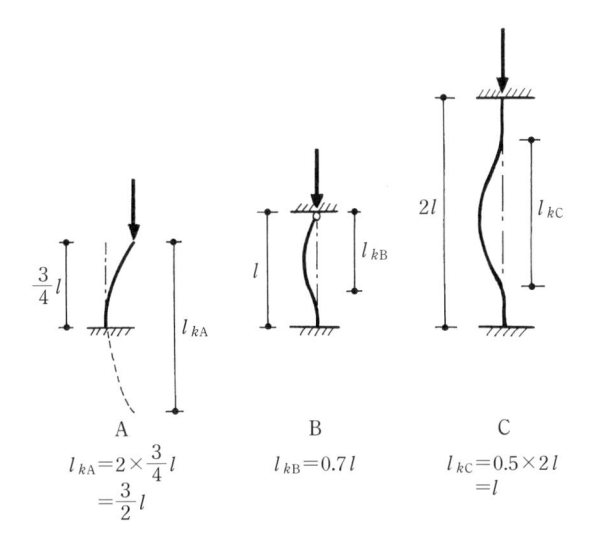

$$l_{kA} = 2 \times \frac{3}{4}l = \frac{3}{2}l \qquad l_{kB} = 0.7l \qquad l_{kC} = 0.5 \times 2l = l$$

断面2次モーメントと座屈長さを弾性座屈荷重式（公式15）に代入して、大小を比較します。

$$P_A = \frac{\pi^2 E \cdot 2I}{\left(\frac{3l}{2}\right)^2} = \frac{8}{9} \cdot \frac{\pi^2 EI}{l^2}$$

$$P_B = \frac{\pi^2 E \cdot \frac{3I}{8}}{(0.7l)^2} = \frac{3}{4} \cdot \frac{\pi^2 EI}{l^2} \quad (0.7^2 \fallingdotseq 0.5 \text{として計算した})$$

$$P_C = \frac{\pi^2 EI}{l^2}$$

以上より大小関係を定めると次のようになります。

$\underline{P_C > P_A > P_B}$ （答え）

2 弾性座屈荷重の梁による影響

部材に座屈を生じにくくする方策として、中間に部材（座屈止め）を入れて変形を拘束する方法があります。図5・4(a)は両端ピンの柱の中央に座屈止めを設けた例です。この場合、図5・4(b)のような座屈形状となり、座屈長さは元の$\frac{1}{2}$になります。弾性座屈荷重は公式15より座屈長さの2乗に反比例します。したがって、弾性座屈荷重は元の4倍になり、座屈しにくくなるのです。

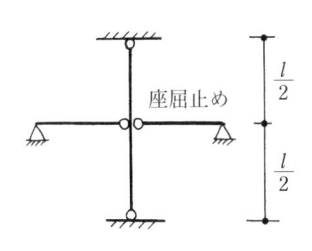

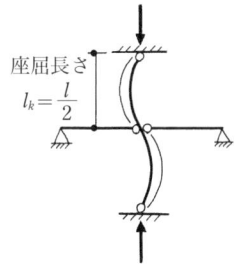

(a) 座屈止めを入れた柱　　(b) 座屈形状と座屈長さl_k

図5・4　座屈止めの座屈抑制効果

次に中間の座屈止めを梁とし、柱と剛接合してみます。もし、図5・5(a)のように梁を剛体とみ

なせるなら、図5・5(b)のような座屈形状となります。座屈長さは $0.7 \times \dfrac{l}{2} = 0.35l$ となり、図5・4の場合 $\left(\dfrac{l}{2}\right)$ より座屈長さは短くなり、結果として弾性座屈荷重は大きく（座屈しにくく）なります。このように同じ柱であっても梁との関連によって弾性座屈荷重は変化するのです。

(a) 梁が入った柱

(b) 座屈形状と座屈長さ l_k

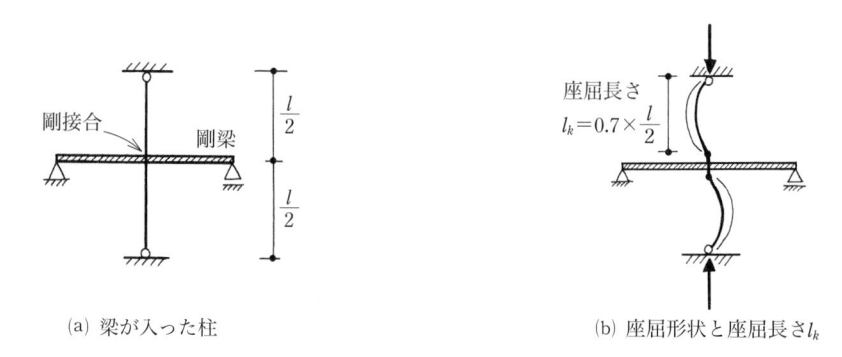

図5・5　剛梁の座屈抑制効果

梁が剛体でない図5・6(a)の場合には図5・6(b)のような座屈形状になり、梁の曲げに対する剛性が大きくなればなるほど図5・5の状況に近付き、梁の曲げに対する剛性が小さくなればなるほど図5・4の状況に近付きます。梁の曲げに対する剛性はp.111で示した、

剛度 $K = \dfrac{I(\text{断面2次モーメント})}{l(\text{部材長さ})}$ によって評価することができます。

(a) 梁が入った柱

(b) 座屈形状と座屈長さ l_k

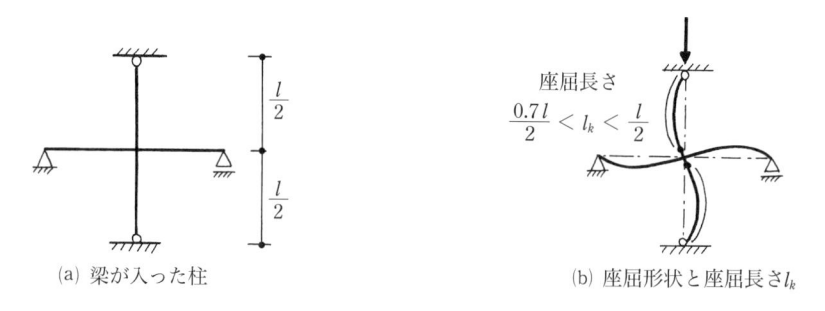

図5・6　一般的な梁の座屈抑制効果

演習問題 5・2 図のように梁を中央に配した柱 A、B、C について、それぞれの弾性座屈荷重を P_A、P_B、P_C とします。このとき、弾性座屈荷重の大きい順に並べなさい。ただし、柱は等質等断面で水平移動は拘束されており、梁は等質とします。

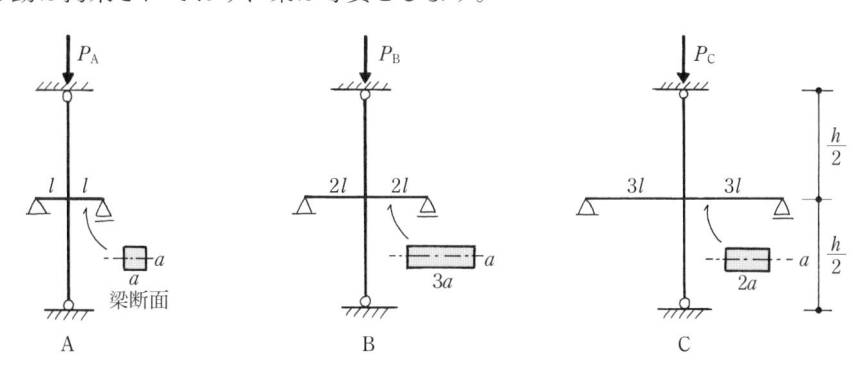

(解 答)

柱については、A、B、C とも等質等断面であり、さらに材長、支点条件も同じです。したがって、梁の剛度の大きいものほど弾性座屈荷重が大きくなり、座屈しにくいということになります。

梁の断面2次モーメント $\quad I_A = \dfrac{a^4}{12} = I \quad I_B = \dfrac{3a^4}{12} = 3I \quad I_C = \dfrac{2a^4}{12} = 2I \quad \left(I = \dfrac{a^4}{12} \text{とした}\right)$

梁の剛度 $\quad K_A = \dfrac{I}{l} \quad K_B = \dfrac{3I}{2l} \quad K_C = \dfrac{2I}{3l}$

梁の剛度の大小関係は、$K_B > K_A > K_C$　　したがって、$\underline{P_B > P_A > P_C}$　　（答え）

演習問題 5・3 図のようなラーメン A、B、C について、それぞれの弾性座屈荷重を P_A、P_B、P_C とします。このとき、弾性座屈荷重の大きい順に並べなさい。ただし、柱は等質等断面で水平移動は自由、梁は等質で断面2次モーメントは $2I$、$5I$、$4I$ とします。

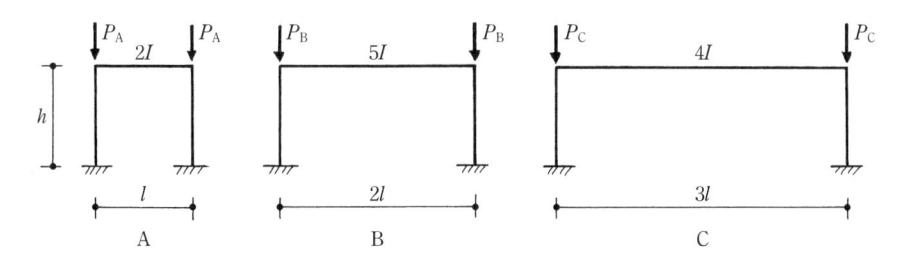

(解 答)

柱については、A、B、C とも等質等断面であり、さらに材長、支点条件も同じです。したがって、この問題でも梁の剛度の大きいものほど弾性座屈荷重が大きくなります。

梁の剛度 $\quad K_A = \dfrac{2I}{l} \quad K_B = \dfrac{5I}{2l} \quad K_C = \dfrac{4I}{3l}$

梁の剛度の大小関係は、$K_B > K_A > K_C$　　したがって、$\underline{P_B > P_A > P_C}$　　（答え）

梁の剛度が大きいほど次の図(a)に示した剛梁の状態（座屈長さl）に近付き、梁の剛度が小さいほど図(b)柱頭ピンの状態（座屈長さ$2l$）に近付きます。本問A、B、Cのラーメンの座屈長さは(a)、(b)の中間の値となり、梁の剛度が大きいほど座屈長さは短くなります。

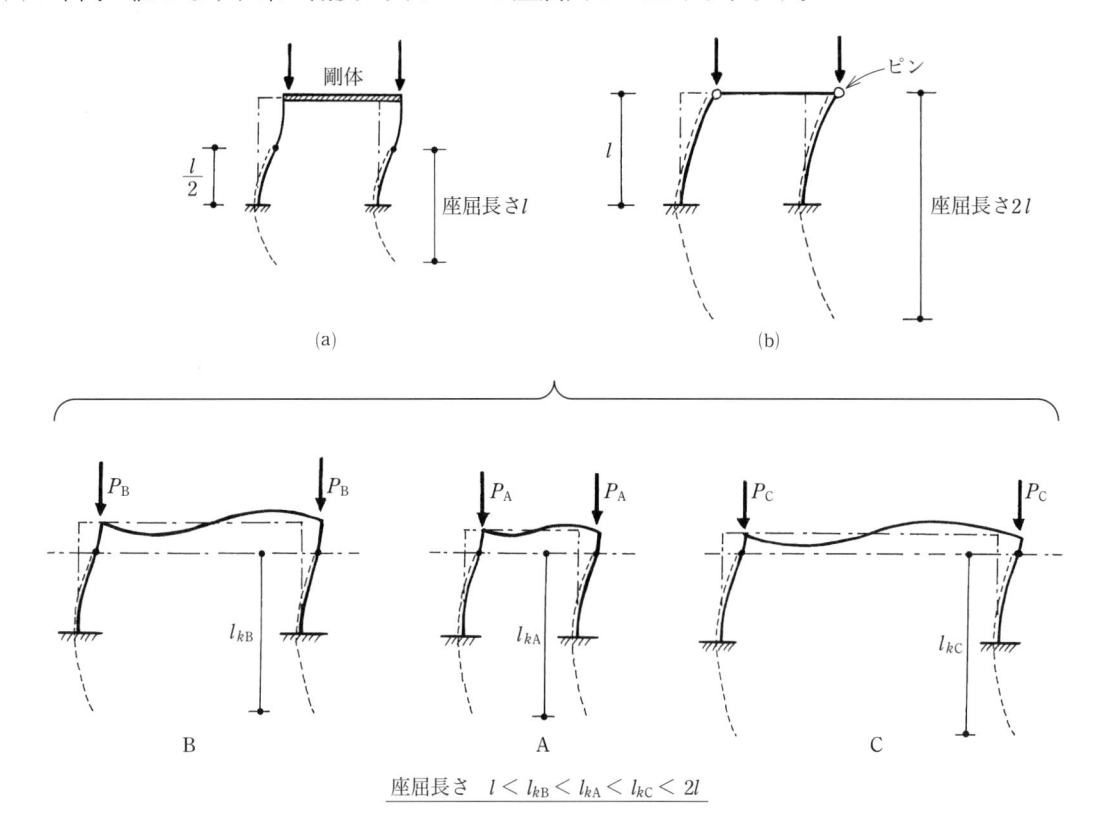

座屈長さ　$l < l_{kB} < l_{kA} < l_{kC} < 2l$

ラーメン（水平移動自由）の座屈長さの比較

5・2 ● 静定構造の崩壊

わが国は地震国であり、構造物は地震に対する耐力が要求されます。構造設計では次のように2段階の方針で地震に対する設計が行われます。

1) 建築物の耐用年限中に数度遭遇する程度の中地震（震度5程度）に対しては、建築物は損傷しない（部材を弾性範囲内におさめる）ように設計する。
2) 建築物の耐用年限中に1度遭遇するかもしれない程度の大地震に対しては、建築物が損傷することをやむを得ないと考え（部材の塑性変形を許容する）、倒壊、崩壊を防ぎ、人命・物品の安全を最低限守る。

3章（p.77）で示した許容応力度設計は1)の方針に基づく設計法でした。ここでは2)に基づく構造物の塑性領域での検討内容を題材とします。材料としてとりわけ重要な役割を担うのが鋼材です。鋼材は塑性化しても破断せず、その粘り強さ（靭性）によって構造物の倒壊、崩壊を防ぎ、人命を守ってくれるのです。

鋼材の力学的性質のついて示しておきます。図5・7は鋼材の引張試験によって得られる応力度－ひずみ度関係を概略グラフにしたものです。

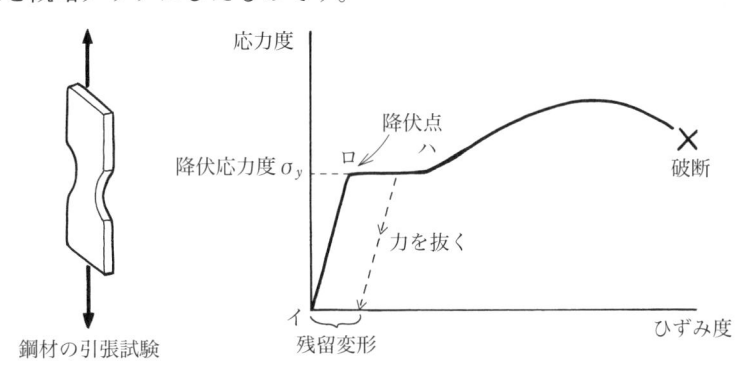

図5・7 鋼材の応力度－ひずみ度関係

イーロ間は直線のグラフになります。力と変形とが比例関係を示す弾性領域です。この領域では、力を抜けば形状がもとに戻ります。

力を大きくしていくと応力度は一定のままひずみ度だけが進展していく領域（ロ－ハ間）に入ります。グラフの点ロを**降伏点**といい、そのときの応力度を**降伏応力度** σ_y といいます。降伏点をむかえた鋼材は、もはや力を抜いてももとの形状には戻りきれません。

降伏点以降の領域が本章で扱う塑性領域です。

❶崩壊の過程と全塑性モーメント

図5・8のような単純梁に集中荷重Pをかけ、Pを漸増させて崩壊の過程を追ってみましょう。

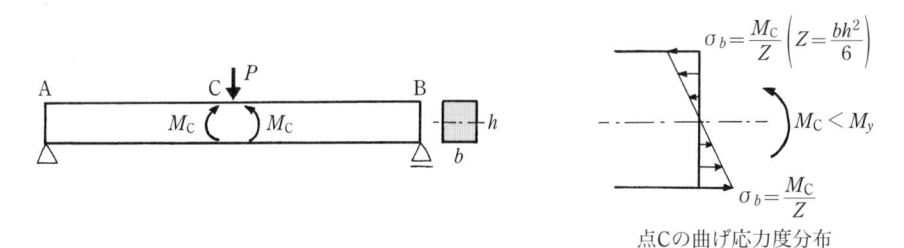

点Cの曲げ応力度分布

$$\sigma_b = \frac{M_C}{Z} \quad \left(Z = \frac{bh^2}{6}\right)$$

$M_C < M_y$

$$\sigma_b = \frac{M_C}{Z}$$

梁はまだ弾性範囲であり、曲げ応力度の状況はp.74に示した通り。

図5・8(a)　弾性範囲内の梁の状況

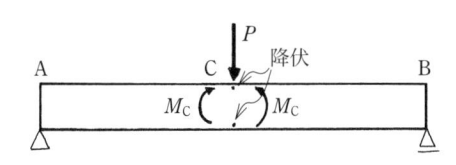

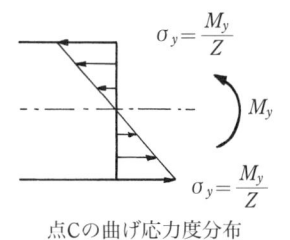

点Cの曲げ応力度分布

$$\sigma_y = \frac{M_y}{Z}$$

曲げ応力度上下縁が降伏応力度σ_yに達しました。
このときの曲げモーメントを**降伏開始モーメント**M_yといいます。

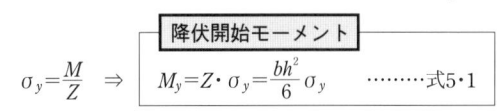

降伏開始モーメント

$$\sigma_y = \frac{M}{Z} \Rightarrow M_y = Z \cdot \sigma_y = \frac{bh^2}{6}\sigma_y \quad \cdots\cdots 式5\cdot1$$

によって求めることができます。

図5・8(b)　降伏開始モーメントに達した状況

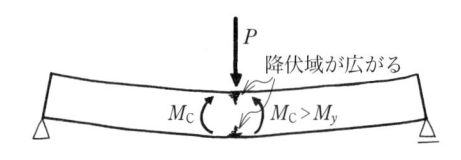

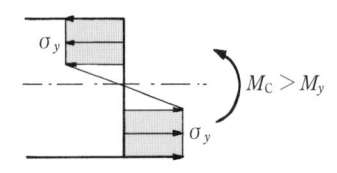

点Cの曲げ応力度分布

$M_C > M_y$

降伏後は応力度一定のまま降伏域が中央に向かって進展していきます。

図5・8(c)　降伏域が中央に向かって進展する状況

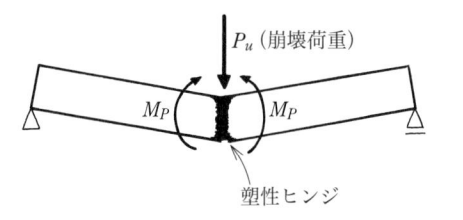

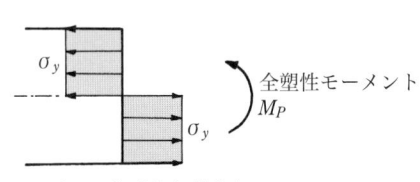

P_u(崩壊荷重)

塑性ヒンジ

点Cの曲げ応力度分布

全塑性モーメント M_P

梁の降伏は中立軸にまで達します。
この状態を**全塑性**といい、梁はこれ以上大きな荷重を支えることはできません。
力をかけ続けると梁はV字に折れ曲がっていき、崩壊します。

図5・8(d)　全塑性状態に達した状況

図5・8(d)全塑性状態での荷重を**崩壊荷重** P_u、曲げモーメントを**全塑性モーメント** M_P といいます。全塑性状態になった点Cは崩壊荷重によってあたかもヒンジのように折れ曲がっていくので、**塑性ヒンジ**といいます。

全塑性モーメント M_P は次のように求めることができます。

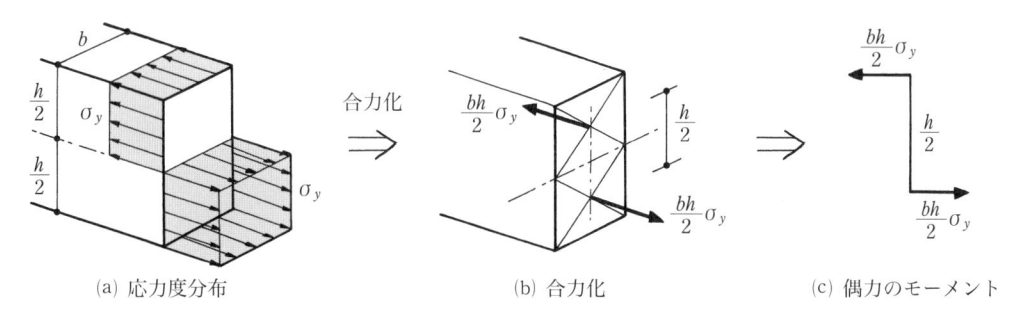

(a) 応力度分布　　(b) 合力化　　(c) 偶力のモーメント

図5・9　全塑性モーメントを求める

図5・9(a)のように降伏応力度 σ_y で等分布となった曲げ応力度を図5・9(b)のように合力化し、図5・9(c)のように偶力のモーメント（p.10参照）として全塑性モーメント M_P を式5・2のように求めます。

全塑性モーメント

$$M_P = \frac{bh}{2}\sigma_y \cdot \frac{h}{2} = \frac{bh^2}{4}\sigma_y \qquad \cdots\cdots\cdots 式5・2$$

全塑性モーメント M_P は降伏応力度 σ_y（材料によって決まる）と梁の断面寸法が決まれば求めることができるのです。式5・2において $\frac{bh^2}{4}$ は**塑性断面係数** Z_P と呼ばれます。

長方形断面の塑性断面係数

$$Z_P = \frac{bh^2}{4} \qquad \cdots\cdots\cdots 公式16$$

断面が図5・10(a)のような形をしている場合、全塑性モーメントは長方形断面の全塑性モーメントから不要な部分の全塑性モーメントを差し引くことにより求めることができます。

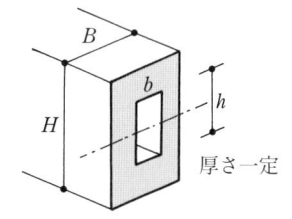

図5・10(a)　箱形断面の全塑性モーメントを求める

$$M_P = \frac{BH^2}{4}\sigma_y - \frac{bh^2}{4}\sigma_y$$

$$M_P = \left(\frac{BH^2}{4} - \frac{bh^2}{4}\right)\sigma_y \quad \cdots\cdots\cdots 式5\cdot3$$

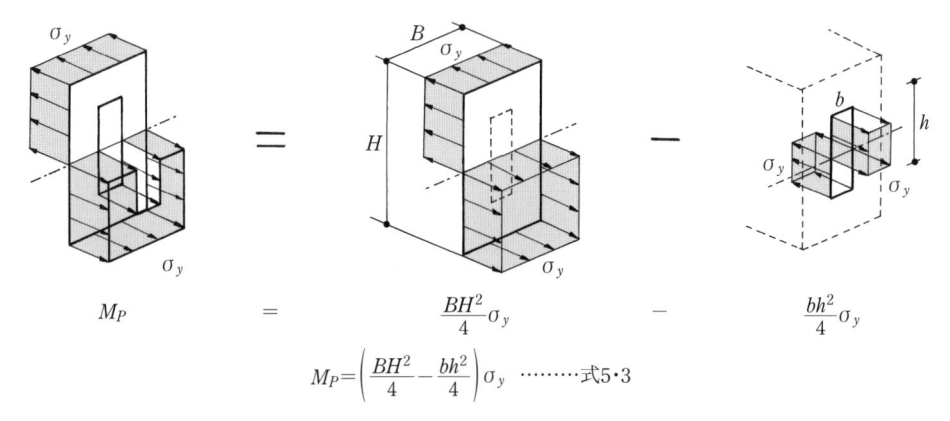

図5・10(b)　全塑性モーメントの差し引き計算

式5・3に表れているように、塑性断面係数は差し引き計算によって求めることができるのです。

演習問題5・4　次のような断面をもつ部材について、X軸に関する全塑性モーメントM_Pを求めなさい。ただし、降伏応力度$\sigma_y = 240\text{N/mm}^2$とします。

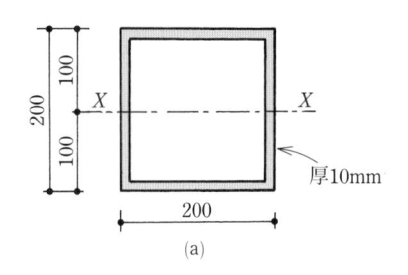

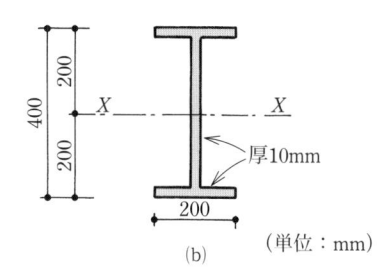

(a) 200×200 角形断面、厚10mm
(b) H形断面 400×200、厚10mm
(単位：mm)

（解　答）

(a)について

塑性断面係数Z_Pを差し引き計算で算定します。

$$Z_P = \frac{200\times 200^2}{4} - \frac{180\times 180^2}{4} = 5.42\times 10^5 \text{mm}^3$$

$$M_P = Z_P \cdot \sigma_y = 5.42\times 10^5 \text{mm}^3 \times 240\text{N/mm}^2 = 130.08\times 10^6 \text{N}\cdot\text{mm} = 130.08\text{kN}\cdot\text{m} \quad （答え）$$

(b)について

塑性断面係数Z_Pを差し引き計算で算定します。

$$Z_P = \frac{200\times 400^2}{4} - \frac{190\times 380^2}{4} = 1.141\times 10^6 \text{mm}^3$$

$$M_P = Z_P \cdot \sigma_y = 1.141\times 10^6 \text{mm}^3 \times 240\text{N/mm}^2 = 273.84\times 10^6 \text{N}\cdot\text{mm} = 273.84\text{kN}\cdot\text{m} \quad （答え）$$

2 崩壊荷重の算定

全塑性モーメントは断面寸法（塑性断面係数）と材料（降伏応力度）が決まれば算定することができました。全塑性モーメントを算定することができれば、崩壊荷重を算定することができます。ここでは静定構造を使って崩壊荷重の基本的な求め方を解説します。

図 5・11 (a) の梁について崩壊荷重を求めてみます。梁の全長にわたり全塑性モーメント $M_P = 200\text{kN}\cdot\text{m}$ とします。

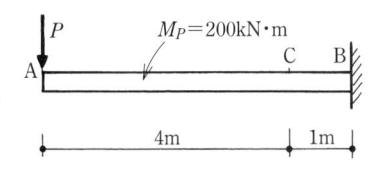

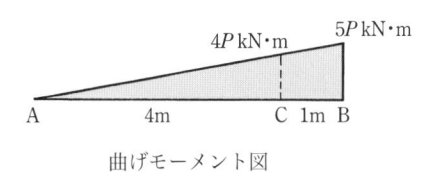

図 5・11 (a)　崩壊荷重を求める

荷重 P を漸増させていくと、固定端 B に生じている最大曲げモーメント $M_B = 5P$ も大きくなっていきます。やがて $M_B = 5P$ が全塑性モーメント $M_P = 200\text{kN}\cdot\text{m}$ に達したとき、梁は崩壊します。したがって、崩壊荷重 P_u は次のように求めることができ、崩壊形状は図 5・11 (b) のようになります。

$5P_u = 200 \Rightarrow P_u = 40\text{kN}$　………　式 5・4

次に、図 5・12 (a) のように補強（補強した部分の全塑性モーメントは 400kN・m）した場合の崩壊荷重を求めてみます。

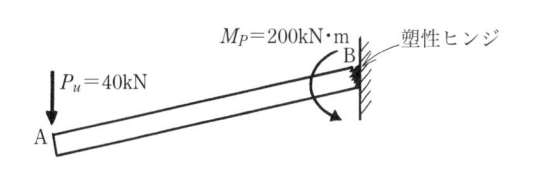

図 5・11 (b)　崩壊形状

図 5・12 (a) の梁の崩壊には 2 つのケースが考えられます。

ケース 1：固定端 B から崩壊する。
　理由：補強されているが、曲げモーメントが最大であることには変わりないから。

ケース 2：点 C から崩壊する。
　理由：補強されていない部分で曲げモーメントが最大だから。

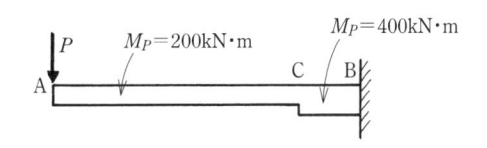

図 5・12 (a)　補強をした梁の崩壊荷重を求める

それぞれのケースについて崩壊荷重を求めてみます。

（ケース 1）点 B での曲げモーメント $M_B = 5P$ が全塑性モーメント $M_p = 400\text{kN}\cdot\text{m}$ に達したとき梁は崩壊するので、

$5P_u = 400 \Rightarrow P_u = 80\text{kN}$　……………　式 5・5a

（ケース 2）点 C での曲げモーメント $M_C = 4P$ が全塑性モーメント $M_p = 200\text{kN}\cdot\text{m}$ に達したとき梁は崩壊するので、

$4P_u = 200 \Rightarrow P_u = 50\text{kN}$　……………　式 5・5b

2 つの結果がでました。これらのうち小さい方の値が答えになります。なぜなら、荷重を 0 から漸増させたとき、先に到達するのは小さい方の値だからです。したがって、答えはケース 2 の $P_u = 50\text{kN}$ です。荷重が 50kN に到達すれば、図 5・12 (b) のように崩壊し、この梁はそれ以上大きな力を支えることはできません。

このように崩壊に複数の候補が存在する場合は、その中の最小値が正解の崩壊荷重になるのです。

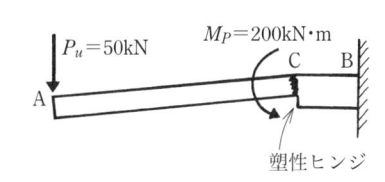

図 5・12 (b)　崩壊形状

演習問題 5・5 次の構造物の崩壊荷重を求め、崩壊形状を描きなさい。

(1) 図：単純梁 A-C-D-B、A端ピン支持、B端ローラー支持、$M_P=200$kN·m（AC間）、$M_P=300$kN·m（CB間）、点Dに荷重P、各区間2m

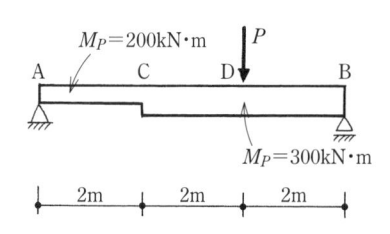

(2) 図：門型骨組、A端ピン支持、柱AC（4m）、梁CDB（CD=4m、DB=4m）、B端ローラー支持、C点に水平荷重P、D点に60kN（一定値）、柱$M_P=300$kN·m、梁$M_P=200$kN·m

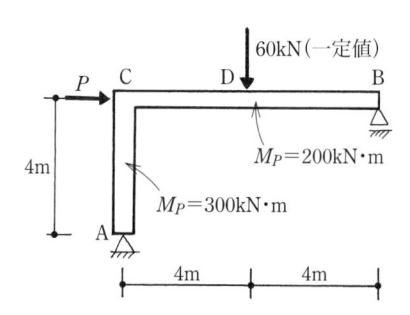

（解　答）

(1)

曲げモーメントは下図のようになり、点Cから崩壊するケースと、点Dから崩壊するケースが考えられます。それぞれについて検討します。

・点Cについての検討

$$\frac{2}{3}P_u = 200 \quad \Rightarrow \quad P_u = 300\text{kN}$$

・点Dについての検討

$$\frac{4}{3}P_u = 300 \quad \Rightarrow \quad P_u = 225\text{kN}$$

したがって、小さい方の $P_u = 225$kN が答えであり、崩壊形状は図のようになります。

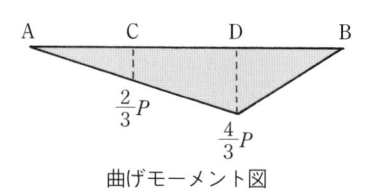

(2)

曲げモーメントは図のようになり、点C（梁側）から崩壊するケースと、点Dから崩壊するケースが考えられます。それぞれについて検討します。

・点C（梁側）についての検討　　　　・点Dについての検討

$4P_u = 200 \quad \Rightarrow \quad P_u = 50$kN　　　$120 + 2P_u = 200 \quad \Rightarrow \quad P_u = 40$kN

したがって、小さい方の $P_u = 40$kN が答えであり、崩壊形状は図のようになります。

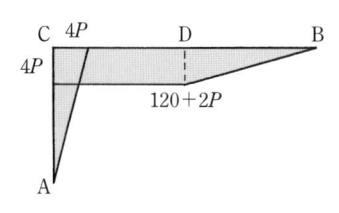

曲げモーメント図（(1) 三角形分布、CでのM = $\frac{2}{3}P$、DでのM = $\frac{4}{3}P$）

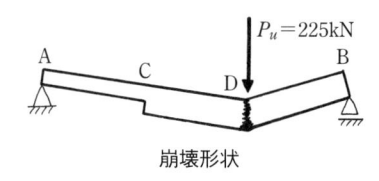

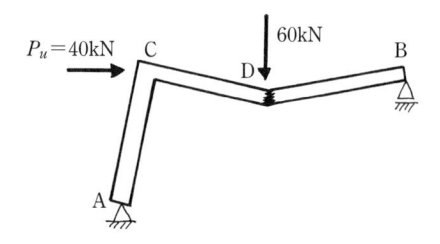

崩壊形状（(1) $P_u=225$kN がD点に作用、D点で折れる）

曲げモーメント図（(2) 柱：A端4P、C点4P、梁：C点4P、D点 $120+2P$、B端0）

崩壊形状（(2) $P_u=40$kN がC点に水平作用、60kN がD点に鉛直作用、D点で折れる）

▶ 第 5 章　座屈・構造物の崩壊

5・3 ● 不静定構造の崩壊

■1 不静定構造の崩壊過程

図 5・13 (a) のような不静定ラーメンの崩壊を追ってみます。曲げモーメントが大きく出ている柱脚部 A、D、柱梁接合部 B、C から塑性化すると予想できます。

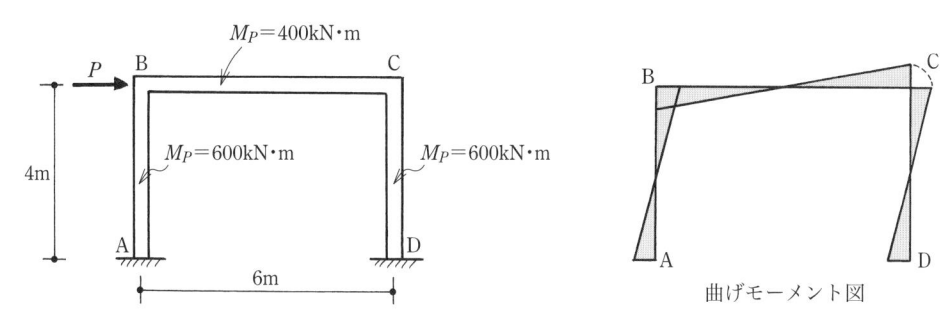

図 5・13 (a)　不静定構造の崩壊を追う：①弾性範囲

P を大きくしていくと、図 5・13 (b) のように柱梁接合部が梁の全塑性モーメント 400kN・m に達し、梁の両端が全塑性状態に至ります。この状態ではまだ構造体としては崩壊していません。両柱はまだ塑性化しておらず、ここで水平力を解除すれば柱の復元力で持ちこたえることができるからです。

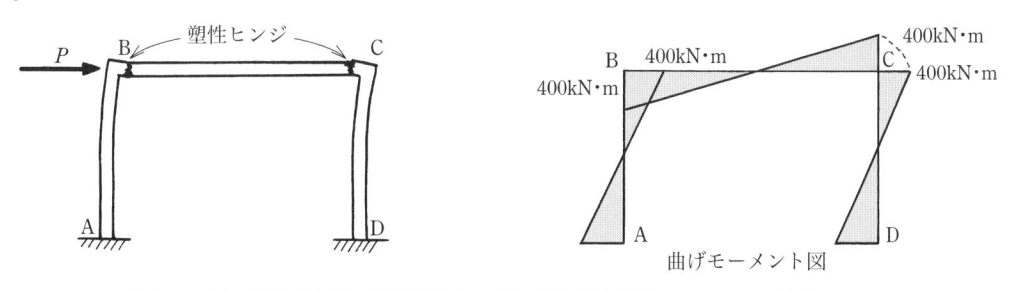

図 5・13 (b)　不静定構造の崩壊を追う：②梁端部が全塑性モーメントに達する

さらに P を大きくしてみます。図 5・13 (c) のように次は柱脚部が全塑性モーメント 600kN・m に達し全塑性状態に至ります。これで柱には復元する力がなくなり、崩壊となります。崩壊に至った状態を**崩壊機構**といいます。

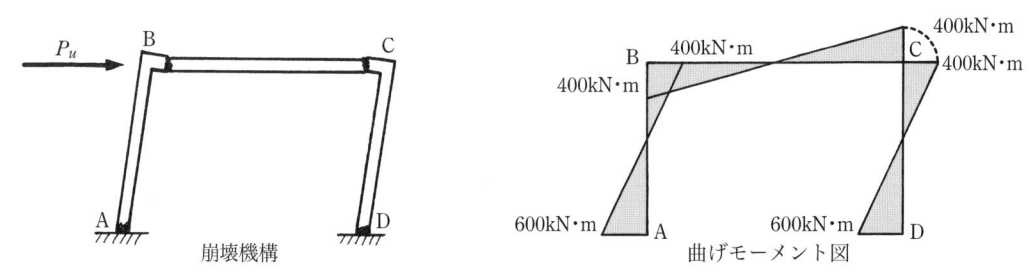

図5·13(c)　不静定構造の崩壊を追う：③崩壊機構を形成

2 不静定構造の崩壊荷重の算定

●力の釣り合い式による方法

図5·13(c)のように全塑性モーメントの値から曲げモーメント図が特定できれば、水平力P_uと層せん断力との力の釣り合い式（層方程式）からP_uを求めることができます。

図5·13(c)の崩壊荷重P_uを求めてみましょう。曲げモーメント図から柱のせん断力Qを求めてみます。公式14より、

$$Q = -\frac{-600\text{kN·m} - 400\text{kN·m}}{4\text{m}} = 250\text{kN}$$

……… 式5·6

図5·14　水平方向の力の釣り合い

図5·14より層方程式をたてます。

$\Sigma X = 0：\quad P_u - Q - Q = 0$

$P_u = 2Q = 2 \times 250\text{kN} = 500\text{kN}$　　（答え）

崩壊まで考えたとき、このラーメンは崩壊荷重500kNの水平力にまで耐えることができたことになります。このとき生じている層せん断力を**保有水平耐力**といい、崩壊まで考えたときの構造物の最大水平耐力に相当します。大地震時における構造物の安全性（倒壊しない）は保有水平耐力をもとに検討されます。

●仮想仕事の原理による方法

物理量である仕事を利用した求め方もあります。崩壊荷重P_uによって仮に水平変位を与え、そのときの仕事の関係からP_uを求める方法です。

①図5·15のように崩壊機構の図を描きます。

崩壊荷重P_uによる水平変位をδ、点Aの回転角をθとして点B、点C、点Dの回転角を書き込みます。

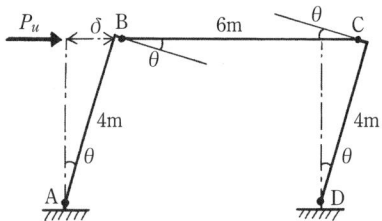

図5·15　崩壊機構の作図

②図5·15で外力のした仕事を求めます。仕事とは図5·16(a)のように力×移動距離であり、図5·15では外力P_uによってδだけ移動しているので、

$$外力のした仕事 = P_u \cdot \delta \qquad ……… 式5·7a$$

となります。

③図5·15で内力のした仕事の総和を求めます。内力とは今の場合、全塑性モーメントになります。図5·16(b)のようにモーメント×回転角も仕事となり、図5·15ではそれぞれの塑性ヒンジにおいて全塑性モーメント×回転角の仕事が生じています。

$$内力のした仕事の総和 = \underset{点A}{600\ \theta} + \underset{点D}{600\ \theta} + \underset{点B}{400\ \theta} + \underset{点C}{400\ \theta} = 2000\ \theta \qquad ………… 式5·7b$$

となります。

④外力のした仕事と内力のした仕事の総和が等しいことより次のような式をたてます。

$$外力のした仕事 = 内力のした仕事の総和$$
$$P_u \cdot \delta = 2000\ \theta \qquad ………… 式5·8$$

⑤δとθの関係式を作ります。p.91で示した傾斜によるたわみ計算と同じように、δとθとの関係式を作ることができます(図5·17)。したがって、図5·15では柱長4mと点Aの回転角θによって、

$$\delta = 4\ \theta \qquad ………… 式5·9$$

となります。

⑥式5·8に式5·9を代入し崩壊荷重を求めます。

$$P_u \cdot 4\ \theta = 2000\ \theta$$
$$P_u = 500\text{kN} \qquad (答え)$$

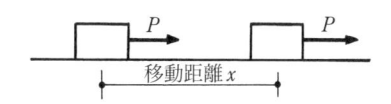

図5·16(a) 仕事(力P×移動距離x)

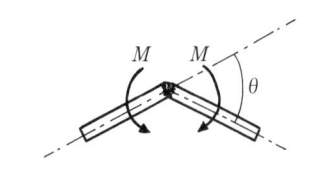

図5·16(b) 仕事(モーメントM×回転角θ)

図5·17 δとθとの関係

演習問題5·6 次の不静定ラーメンの崩壊荷重P_uを求めなさい。

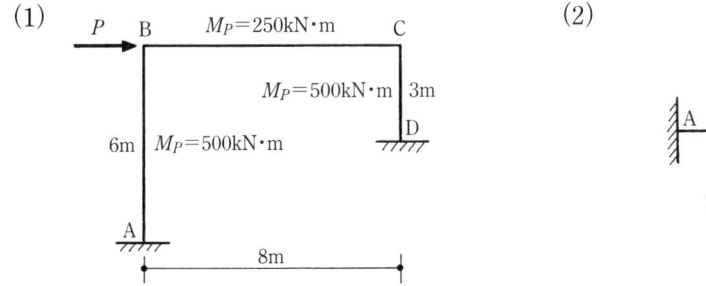

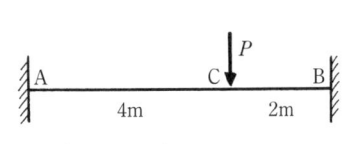

(1)
- P, B, $M_P=250$kN·m, C
- $M_P=500$kN·m, 3m
- 6m, $M_P=500$kN·m
- A, 8m, D

(2)
- A, C, P, B
- 4m, 2m
- 全長にわたり$M_P=400$kN·m

(解　答)

(1)

●力の釣り合い式による方法

全塑性モーメントの値をもとに曲げモーメント図を描きます。

曲げモーメント図から各柱のせん断力 Q_{BA}、Q_{CD} を求めます。公式 14 より、

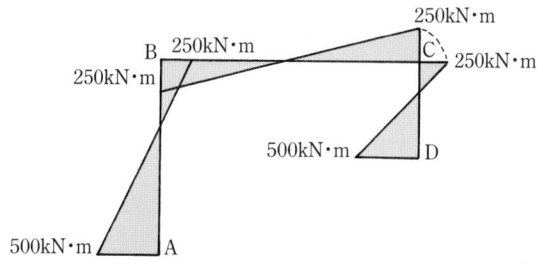

$$Q_{BA} = -\frac{-500\text{kN·m} - 250\text{kN·m}}{6\text{m}} = 125\text{kN} \qquad Q_{CD} = -\frac{-500\text{kN·m} - 250\text{kN·m}}{3\text{m}} = 250\text{kN}$$

曲げモーメント図

層方程式をたてます。

$\Sigma X = 0$：　$P_u - Q_{BA} - Q_{CD} = 0$

$P_u = Q_{AB} + Q_{CD} = 125\text{kN} + 250\text{kN} = 375\text{kN}$　　（答え）

●仮想仕事の原理による方法

下図のように崩壊機構を描きます。図中に、崩壊荷重 P_u、水平変位 δ、さらに点 A の回転角を θ として点 B、点 C、点 D の回転角を書き込みます。点 D での回転角 θ_D とすると点 B と点 C の水平変位 δ が等しいことより、次のように求めることができます。

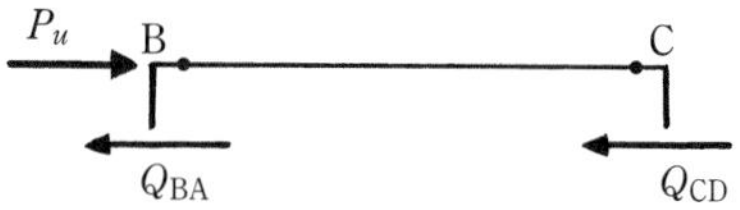

水平方向の力の釣り合い

$\delta = 6\theta = 3\theta_D \quad \Rightarrow \quad \theta_D = 2\theta$

また点 C の回転角 θ_C は θ_D と等しく 2θ となります。

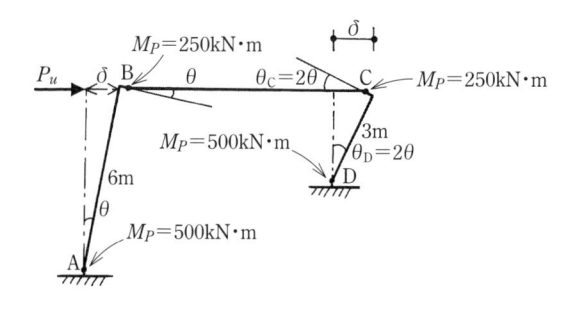

崩壊機構の作図

外力のした仕事と内力のした仕事の総和を求め、両者が等しいことより P_u を求めます。

外力のした仕事 $= P_u \cdot \delta = P_u \cdot 6\theta$

内力のした仕事の総和 $= 500\theta + 250\theta + 250 \cdot 2\theta + 500 \cdot 2\theta = 2250\theta$

外力のした仕事 = 内力のした仕事の総和

$P_u \cdot 6\theta = 2250\theta$

$P_u = 375\text{kN}$　　（答え）

(2)
- ●力の釣り合い式による方法

全塑性モーメントの値をもとに曲げモーメント図を描きます。

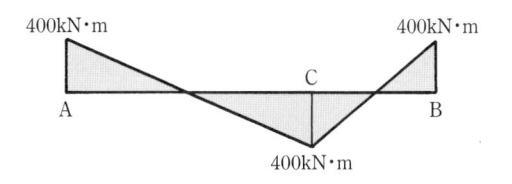

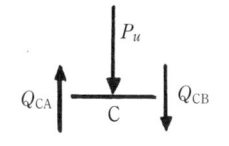

曲げモーメント図　　　　　　　鉛直方向の力の釣り合い

曲げモーメント図からせん断力 Q_{CA}、Q_{CB} を求めます。公式14より、

$$Q_{CA} = -\frac{-400\text{kN·m} - 400\text{kN·m}}{4\text{m}} = 200\text{kN} \qquad Q_{CB} = -\frac{400\text{kN·m} + 400\text{kN·m}}{2\text{m}} = -400\text{kN}$$

点Cにおける鉛直方向の力の釣り合い式より、

$$\Sigma Y = 0: \quad -P_u + Q_{CA} - Q_{CB} = 0$$

$$P_u = Q_{CA} - Q_{CB} = 200\text{kN} - (-400\text{kN}) = 600\text{kN} \quad \text{(答え)}$$

- ●仮想仕事の原理による方法

下図のように崩壊機構を描きます。曲げモーメントが大きく出る点A、点B、点Cに塑性ヒンジが入ります。図中に、崩壊荷重 P_u、鉛直変位 δ、さらに点Aの回転角を θ として点B、点Cの回転角を書き込みます。

点Bでの回転角 θ_B とすると点Cの鉛直変位 δ をAC間、BC間で求め、両者が等しいことより、次のように求めることができます。

$$\delta = 4\theta = 2\theta_B \quad \Rightarrow \quad \theta_B = 2\theta$$

また点Cの回転角 θ_C は幾何学的に考えて、

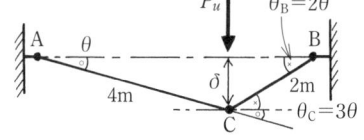

$$\theta_C = \theta + 2\theta = 3\theta$$

崩壊機構の作図

崩壊機構図で外力のした仕事と内力のした仕事の総和を求め、両者が等しいことより P_u を求めます。

$$\text{外力のした仕事} = P_u \cdot \delta = P_u \cdot 4\theta$$

$$\text{内力のした仕事の総和} = 400\theta + 400 \cdot 3\theta + 400 \cdot 2\theta = 2400\theta$$

外力のした仕事＝内力のした仕事の総和

$$P_u \cdot 4\theta = 2400\theta$$

$$P_u = 600\text{kN} \quad \text{(答え)}$$

3 崩壊機構の検討

崩壊機構として複数の候補がある場合を考えてみましょう。図5・18のように漸増する水平力と鉛直荷重（一定値）が同時に作用するラーメンでは、崩壊機構として図5・19(a)、(b)の2つの

ケースが考えられます。

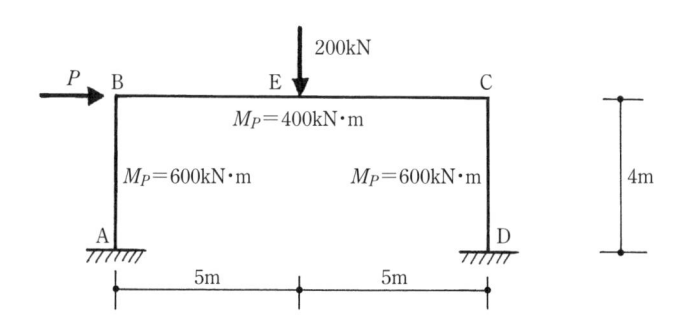

図5・18 水平力（漸増する）と鉛直荷重（一定値）を同時に受けるラーメン

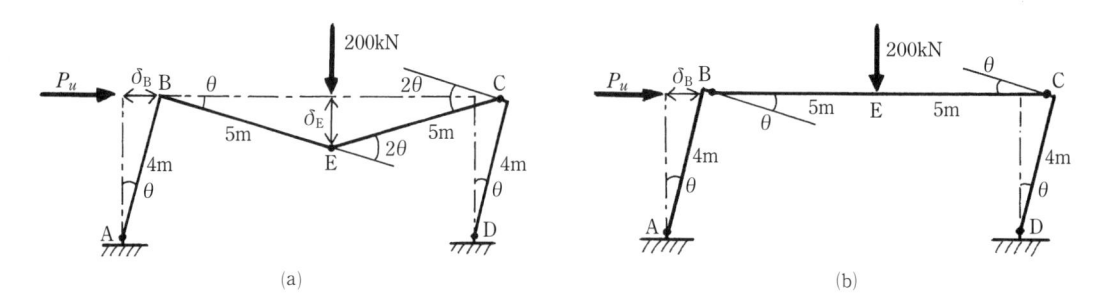

図5・19 崩壊機構の候補

このように崩壊機構として複数のケースがあるとき、すべてのケースについて崩壊荷重を求め、それらの中で最小の値が正解になります。なぜなら、水平力を漸増させていったとき、先に最小値に達し、そのとき構造物は崩壊するからです。

2つのケースについてそれぞれの崩壊荷重を求めてみます。

● (a)について

外力については崩壊荷重P_u、鉛直荷重200kNとも力方向の移動量があるので仕事をしています。δ_B、δ_Eは次のように求めることができます。

$$\delta_B = 4\theta \qquad \delta_E = 5\theta \qquad\qquad \cdots\cdots 式5\cdot10$$

したがって、外力のした仕事の総和は、

$$外力のした仕事の総和 = P_u \cdot 4\theta + 200 \cdot 5\theta \qquad\qquad \cdots\cdots 式5\cdot11a$$

内力のした仕事の総和は塑性ヒンジが形成された点A、点E、点C、点Dについて考えます。

$$内力のした仕事の総和 = \underset{点A}{600\theta} + \underset{点E}{400\cdot 2\theta} + \underset{点C}{400\cdot 2\theta} + \underset{点D}{600\theta} = 2800\theta \cdots\cdots 式5\cdot11b$$

外力のした仕事の総和＝内力のした仕事の総和

$$P_u \cdot 4\theta + 200 \cdot 5\theta = 2800\theta \qquad\qquad \cdots\cdots 式5\cdot12$$

$$P_u = 450\text{kN}$$

● (b)について

外力については、崩壊荷重P_uは移動量があるので仕事をしています。しかし、鉛直荷重200kNには力方向の移動量がなく仕事0です。

したがって、外力のした仕事は、
　　外力のした仕事＝$P_u \cdot 4\theta$　　　　　　　　　　　　　　　　　　　………… 式5・13a

内力のした仕事は塑性ヒンジの形成された点A、点B、点C、点Dについて考えます。
　　内力のした仕事の総和＝$600\theta + 400\theta + 400\theta + 600\theta = 2000\theta$　………… 式5・13b
　　　　　　　　　　　　　　点A　　　点B　　　点C　　　点D

　　外力のした仕事＝内力のした仕事の総和
　　　　$P_u \cdot 4\theta = 2000\theta$　　　　　　　　　　　　　　　　　　　　………… 式5・14
　　　　$P_u = 500$kN

(a)、(b)の結果の小さい値が正解ですから、$P_u = 450$kN となり、崩壊機構は(a)となります。

演習問題 5・7 図のように鉛直荷重（一定値）を受けるラーメン架構の崩壊荷重を求めなさい。

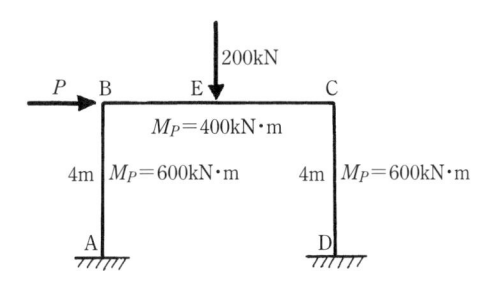

（解　答）

崩壊機構として次の2つのケースが考えられます。

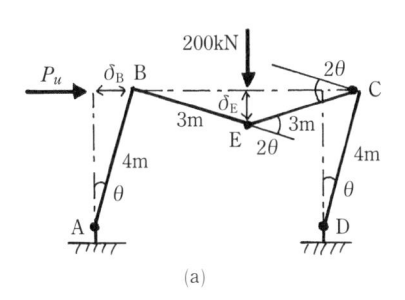

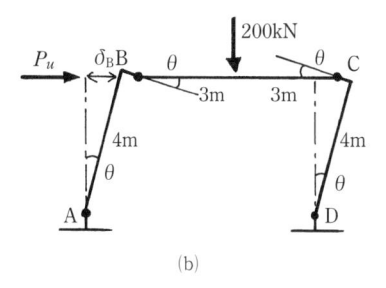

崩壊機構の候補

● (a)について

外力については崩壊荷重P_u、鉛直荷重200kNとも仕事をしています。δ_B、δ_Eは次のように求めることができます。
　　$\delta_B = 4\theta$　　　$\delta_E = 3\theta$

したがって、外力のした仕事の総和は、
　　外力のした仕事の総和＝$P_u \cdot 4\theta + 200 \cdot 3\theta$

内力のした仕事は塑性ヒンジの形成された点A、点E、点C、点Dについて考えます。

$$\text{内力のした仕事の総和} = 600\,\theta + 400\cdot 2\,\theta + 400\cdot 2\,\theta + 600\,\theta = 2800\,\theta$$
$$\phantom{\text{内力のした仕事の総和} = 600\,\theta\;} \text{点A} \quad\;\; \text{点E} \quad\;\; \text{点C} \quad\;\; \text{点D}$$

外力のした仕事の総和＝内力のした仕事の総和

$$P_u\cdot 4\,\theta + 200\cdot 3\,\theta = 2800\,\theta$$
$$P_u = 550\text{kN}$$

● (b)について

図5・19(b)の崩壊荷重 P_u と同じ値になります。

$$P_u = 500\text{kN}$$

(a)、(b)の結果の小さい値が正解ですから、<u>$P_u = 500\text{kN}$ となり、崩壊機構は(b)となります</u>。(答え)

4 圧縮力を考慮した全塑性モーメント

　ここまでは曲げモーメントに対する部材の塑性化を解説してきましたが、断面には曲げモーメント以外に軸方向力、せん断力が作用しています。精確な塑性解析を行うためには、これらを組み合わせて考える必要があります。ここでは、圧縮力と曲げモーメントとの組み合わせについて考え、圧縮力が全塑性モーメントにどのような影響を及ぼすかを解説します。

　柱に圧縮力 N と水平力 P が同時に作用しているとき、柱断面に生じる垂直応力度は弾性範囲内の場合、図5・20(a)のようになります（3章 **3・2** **6** 参照）。

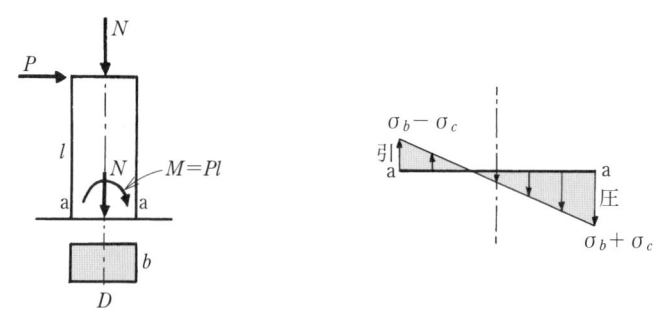

図5・20(a)　圧縮力と水平力を受ける柱、弾性状態の応力度分布（a − a 断面）

　図5・20(a)の状態から水平力 P を漸増させていけば（曲げモーメント Pl も漸増する）、a − a 断面の応力度分布はやがて図5・20(b)のような全塑性状態になります。

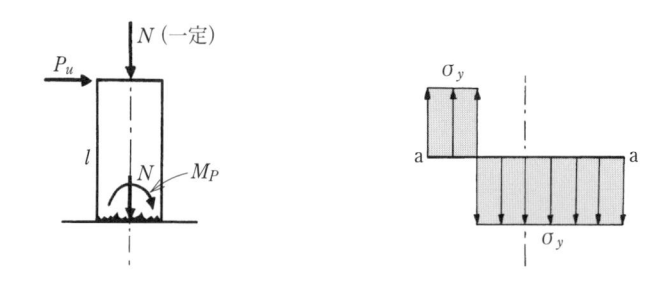

図5・20(b)　圧縮力と水平力を受ける柱、全塑性の応力度分布（a − a 断面）

　図5・20(b)の状態において圧縮力 N を考慮した全塑性モーメント M_P を求めてみます。

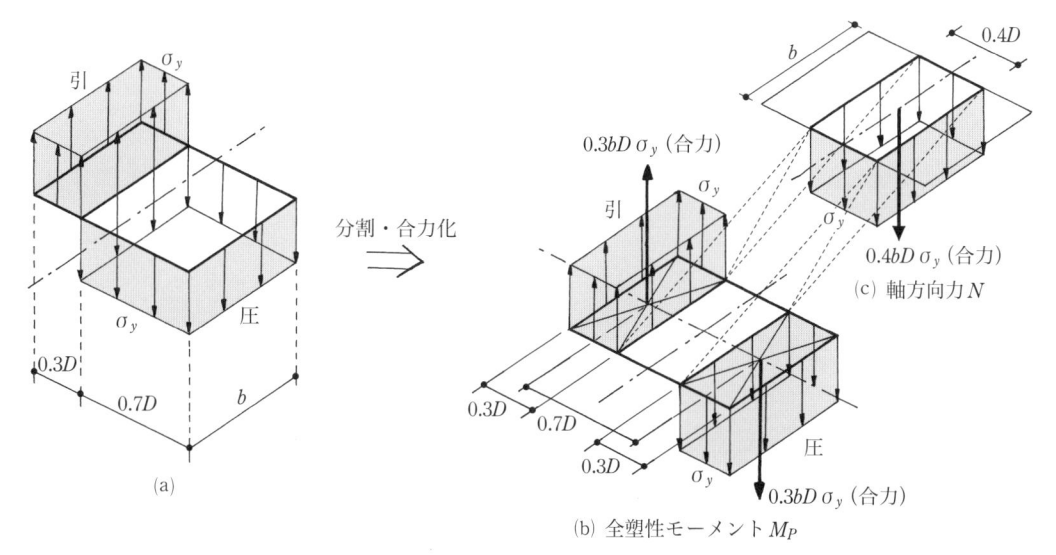

図 5・21　圧縮力部分と全塑性モーメント部分に分割

図 5・21(a)のような垂直応力度分布であった場合について解説します。

垂直応力度の分布状況から全塑性モーメント M_P と圧縮力 N を計算するためには、まず垂直応力度を図 5・21(b)、(c)のように分割します。(b)は引張側の応力度分布とそれに対して同等分の圧縮側の応力度を、端部に対の力としてとったものです。(c)は(b)に対する中央の余剰部分です。

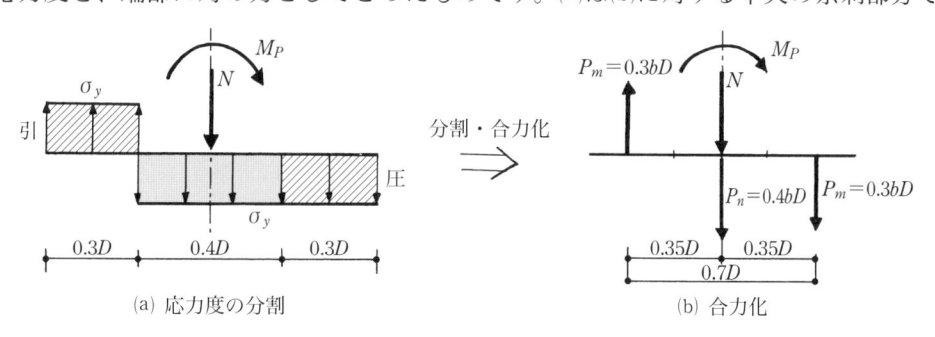

図 5・22　M_P、N と垂直応力度との関係

次に図 5・22(a)のように分割したそれぞれの部分を合力（図 5・22(b)中 P_m、P_n）とし、力の釣り合いより全塑性モーメント M_P および圧縮力 N を求めます。

●図心軸に対するモーメントの釣り合いより

$\Sigma M = 0$：　　$M_P = P_m \cdot 0.35D + P_n \cdot 0 + P_m \cdot 0.35D$

　　　　　　　　　　$= P_m \cdot 0.7D$ 　　　　　　　　　　　　　………… 式 5・15a

となります。式 5・15a は全塑性モーメント M_P が図 5・21(b)に示した偶力のモーメントによって求められることを表しています。式 5・15a に $P_m = 0.3bD$ を代入すると、

$M_P = 0.3bD \cdot 0.7D = 0.21bD^2 \sigma_y$ 　　　　　　　　　………… 式 5・15b

となり、全塑性モーメント M_P が得られます。

●鉛直方向の力の釣り合いより

$\Sigma Y = 0$：　　$N = P_m + P_n - P_m$

$$N = P_n \qquad \text{式 5・16a}$$

となります。式 5・16a は圧縮力 N が図 5・21(c)に示した力によって求められることを表しています。式 5・16a に $P_n = 0.4bD\,\sigma_y$ を代入すると、

$$N = 0.4bD\,\sigma_y \qquad \text{式 5・16b}$$

となり、圧縮力 N が得られます。

図 5・21 のような全塑性モーメントと圧縮力との関係があることより、軸方向力が大きくなればなるほど、全塑性モーメントは減少することになります。すなわち、圧縮力の大きさは全塑性モーメントによって算出される崩壊荷重、ひいては保有水平耐力にも影響を与えるのです。

演習問題 5・8 図(a)のような等質の柱に一定の圧縮力 N をかけ、水平力 P を漸増させていったとき a－a 断面において図(b)のような全塑性状態になりました。このときの圧縮力 N と水平力 P を求めなさい。

ただし、降伏応力度 $\sigma_y = 20\text{N/mm}^2$ とします。

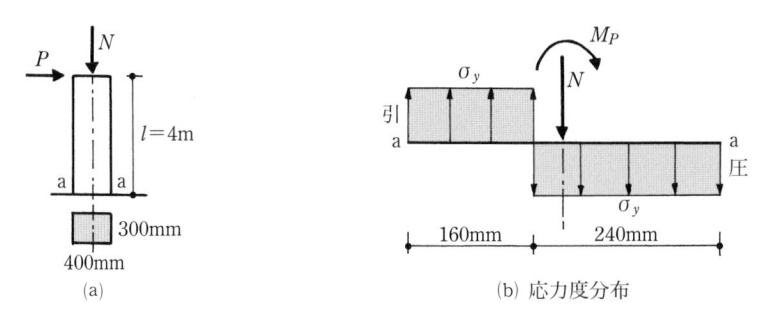

(a)

(b) 応力度分布

軸方向力 N と水平力 P を受ける全塑性状態となった部材

(解　答)

軸方向力部分と曲げモーメント部分に分割する

上図のように圧縮力 N 部分と全塑性モーメント M_P 部分に分割して、それぞれ計算します。

$N = 300\text{mm} \times 80\text{mm} \times 20\text{N/mm}^2 = 480 \times 10^3 \text{N} = 480\text{kN}$　　（答え）

$M_p = 300\text{mm} \times 160\text{mm} \times 20\text{N/mm}^2 \times 240\text{mm} = 960 \times 10^3 \text{N} \times 240\text{mm} = 230.4 \times 10^6 \text{N}\cdot\text{mm}$
　　$= 230.4\text{kN}\cdot\text{m}$

$M_p = P \cdot l$ より　　$P = \dfrac{M_p}{l} = \dfrac{230.4}{4} = 57.6\text{kN}$　　（答え）

附録 基本公式の誘導

1 ● 微分・積分の基礎知識

　微分・積分は、Isaac Newton（1642–1727）、G. W. Leibniz（1646–1716）によってそれぞれ別のアプローチからほぼ同時期に創造されました。微分・積分は 17 世紀の大発明であり、その後色々な分野で応用されるようになりました。

　本編は微分・積分を使わずに解説をしてきました。要所に現れる式を公式として扱えば、微分・積分は必要ないからです。しかし、微分・積分のごく基礎的な知識があれば、もう少し踏み込んで理解を深めることができるのも事実です。

$$\boxed{\text{せん断力の値 } Q(x) = \text{曲げモーメント図 } M(x) \text{ の傾き}}$$

という関係を 2 章 **2・2** ③ で示しました。

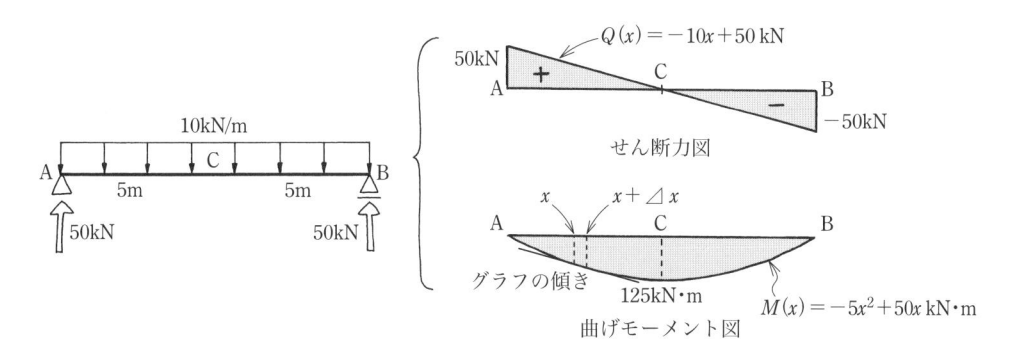

図 6・1　せん断力＝曲げモーメント図の傾き

　図 6・1 分布荷重を受ける単純梁の曲げモーメント図について、グラフの傾きを求めてみましょ

う。x が $\varDelta x$ だけ変化するときの $M(x)$ の変化分を $\varDelta M(x)$ としたとき、グラフの傾きは $\dfrac{\varDelta M(x)}{\varDelta x}$ と表わすことができます。ここで $\varDelta x$ を無限に 0 に近づけていく（$\lim\limits_{\varDelta x \to 0}$ と書く）とグラフの傾きを求めることができます。式で表わすと次のようになります。

$$\lim_{\varDelta x \to 0}\dfrac{\varDelta M(x)}{\varDelta x}=\lim_{\varDelta x \to 0}\dfrac{\{-5(x+\varDelta x)^2+50(x+\varDelta x)\}-(-5x^2+50x)}{\varDelta x} \quad \cdots\cdots\text{式 6・1}$$

$$=\lim_{\varDelta x \to 0}(-10x+50-5\varDelta x)$$

$$=-10x+50=Q(x) \quad \cdots\cdots\cdots\text{式 6・2}$$

となり、曲げモーメント図 $M(x)$ の傾きはせん断力 $Q(x)$ になりました。

式 6・1 において、$\lim\limits_{\varDelta x \to 0}\dfrac{\varDelta M(x)}{\varDelta x}$ は $\dfrac{dM(x)}{dx}$ と表現し、$M(x)$ の x に関する微分を意味します。したがって、曲げモーメント $M(x)$ を微分したものがせん断力 $Q(x)$ であり、

$$\dfrac{dM(x)}{dx}=Q(x) \quad \cdots\cdots\cdots\text{式 6・3}$$

と表すことができるのです。

　$y=x^n$ の微分は一般的に次のような式で表すことができます。

$$\boxed{\dfrac{dy}{dx}=nx^{n-1}} \quad \cdots\cdots\cdots\text{式 6・4}$$

今回の $M(x)=-5x^2+50x$ であれば、

$$\dfrac{dM(x)}{dx}=-5\times 2x^{2-1}+50\times 1x^{1-1}=-10x+50=Q(x) \quad \cdots\cdots\cdots\text{式 6・5}$$

となります。

　積分は微分の逆演算で傾きを表す関数から元の関数を求めることができます。$y=x^n$ の積分は積分記号を使って次のように表現されます。

$$\int y\,dx=\int x^n\,dx \quad \cdots\cdots\cdots\text{式 6・6}$$

$y=x^n$ の積分の一般式は次のようになります。

$$\boxed{\int x^n\,dx=\dfrac{1}{n+1}x^{n+1}+C \quad (C \text{ は積分定数といいます})} \quad \cdots\cdots\cdots\text{式 6・7}$$

図 6・1 分布荷重を受ける単純梁のせん断力 $Q(x)$ を積分すると、

$$\int Q(x)\,dx=\int(-10x+50)\,dx \quad \cdots\cdots\cdots\text{式 6・8}$$

$$=-10\cdot\dfrac{1}{1+1}x^{1+1}+\dfrac{1}{0+1}\cdot 50x^{0+1}+C$$

$$=-5x^2+50x+C=M(x) \quad \cdots\cdots\cdots\text{式 6・9}$$

が得られます。最後に積分定数を定めます。曲げモーメントは $x = 0$ で $M(0) = 0$（ピン支点だから）を式6・9に適用し、

$$M(0) = -5 \cdot 0^2 + 50 \cdot 0 + C = 0 \quad \Rightarrow \quad C = 0 \qquad \text{………… 式6・10}$$

式6・10を式6・9に代入して、

$$M(x) = -5x^2 + 50x \qquad \text{………… 式6・11}$$

となります。

また、積分計算は図6・2のように面積計算と考えることもできます。

> せん断力図の面積＝曲げモーメントの値

という関係を2章 **2・2 3** で示しました。

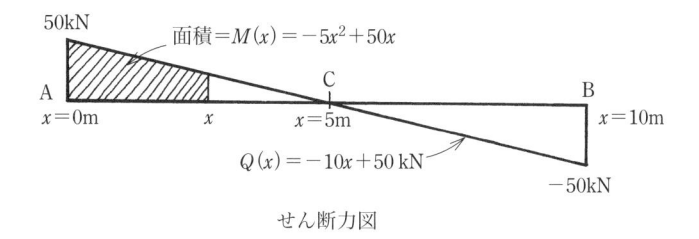

図6・2　せん断力図の面積＝曲げモーメントの値

この関係より、$Q(x)$ から特定の点における曲げモーメント値を求めることができます。点Cの曲げモーメントの値 M_C を求めるなら、$x = 0\text{m}$ から $x = 5\text{m}$ まで $Q(x)$ を積分することになります。図6・3のように、微小区間 $\triangle x$ での長方形の面積 $Q(x) \cdot \triangle x$ を考え、$x = 0\text{m}$（点A）から $x = 5\text{m}$（点C）まで足し合わせることによってA－C間の面積を求める、と考えるのです。

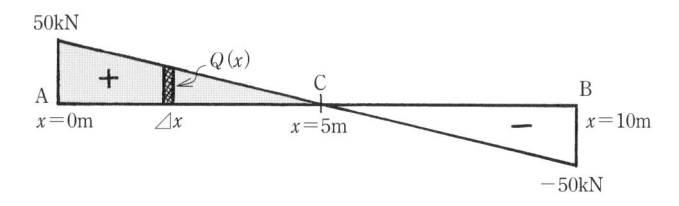

図6・3　積分で面積（曲げモーメント）を求める

$Q(x) \cdot \triangle x$ を $x = 0\text{m}$ から 5m まで足し合わせることを積分で表わすと次のようになります。

$$M_C = \int_0^5 Q(x)dx = \int_0^5 (-10x + 50)dx \qquad \text{………… 式6・12}$$

となり、計算すると、

$M_C = [-5x^2 + 50x]_0^5$ （計算方法：[　]内の式に上付きの数値5を代入－[　]内の式に下付きの数値0を代入）

$$= (-5 \cdot 5^2 + 50 \cdot 5) - (-5 \cdot 0^2 + 50 \cdot 0) = 125 \qquad \text{………… 式6・13}$$

となり、点Cでの曲げモーメント $M_C = 125\text{kN} \cdot \text{m}$ を求めることができます。

▶附録　基本公式の誘導

2●断面2次モーメント公式

　p.67で現れた断面1次モーメントは断面積×距離でした。それに対して断面2次モーメントは断面積×距離^{2}が元になる数量です。

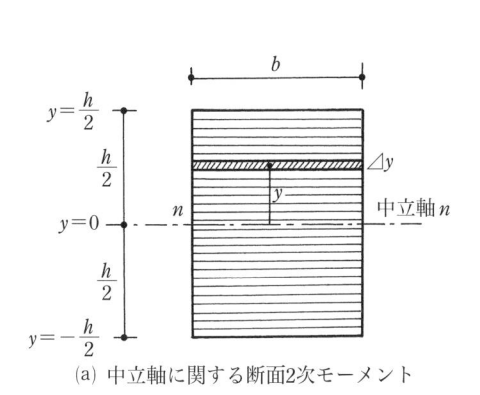

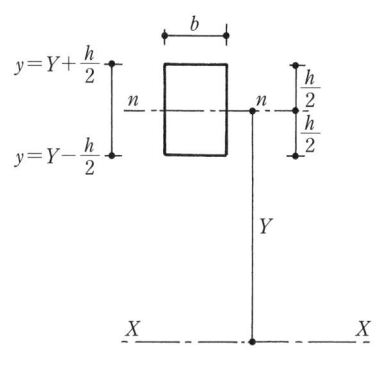

　　　(a) 中立軸に関する断面2次モーメント　　　　(b) X軸に関する断面2次モーメント

図6・4　断面2次モーメントI

　図6・4(a)のように長方形の部材断面を中立軸nと平行に細かく（幅$\triangle y$）分けます。小割り1つの面積は$b \cdot \triangle y$であり、中立軸から小割りまでの距離yとすると、2次モーメント（断面積×距離^2）は$b \cdot \triangle y \cdot y^2$となり、これを$y = -\frac{h}{2}$から$\frac{h}{2}$まで足し合わせたもの（積分したもの）が断面2次モーメントI_nになります。$b \cdot y^2 \cdot \triangle y$を$y = -\frac{h}{2}$から$\frac{h}{2}$まで足し合わせることを積分の式で表わすと次のようになります。

$$I_n = \int_{-\frac{h}{2}}^{\frac{h}{2}} by^2 dy = b\left[\frac{1}{3}y^3\right]_{-\frac{h}{2}}^{\frac{h}{2}} = \frac{b}{3}\left\{\left(\frac{h}{2}\right)^3 - \left(-\frac{h}{2}\right)^3\right\} = \frac{bh^3}{12} \quad \cdots\cdots\cdots 式6・14$$

となり、断面2次モーメントの公式4aが得られます。

　また図6・4(b)のX軸に関する断面2次モーメントI_Xは$y = Y - \frac{h}{2}$から$Y + \frac{h}{2}$までを積分したものになりますから、

$$I_X = \int_{Y-\frac{h}{2}}^{Y+\frac{h}{2}} by^2 dy$$

$$= b\left[\frac{1}{3}y^3\right]_{Y-\frac{h}{2}}^{Y+\frac{h}{2}} = \frac{b}{3}\left\{\left(Y+\frac{h}{2}\right)^3 - \left(Y-\frac{h}{2}\right)^3\right\}$$

$$= \frac{b^3h}{12} + bhY^2 = I_n + AY^2 \quad \cdots\cdots\cdots 式6・15$$

　　　　I_n：中立軸nに関する断面2次モーメント　　A：断面積

となり、I_Xの公式4bが得られます。

3● 片持ち梁のたわみ式・たわみ角式

▶附録　基本公式の誘導

ここでは4章不静定構造の解法の発端ともなった片持ち梁のたわみ・たわみ角式を導いてみます。

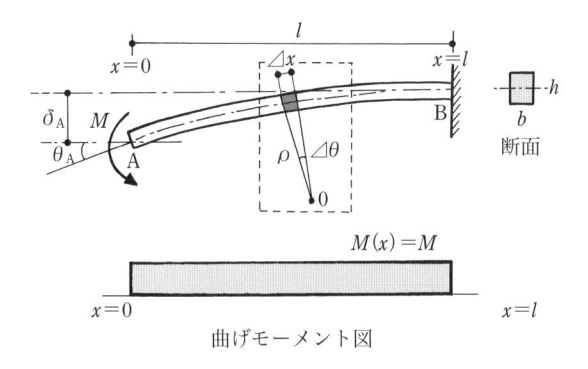

図6・5　モーメント荷重を受ける片持ち梁

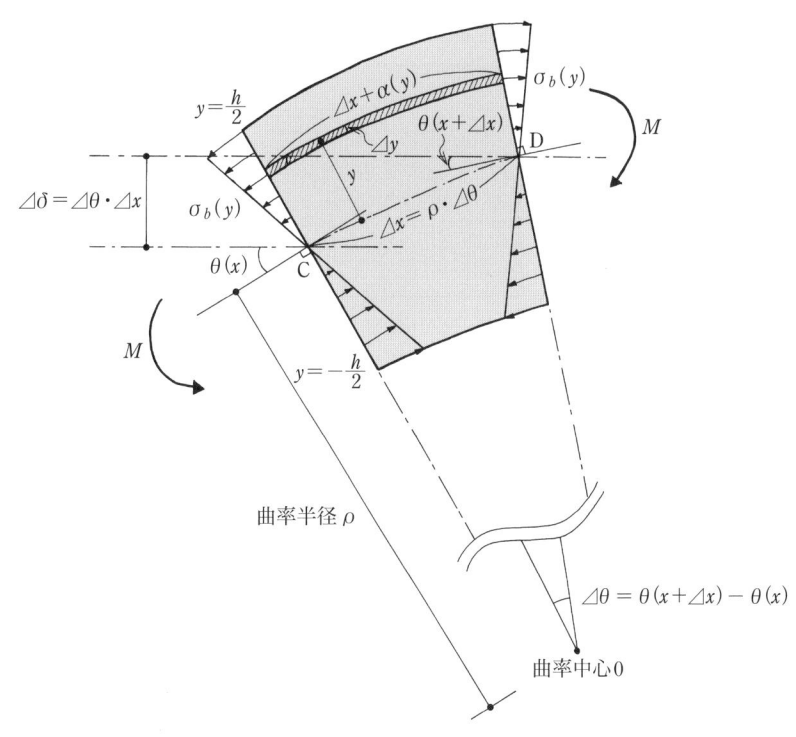

図6・6　梁の微小要素（図6・5　点線枠内拡大図）

図6・5のように端部にモーメント荷重を受ける片持ち梁について、自由端Aでのたわみ角θ_Aとたわみδ_Aを求めてみましょう。

図6・6のように梁の微小要素$\triangle x$を取り出して考えてみます。梁要素は扇形に変形し、中立軸

からy離れた位置で$\alpha(y)$だけの伸びが出ているとします。扇形の要の位置（O）を**曲率中心**、曲率中心から中立軸までの距離（OC、OD）を**曲率半径**ρといいます。また、点Oでの中心角$\triangle\theta$は点Cでのたわみ角$\theta(x)$と点Dでのたわみ角$\theta(x+\triangle x)$との差であり、

$$\triangle\theta = \theta(x+\triangle x) - \theta(x) \qquad \cdots\cdots\cdots 式6\cdot16$$

となります。

中立軸からy離れた位置での長さ$\triangle x + \alpha(y)$は、円弧の長さ＝半径×中心角より、

$$\triangle x + \alpha(y) = (\rho + y)\triangle\theta \qquad \cdots\cdots\cdots 式6\cdot17$$

と表すことができます。式6・17を変形すると、

$$\triangle x + \alpha(y) = \rho\cdot\triangle\theta + y\cdot\triangle\theta$$
$$\alpha(y) = y\cdot\triangle\theta \quad (\triangle x = \rho\cdot\triangle\theta だから)$$

となり、この両辺を$\triangle x$で除すると、

$$\frac{\alpha(y)}{\triangle x} = y\frac{\triangle\theta}{\triangle x} \qquad \cdots\cdots\cdots 式6\cdot18$$

となります。式6・18の左辺は元の長さ$\triangle x$に対する伸び$\alpha(y)$であり、公式7で示したひずみ度（$\varepsilon(y)$とする）に相当します。また、右辺$\frac{\triangle\theta}{\triangle x}$は$\triangle x$間でのたわみ角の変化量$\triangle\theta$であり、これは**曲率**$\kappa(x)$と呼ばれています。したがって式6・18は、

$$\varepsilon(y) = y\cdot\kappa(x) \qquad \cdots\cdots\cdots 式6\cdot19$$

と書くことができます。

ここで曲率$\kappa(x)$を微分形で表現しておくと次のようになります。

$$\kappa(x) = \frac{d\theta(x)}{dx} \qquad \cdots\cdots\cdots 式6\cdot20$$

また、中立軸からy離れた位置での曲げ応力度を$\sigma_b(y)$とし、ひずみ度$\varepsilon(y)$との関係を、ヤング係数Eを介して表すと公式8より、

$$\sigma_b(y) = E\cdot\varepsilon(y) \qquad \cdots\cdots\cdots 式6\cdot21$$

と表すことができます。式6・21に式6・19を代入し、

$$\sigma_b(y) = E\cdot y\cdot\kappa(x) \qquad \cdots\cdots\cdots 式6\cdot22$$

が得られます。

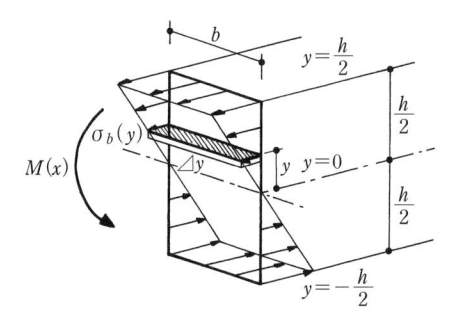

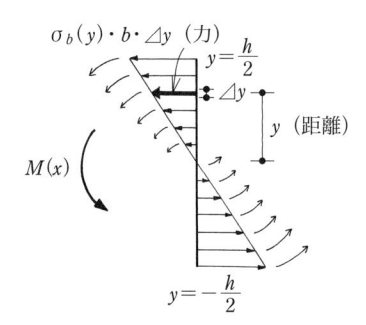

図6・7 曲げ応力度と曲げモーメントとの関係

次に図6・7で示すように、曲げ応力度から曲げモーメント$M(x)$を求めてみます。

$$M(x) = -（\sigma_b(y) \cdot b \cdot \triangle y) \cdot y \text{ を } y = -\frac{h}{2} \text{ から } \frac{h}{2} \text{ まで足し合わせたもの}$$

となり、式6・22を代入すると、

$$M(x) = -E \cdot y \cdot \kappa(x) \cdot b \cdot \triangle y \cdot y \quad \text{を } y = -\frac{h}{2} \text{ から } \frac{h}{2} \text{ まで足し合わせたもの}$$

$$= -E \cdot \kappa(x) \cdot b \cdot y^2 \cdot \triangle y \quad \text{を } y = -\frac{h}{2} \text{ から } \frac{h}{2} \text{ まで足し合わせたもの} \quad \cdots\cdots 式6・23$$

となります。なお、梁上端が引張りになる曲げモーメントは−なので、式右辺には−符号を付けています。

式6・23を積分で表現して計算してみましょう。

$$M(x) = -E \cdot \kappa(x) \cdot b \int_{-\frac{h}{2}}^{\frac{h}{2}} y^2 dy$$

$$M(x) = -E \cdot \kappa(x) \cdot \frac{bh^3}{12} \quad \cdots\cdots 式6・24$$

$\frac{bh^3}{12}$は断面2次モーメントIであり、式6・24は次のようになります。

$$M(x) = -E \cdot I \cdot \kappa(x)$$

したがって、

$$\kappa(x) = -\frac{M(x)}{EI} \quad \cdots\cdots 式6・25$$

$\kappa(x)$は式6・20のようにたわみ角$\theta(x)$のxに関する微分$\left(\frac{d\theta(x)}{dx}\right)$だから、式6・20を$x$に関して積分した式で、たわみ角式$\theta(x)$を得ることができます。$\kappa(x)$として式6・25を代入し、次式となります。

$$\theta(x) = \int \kappa(x) dx = -\int \frac{M(x)}{EI} dx \quad \cdots\cdots 式6・26$$

$M(x) = -M$であることより、

$$\theta(x) = -\int \frac{-M}{EI} dx = \frac{M}{EI} x + C_1 \quad （C_1\text{は積分定数}）$$

$x = l$で$\theta(l) = 0$より、$C_1 = -\frac{Ml}{EI}$　となり、

$$\theta(x) = \frac{M}{EI} x - \frac{Ml}{EI} \quad \cdots\cdots 式6・27$$

となります。自由端Aでのたわみ角θ_Aは$\theta(0)$（$x = 0$でのたわみ角）なので、

$$\theta_A = \theta(0) = -\frac{Ml}{EI} \quad \text{となり、図4・2(a)のたわみ角式に至ります（}\theta\text{は時計回りが＋）。}$$

次にたわみ$\delta(x)$について考えてみましょう。

微小区間$\triangle x$の中でのたわみ$\triangle \delta$は、$\triangle \theta$に$\triangle x$を乗じて求めることができます。

$$\varDelta \delta = \varDelta \theta \cdot \varDelta x$$

さらに材長方向に足し合わせていくことによって$\delta(x)$を求めることができます。すなわち$\theta(x)$をxに関して積分すれば$\delta(x)$を求めることができるのです。$\theta(x)$として式6・27を代入し$\delta(x)$を計算します。

$$\delta(x) = \int \theta(x)dx = \int \left[\frac{M}{EI}x - \frac{Ml}{EI}\right]dx$$

$$\delta(x) = \frac{M}{2EI}x^2 - \frac{Ml}{EI}x + C_2 \quad (C_2\text{は積分定数})$$

$x=l$で$\delta(l)=0$より、$C_2 = \frac{Ml^2}{2EI}$

$$\delta(x) = \frac{M}{2EI}x^2 - \frac{Ml}{EI}x + \frac{Ml^2}{2EI} \qquad \cdots\cdots\cdots\cdots \text{式}6\cdot28$$

となります。この式は任意の位置xにおけるたわみを表す式で**たわみ曲線式**と呼ばれています。自由端Aでのたわみδは$\delta(0)$($x=0$でのたわみ)なので、

$\delta_A = \delta(0) = \frac{Ml^2}{2EI}$　となり、図4・2(a)のたわみ式に至ります（たわみは下向きを＋）。

同様に図6・8の集中荷重の場合のたわみ・たわみ角式を求めてみましょう。

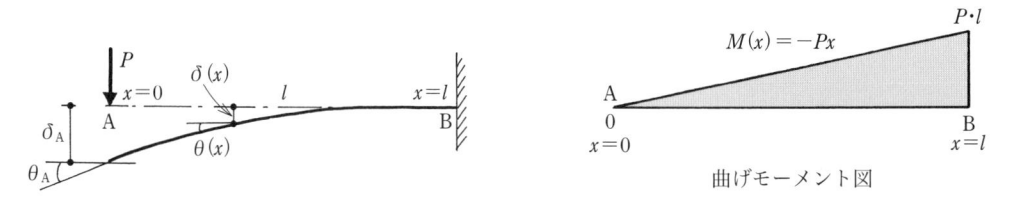

図6・8　集中荷重を受ける片持ち梁

式6・26をもとに、$M(x)=-Px$であることより、

$$\theta(x) = -\int \frac{M(x)}{EI}dx = -\int \frac{-Px}{EI}dx = \frac{Px^2}{2EI} + C_1 \quad (C_1\text{は積分定数})$$

$x=l$で$\theta(l)=0$より、$C_1 = -\frac{Pl^2}{2EI}$　となり、

$$\theta(x) = \frac{Px^2}{2EI} - \frac{Pl^2}{2EI} \qquad \cdots\cdots\cdots\cdots \text{式}6\cdot29$$

が得られます。自由端Aでのたわみ角θ_Aは$\theta(0)$なので、

$\theta_A = \theta(0) = -\frac{Pl^2}{2EI}$　となり、図4・2(b)のたわみ角式に至ります。

たわみ$\delta(x)$については、式6・29を積分して求めます。

$$\delta(x) = \int \theta(x)dx = \int \left[\frac{Px^2}{2EI} - \frac{Pl^2}{2EI}\right]dx$$

$$\delta(x) = \frac{Px^3}{6EI} - \frac{Pl^2}{2EI}x + C_2 \quad (C_2\text{は積分定数})$$

$x = l$ で $δ(l) = 0$ より、$C_2 = \dfrac{Pl^3}{3EI}$ となり、

$$δ(x) = \dfrac{Px^3}{6EI} - \dfrac{Pl^2}{2EI}x + \dfrac{Pl^3}{3EI}$$ …………… 式6・30

が得られます。自由端 A でのたわみ $δ_A$ は $δ(0)$ なので、

$δ_A = δ(0) = \dfrac{Pl^3}{3EI}$ となり、図4・2(b)のたわみ式に至ります。

次に図6・9の分布荷重の場合のたわみ・たわみ角式を求めてみましょう。

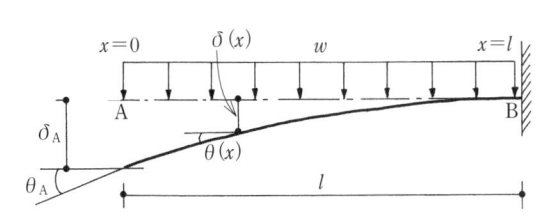

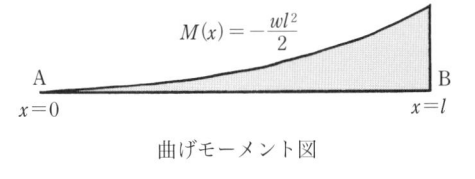

図6・9 分布荷重を受ける片持ち梁

式6・26をもとに、$M(x) = -\dfrac{wl^2}{2}$ であることより、

$$θ(x) = -\int \dfrac{M(x)}{EI}dx = -\int \dfrac{-wx^2}{2EI}dx = \dfrac{wx^3}{6EI} + C_1 \quad (C_1 は積分定数)$$

$x = l$ で $θ(l) = 0$ より、$C_1 = -\dfrac{wl^3}{6EI}$ となり、

$$θ(x) = \dfrac{wx^3}{6EI} - \dfrac{wl^3}{6EI}$$ …………… 式6・31

が得られます。自由端 A でのたわみ角 $θ_A$ は $θ(0)$ なので、

$θ_A = θ(0) = -\dfrac{wl^3}{6EI}$ となり、図4・2(c)のたわみ角式に至ります。

たわみ $δ(x)$ については、式6・31を積分することにより、

$$δ(x) = \int θ(x)dx = \int \left[\dfrac{wx^3}{6EI} - \dfrac{wl^3}{6EI}\right]dx$$

$$δ(x) = \dfrac{wx^4}{24EI} - \dfrac{wl^3}{6EI}x + C_2 \quad (C_2 は積分定数)$$

$x = l$ で $δ(l) = 0$ より、$C_2 = \dfrac{wl^4}{8EI}$ となり、

$$δ(x) = \dfrac{wx^4}{24EI} - \dfrac{wl^3}{6EI}x + \dfrac{wl^4}{8EI}$$ …………… 式6・32

が得られます。自由端 A でのたわみ $δ_A$ は $δ(0)$ なので、

$δ_A = δ(0) = \dfrac{wl^4}{8EI}$ となり、図4・2(c)のたわみ式に至ります。

▶ 附録　基本公式の誘導

4●弾性座屈荷重の公式

　弾性座屈荷重の算定式（公式15）は L. Euler（1707-1783）によって導かれました。

　図6・10のように部材が圧縮力Pを受け、座屈した状態で力が釣り合っているものとします。このとき、点Aからxだけ離れた地点でのたわみyとすると、x地点での曲げモーメント$M(x)$は、

$$M(x) = P \cdot y \qquad \cdots\cdots\cdots\cdots 式6\cdot33$$

となります。また、曲率$\kappa(x)$（式6・25参照）は、

$$\kappa(x) = -\frac{M(x)}{EI} = -\frac{P \cdot y}{EI} \qquad \cdots\cdots\cdots\cdots 式6\cdot34$$

となります。曲率$\kappa(x)$はたわみyを2回微分したものであり、数学では次のように表します。

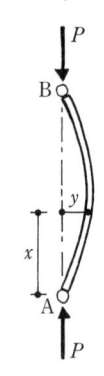

図6・10　座屈する部材

$$\kappa(x) = \frac{d^2y}{dx^2} \qquad \cdots\cdots\cdots\cdots 式6\cdot35$$

式6・35を式6・34に代入して、

$$\frac{d^2y}{dx^2} = -\frac{P \cdot y}{EI} \quad \Rightarrow \quad \frac{d^2y}{dx^2} + \alpha^2 y = 0 \qquad \cdots\cdots\cdots\cdots 式6\cdot36a$$

$$ここで\quad \alpha^2 = \frac{P}{EI} \qquad \cdots\cdots\cdots\cdots 式6\cdot36b$$

式6・36aは微分方程式（関数を解とする方程式）であり、この一般解は次式になります。

　　$y = C_1 \sin \alpha x + C_2 \cos \alpha x$　（C_1、C_2は積分定数）

ここで、積分定数を材端条件より定めます。

　　$x = 0$で$y = 0$より　　$\Rightarrow$　　$C_2 = 0$

　　$x = l$で$y = 0$より　　$\Rightarrow$　　$C_1 \sin \alpha l = 0$　　　　$\cdots\cdots\cdots\cdots 式6\cdot37$

式6・37では$C_1 = 0$とすると$y = 0$となり、たわみがないことを意味しますので無効。ということは$\sin \alpha l = 0$でなくてはなりません。

$$\sin \alpha l = 0 \quad \Rightarrow \quad \alpha l = n\pi \quad (nは自然数) \quad \Rightarrow \quad \alpha = \frac{n\pi}{l} \qquad \cdots\cdots\cdots\cdots 式6\cdot38$$

式6・38を式6・36bに代入し、

$$\left[\frac{n\pi}{l}\right]^2 = \frac{P}{EI} \quad \Rightarrow \quad P = \frac{n^2 \pi^2 EI}{l^2} \qquad \cdots\cdots\cdots\cdots 式6\cdot39$$

式6・39で、nを最も小さい1とし、このときのPの値が弾性座屈荷重$P_k = \dfrac{\pi^2 EI}{l^2}$となるのです。

公式一覧

力のモーメント　$M = P \cdot l$	…… 公式1	p.9
偶力のモーメント　偶力のモーメント $= P \cdot l$	…… 公式2	p.10
図心位置　$y = \dfrac{\sum_{i=1}^{n} A_i \cdot y_i}{\sum_{i=1}^{n} A_i}$	…… 公式3	p.67
断面2次モーメント　$I = \dfrac{bh^3}{12}$	…… 公式4a	p.68
離れた軸についての断面2次モーメント　$I_X = I_n + A \cdot y^2$	…… 公式4b	p.68
断面係数の一般式	…… 公式5a	p.69
長方形断面の断面係数　$Z = \dfrac{bh^2}{6}$	…… 公式5b	p.69
引張応力度・圧縮応力度　$\sigma = \dfrac{N}{A}$	…… 公式6	p.72
ひずみ度　$\varepsilon = \dfrac{\Delta l}{l}$	…… 公式7	p.73
応力度－ひずみ度関係式　$\sigma = E \cdot \varepsilon$	…… 公式8	p.73
曲げ応力度（縁応力度　上下端での最大値）　$\sigma_b = \dfrac{M}{Z}$	…… 公式9	p.75
せん断応力度（せん断力のみ受ける場合）　$\tau = \dfrac{Q}{A}$	…… 公式10a	p.76
せん断応力度（中央での最大値）（せん断力とともに曲げモーメントが生じている場合）$\tau = 1.5\dfrac{Q}{A}$	公式10b	p.76
許容曲げモーメント　$M_0 = f_b \cdot Z$	…… 公式11	p.79
剛床仮定・ピン柱脚での柱の水平剛性　$K = \dfrac{3EI}{h^3}$	…… 公式12a	p.103
剛床仮定・固定柱脚での柱の水平剛性　$K = \dfrac{12EI}{h^3}$	…… 公式12b	p.103
たわみ角法公式 　$M_{AB} = k_{AB}(2\phi_A + \phi_B + \psi_{AB}) + C_{AB}$	…… 公式13a	p.114
$M_{BA} = k_{AB}(\phi_A + 2\phi_B + \psi_{AB}) + C_{BA}$	…… 公式13b	p.114
材端せん断力 　$Q_{AB} = Q_{0AB} - \dfrac{M_{AB}+M_{BA}}{l}$、$Q_{BA} = Q_{0BA} - \dfrac{M_{AB}+M_{BA}}{l}$	…… 公式14a、14b	p.115
$Q_{0AB} = D_{AB} + \dfrac{C_{AB}+C_{BA}}{l}$、$Q_{0BA} = D_{BA} + \dfrac{C_{AB}+C_{BA}}{l}$	…… 公式14a'、14b'	p.115
弾性座屈荷重　$P_k = \dfrac{\pi^2 EI}{l_k^2}$	…… 公式15	p.165
長方形断面の塑性断面係数　$Z_P = \dfrac{bh^2}{4}$	…… 公式16	p.173

■ さくいん

あ

圧縮応力度	72
圧縮力	27, 55, 184
安定構造	16
円周率	165
応力度	65, 72
応力度－ひずみ度関係	73, 171
応力度－ひずみ度曲線	77
大地震	171, 178

か

解除モーメント	150
解放モーメント	150
重ね合わせの原理	53, 113, 151
仮想仕事の原理	178
傾き	51, 187
片持ち梁	21, 37, 86
片持ち梁型	55
片持ちラーメン	25
基準剛度	114
強軸	165
曲率	192, 196
曲率中心	192
曲率半径	192
許容応力度	77
許容応力度設計	77, 171
許容せん断応力度	77
許容曲げ応力度	78
許容曲げモーメント	78
距離	10, 66, 69
偶力	10
偶力のモーメント	10, 75, 173
傾斜によるたわみ	91
ゲルバー梁	49
鋼材	77
剛床仮定	102
剛接合	17, 167
構造物の分類	16
構造物のモデル化	17
交点	57, 58, 66
剛度	111, 168
剛比	114
降伏	172

降伏応力度 171
降伏点 171
降伏開始モーメント	172
合力	11, 32, 38, 75
合力化	19, 173
固定端モーメント	151
固定モーメント	150
固定モーメント法	151
コンクリート	77

さ

材端せん断力	109
材端モーメント	109
座屈	164
座屈止め	167
座屈長さ	166
作用点	7
三辺の比	8, 62
軸方向力	27, 55, 138
軸方向力図	29
仕事	179
支点	17
弱軸	165
重心	66
集中荷重	28, 37, 41, 87
集中する力	7
重力加速度	7
靱性	171
垂直応力度	79
水平剛性	102, 103
水平力の分担	103
水平変位	102, 106, 178
図解法	61
図心	66
3ヒンジラーメン	46
静定構造	16
積分	187
積分定数	188, 196
切断法	56
節点	55
節点回転角	109
節点法	59, 60
節点方程式	116
全塑性	172, 184
全塑性モーメント	173, 177, 184

せん断応力度	72, 75, 76
せん断力	27, 138
せん断力図	29
層間変位	107
層せん断力	103, 107, 178
層方程式	124, 158, 162, 178
塑性	171, 177
塑性断面係数	173
塑性ヒンジ	173

た

たわみ	86, 110, 193
たわみ・たわみ角式	86, 90, 191
たわみ角	86, 110, 193
たわみ角法	109
たわみ角法公式	114
たわみ曲線式	194
単純梁	18, 28, 86
単純梁型	55
単純ラーメン	23, 41
弾性	102, 171, 177
弾性座屈荷重	164, 196
断面1次モーメント	67, 190
断面2次モーメント	68, 165, 168, 190, 193
断面係数	69, 75
断面積	65, 76
断面の核	84
力の3要素	7
力の大きさ	7
力の単位	7
力の釣り合い	13
力の釣り合い式	14, 18, 85
力の釣合い条件	14
力の分解	8
力の方向	7
力のモーメント	9
力の和	8
中間荷重	113, 121, 127
中立軸	68, 74, 190
伝達モーメント	147
伝達率	156
到達モーメント	147
トラス	55

な

伸び……73

は

反力……17, 138
ひずみ度……73, 192
引張応力度……72
引張試験……171
引張力……27, 55
微分……187
微分方程式……196
表計算……151, 152, 157, 159, 160, 161
比例関係……102, 171
ヒンジ……17, 46
ヒンジのあるラーメン……46
ピン接合……17
不安定構造……16
部材回転角……109, 112
部材長さ……168
不静定構造……16
不静定構造の崩壊……177
不静定梁……94
縁応力度……74
分割モーメント……147
分配モーメント……147
分配率……148
分布荷重……19, 31, 38, 43, 88
分布する力……11
変形の適合条件式……85, 94, 98, 110
偏心荷重……81
偏心距離……81
崩壊荷重……172, 173, 174
崩壊機構……178, 181
保有水平耐力……178

ま

曲げ応力度……72, 74, 192
曲げモーメント……26
曲げモーメント図……30, 97, 101
面積……52, 189
モーメント荷重……20, 33, 39, 86

や

ヤング係数……73, 165, 192
有効剛比……149, 154, 156

ら

ラーメン……23
両端固定梁……97, 118, 126
ローラー……17
ローラー－固定梁……94, 110, 120

●著者略歴

浅野清昭（あさの・きよあき）
1961年京都府生まれ。京都工芸繊維大学大学院工芸学研究科建築学専攻修了。㈱間組技術研究所、〈専〉京都建築大学校を経て、2009年浅野構造力学研究所設立。京都女子大学、京都建築専門学校など非常勤講師。一級建築士。著書に『改訂版 図説やさしい構造力学』『改訂版 図説やさしい構造設計』『図説 建築構造力学』『やさしい建築構造力学演習問題集』『やさしい建築構造設計演習問題集』（学芸出版社）。

〈イラスト〉
野村 彰（のむら・あきら）
1958年生まれ。京都工芸繊維大学工芸学部住環境学科卒業。
一級建築士。

JCOPY 〈社出版者著作権管理機構委託出版物〉
本書の無断複写（電子化を含む）は著作権法上での例外を除き禁じられています。複写される場合は、そのつど事前に、㈳出版者著作権管理機構（電話03-5244-5088、FAX 03-5244-5089、e-mail: info@jcopy. or. jp）の許諾を得てください。
また本書を代行業者等の第三者に依頼してスキャンやデジタル化することは、たとえ個人や家庭内での利用でも著作権法違反です。

図解レクチャー　構造力学
静定・不静定構造を学ぶ

2011年11月20日　第1版第1刷発行
2024年 2月20日　第1版第5刷発行

著　者　浅野清昭
発行者　井口夏実
発行所　株式会社学芸出版社
　　　　京都市下京区木津屋橋通西洞院東入
　　　　〒600-8216　電話075-343-0811
　　　　http://www.gakugei-pub.jp/
　　　　E-mail：info@gakugei-pub.jp

印　刷　イチダ写真製版
製　本　新生製本
装　丁　KOTO DESIGN Inc. 山本剛史

© Kiyoaki ASANO, 2011
ISBN978-4-7615-2523-1　Printed in Japan